现代档案管理及其实践应用研究

李萍 贺红 卜云 主编

延吉·延边大学出版社

图书在版编目（CIP）数据

现代档案管理及其实践应用研究 / 李萍，贺红，卜云主编. -- 延吉：延边大学出版社，2024.7. -- ISBN 978-7-230-06815-4

Ⅰ．G271

中国国家版本馆CIP数据核字第2024FQ1100号

现代档案管理及其实践应用研究

XIANDAI DANGAN GUANLI JI QI SHIJIAN YINGYONG YANJIU

主　　编：李萍　贺红　卜云	
责任编辑：梁　杰	
封面设计：文合文化	
出版发行：延边大学出版社	
社　　址：吉林省延吉市公园路977号	邮　　编：133002
网　　址：http://www.ydcbs.com	E-mail：ydcbs@ydcbs.com
电　　话：0433-2732435	传　　真：0433-2732434
印　　刷：三河市嵩川印刷有限公司	
开　　本：710mm×1000mm　1/16	
印　　张：18	
字　　数：300 千字	
版　　次：2024 年 7 月第 1 版	
印　　次：2024 年 7 月第 1 次印刷	
书　　号：ISBN 978-7-230-06815-4	

定价：90.00元

编 写 成 员

主　编：李 萍　贺 红　卜 云

编　委：邓丽娜

编写单位：

南京市第二医院（南京中医药大学附属南京医院）

河北省秦皇岛市抚宁区人力资源和社会保障局

吉林省吉高公路运营管理有限公司

前　言

档案管理工作是开展历史研究、进行各项工作的必要条件。做好档案管理工作，可以确保档案资料的准确、齐全、安全和及时更新，也可以满足社会对档案的需求，还可以为建设中国特色社会主义事业提供必要的证据和信息保障。

本书共九章：第一章为档案与档案管理概述，第二章为档案管理工作内容，第三章为人事档案的管理，第四章为会计档案的管理，第五章为个人数字档案管理，第六章为档案信息化与信息化管理体系构建，第七章为移动互联网环境下档案信息资源的开发与利用，第八章为新时代档案管理体制改革，第九章为档案人才队伍建设。

《现代档案管理及其实践应用研究》一书共 30 万余字。该书由南京市第二医院（南京中医药大学附属南京医院）李萍，河北省秦皇岛市抚宁区人力资源和社会保障局贺红、卜云担任主编，其中第三章、第四章、第五章、第七章及第九章由主编李萍负责撰写，字数 19 万余字；第二章及第六章由主编贺红负责撰写，字数 6 万余字；第一章及第八章由主编卜云负责撰写，字数 5 万余字；全书由邓丽娜负责统筹，为本书出版付出大量努力。

由于笔者水平有限，加上时间仓促，书中的疏漏在所难免，恳请各位读者提出宝贵的建议，以便今后修改完善。

笔者
2024 年 6 月

目　　录

第一章　档案与档案管理概述 …………………………………… 1

　　第一节　档案概述 ……………………………………………… 1
　　第二节　档案管理的原则 ……………………………………… 6
　　第三节　档案管理机构与职能 ………………………………… 8
　　第四节　档案管理的发展趋势 ………………………………… 13

第二章　档案管理工作内容 ……………………………………… 17

　　第一节　档案价值的鉴定 ……………………………………… 17
　　第二节　档案的收集 …………………………………………… 22
　　第三节　档案的整理 …………………………………………… 25
　　第四节　档案的保管 …………………………………………… 29
　　第五节　档案信息资源开发利用 ……………………………… 41

第三章　人事档案的管理 ………………………………………… 53

　　第一节　人事档案及工作概述 ………………………………… 53
　　第二节　人事档案的收集和鉴别 ……………………………… 57
　　第三节　人事档案的分类 ……………………………………… 63
　　第四节　人事档案的保管范围、转递和查阅 ………………… 71

第五节 人事档案数字化探索 …………………………………… 78

第四章 会计档案的管理 …………………………………… 83

第一节 会计档案概述 …………………………………… 83

第二节 会计档案的收集 …………………………………… 87

第三节 会计档案的整理 …………………………………… 90

第四节 会计档案的保管 …………………………………… 93

第五节 会计档案的鉴定、销毁与利用 …………………… 102

第六节 会计档案数字化探索 …………………………… 105

第五章 个人数字档案管理 …………………………………… 112

第一节 个人数字档案管理概述 ………………………… 112

第二节 个人数字档案收集 ……………………………… 118

第三节 个人数字档案的分类与整理 …………………… 123

第四节 个人数字档案的存储与安全防护 ……………… 128

第五节 个人数字档案的利用 …………………………… 131

第六章 档案信息化与信息化管理体系构建 ……………… 141

第一节 档案信息化 ……………………………………… 141

第二节 档案信息化管理的优势 ………………………… 148

第三节 档案信息化管理体系构建 ……………………… 149

第七章 移动互联网环境下档案信息资源的开发与利用 … 167

第一节 移动互联网概述 ………………………………… 167

第二节　移动互联网环境下档案信息资源传播的特点
　　　　与开发现状分析……………………………………176

第三节　移动互联网环境下档案信息资源开发的策略…………187

第八章　新时代档案管理体制改革………………………………204

第一节　档案管理体制的改革与发展……………………………204

第二节　典型国家的档案管理体制………………………………224

第三节　档案管理体制改革的实践探索…………………………236

第九章　档案人才队伍建设………………………………………257

第一节　档案人才培育的基本方略………………………………257

第二节　实现档案人才队伍现代化………………………………260

第三节　电子档案管理人才的培养………………………………265

第四节　人员素质保障体系………………………………………269

参考文献………………………………………………………………275

第一章 档案与档案管理概述

第一节 档案概述

档案是档案管理工作的核心内容。虽然现在的人们对档案已经不再陌生，但是对档案的发展历程、定义、特点等没有一个清晰的认识。鉴于此，本节围绕档案进行了详细阐述。

一、档案的发展历程

交流是人们生产、生活中必不可少的。以前没有文字的时候，人们都是通过语言表达自己的思想感情，虽然这样的方式简单直接，但是人们很容易遗忘。出于记忆的需要，古人创造了"结绳"和"刻契"来帮助记事。所谓"结绳"，是指在绳子上打结，用绳子的大小、位置以及绳子的不同颜色来表达不同的含义。古代外国的结绳记事方法，被称作"坎普"。所谓"刻契"，就是在竹片、木片、骨片和玉片上刻上各种形状的标志，以此来表达和记录某种信息。"结绳"和"刻契"虽然有记事备忘功能，具备档案的某些属性，但从本质上讲还不是档案，因为它们记录的情况不确定，对抽象的事物难以表达。"结绳"和"刻契"可以说是档案的萌芽。

甲骨档案是我国迄今发现的最早的档案。甲骨文是人们公认的我国最早的文字，是国子监祭酒王懿荣于1899年发现的。甲骨文是被刻写在龟甲、兽骨上的文字，最初发现于河南安阳小屯村的殷墟遗址。文字的发明及应用于文献记录标志着人类文明向前迈进了一大步，在以后的漫长岁月里，它被人类用以表达、交流、记录，而它也成为档案得以产生的基础。在商代，人们在举行祭祀、狩猎等重大活动时，必要巫师进行占卜，并把占卜的经过、结果等情况刻写在龟甲、兽骨上。这就给我们留下了研究商代历史的第一手材料。

后来又出现了简牍档案、金石档案和缣帛档案等。简牍档案是商周时期出现的，以竹片、木片为书写材料，记载当时社会生产和生活情况。单一的竹片叫"简"，单一的木片叫"牍"。这种书写工具比较笨重，据史料记载，秦始皇"日读一担"，即每天处理的公文就有 100 斤左右。20 世纪，在我国湖南长沙、湖北江陵、云梦、甘肃敦煌等地发现的大批秦、汉的简牍档案，为研究当时的历史提供了宝贵的资料。金石档案是刻写在青铜器、石头上的文字记录材料。缣帛档案是中国古代以丝织物为载体的公私文书。

纸质档案的出现是档案发展史上的进步。西汉时期出现了新型的书写材料——纸张，从而改变了人类记录历史的形式。东汉蔡伦对纸张生产进行改进，《后汉书·蔡伦传》记载："自古书契，多编以竹简；其用缣帛者，谓之为纸。缣贵而简重，并不便于人。伦乃造意，用树肤、麻头及敝布、渔网以为纸。"纸张的出现、推广为世界文明做出了重大贡献。在造纸术传到西方国家之前，他们曾使用过羊皮档案、纸草档案、泥版档案等。

到了近现代，随着科学技术的发展，档案载体材料不断丰富，音像档案、照片档案、电子档案等新型档案出现。

二、档案的定义

"档案"一词在明末清初已被使用。"档"在《康熙字典》中被解释为"横木框档"，就是木架框格的意思；"案"在《说文解字》中被解释为"几属",就是小桌子一类的物品。由此引申,人们又把处理一桩事件的有关文书叫"一案",并统称收存的官文书为"案",或"卷案""案卷"。"档"和"案"二字连在一起,就是指存入档架收藏起来的文书案卷。

《中华人民共和国档案法》(以下简称《档案法》)第二条指出:"本法所称档案,是指过去和现在的机关、团体、企业事业单位和其他组织以及个人从事经济、政治、文化、社会、生态文明、军事、外事、科技等方面活动直接形成的对国家和社会具有保存价值的各种文字、图表、声像等不同形式的历史记录。"该定义详细地说明了档案的形成者、产生领域、特点和形式。

中华人民共和国档案行业标准 DA/T 1—2000《档案工作基本术语》指出档案是"国家机构、社会组织或个人在社会活动中直接形成的有价值的各种形式的历史记录"。

三、档案的特点

(一)来源的广泛性

档案是国家机构、社会组织或个人在各项活动中直接形成的。从某个角度来说,人们整个生命活动就处于信息的生成、利用的循环过程之中。档案对这些信息进行了承载,它伴随着人们生命的开始而开始,并贯穿于人们的整个生命活动之中。具体地说,档案来源于各种机构和个人,是在他们从事政治、经济、科技、文化等活动时产生的。前者包括机关、团体、军队、企事业单位等组织,后者涵盖了家庭、家族和个人。可见,档案的形成主体几乎包含了社会活动的所有主体。因此,档案具有来源广泛的特点,档案内容具有丰富性,档案事务具有社会性。

（二）形成的原始性

这是档案最显著和最重要的特征。原始性是指档案的历史记录性，是档案的本质属性。档案是根据某一原始材料直接转化形成的，不存在事前编纂、事后编写的情况，更不是随意搜集而来的。众所周知，档案是一种信息载体。除了档案，信息载体还有许多，如图书、情报等。虽然信息载体众多，但是不是所有的都能被视为档案。这是由档案自身的特点决定的。人们的各种实践活动、社会生活都是档案生成的源泉，它客观、直接地记录了活动主体的活动历史，是"第一手资料"，这就决定了档案具有原始性、真实性，也使档案具有了证据作用。而情报、图书等是搜集、交流得来的，不是由社会活动直接生成的，属于"第二手资料"，真实性存疑，因而不具有参考价值，不能转化成档案。

（三）形式的多样性

历史是不断发展的，社会也在随之进步。风云变幻之间，档案的形式也经历了多种变化。档案的形式包括 3 个方面：第一，档案信息的表达方式包括文字、图示、图像、声音等；第二，档案的物理载体有甲骨、金石、竹木、缣帛、纸张、胶片、磁带等；第三，档案信息记录在载体上的方法有手写、刀刻、印刷、晒制、摄影、录音、录像等。

（四）生成的条件性

文件是档案的前身。但并不是所有的文件都可以成为档案，这之间的转化必须有特定的条件支撑才足以完成。

首先，要转化成档案的文件必须是已经处理完的。正在处理的文件材料不能算是档案材料。文件在完成传达和记录的使命之后，才具有参考的作用，也才可以转化成档案。

其次，文件要转化成档案必须具有保存利用价值。不是所有处理完毕的文件都可以形成档案，文件必须经过筛选才能成为档案。保留文件中对今后工作或者科学研究有参考、利用价值的成分，才可以使文件转化成档案。可见，档案是文件筛选过后留下的精髓。

最后，档案必须是整理过后形成的有序的、完整的文件材料，不是杂乱无章的、没有条理的。换句话说，必须将文件材料按照一定的方法有机地进行整理，才能使其成为有意义的档案。

四、档案的一般作用

档案的一般作用是指档案价值的外在和具体表现形式。档案产生于丰富的社会实践中，能够广泛地满足社会需求，因此它的一般作用是很广泛的。

（一）机关工作的查考凭据

档案是各种机关过去活动的真实记录，它是任何机关连续工作必须查考的凭据。各种机关为了有效地实行管理，必须切实地掌握材料。档案可以为机关的领导工作和业务管理提供证据和咨询资料，供工作人员熟悉情况、总结经验、制订计划、进行决策、处理各种问题。若是只凭借工作人员的记忆处理各项工作而没有任何凭证，则有可能降低工作的效率和准确性。

（二）生产活动的参考依据

档案脱胎于社会生活实践，在记载史实情况的同时，自然也会有反映自然环境、生产条件、社会发展、劳动经验等方面的内容。以上这些都可以在人们进行生产活动时提供参考。

（三）科学研究的可靠资料

任何一种研究都必须以广泛地占有资料为基础，以资料的真实可靠性为前提。在科学研究中，档案不但能通过原始的记录提供直接借鉴，而且可以通过分析、概括、总结、实验等手段提供间接参考，由此可见，科学研究必然离不开档案。

（四）宣传教育的生动素材

和其他宣传材料相比，档案以原始性、直观性、具体性和生动性等特点见长。利用档案著书立说、报告演讲、进行文艺创作、举办各种展览等将具有强烈的说服力和感染力。

第二节 档案管理的原则

一、统一领导、分级管理档案工作

所谓统一领导，是指国家档案主管部门主管全国的档案工作，负责全国档案事业的统筹规划和组织协调，建立统一制度，实行监督和指导。所谓分级管理，是指县级以上地方档案主管部门主管本行政区域内的档案工作，对本行政区域内机关、团体、企业事业单位和其他组织的档案工作实行监督和指导。

二、维护档案的完整与安全

这是对档案管理的基本要求，是各级档案部门的首要任务，档案管理的方针、任务、规章制度以及各项具体工作，都必须体现这一要求。只有保证档案的完整和安全，才能给档案管理提供必要的物质基础。

维护档案的完整，有两方面的含义：一方面，从数量上要保证档案的齐全，不能使应该集中和实际保存的档案残缺不全；另一方面，从质量上要维护档案的有机联系和历史真迹，不能人为地割裂分散，零乱堆砌，更不能涂改勾画，使档案失真。这两方面是互相联系、相辅相成的。只有保证档案材料数量齐全，才能保证档案的系统完整性。只有维护档案的有机联系，才能使档案数量齐全、有科学根据。

维护档案的安全，也有两方面的含义：一方面，从物质上力求档案不遭受损害，尽量延长档案的寿命。随着时间的推移，档案一直受自然和人为因素的影响，存在损坏的可能。使档案永远不受损坏是很难办到的，但使之"延年益寿"是可能的。另一方面，要保证档案的安全，确保档案机密不丢失。

维护档案的完整与安全，是互相联系的统一要求。维护档案的完整，能有效地保证档案的安全。档案的散乱会造成档案的损坏，使档案处于不安全的环境中。维护档案的安全，能确保档案的完整。维护档案的完整与安全是档案工作者的责任。

三、便于社会各方面对档案的利用

社会主义国家的档案管理，最终是为了提供档案给社会主义事业各项工作利用。因此，便于社会各方面对档案的利用，是整个档案管理的基本出发点，支配着档案管理的全部过程。档案管理规章制度的建立，各个方面业务工作的开展，都是为了实现这一目的。档案管理的好坏，也主要从是否便于利用去检验和衡量。从这个意义上说，便于社会各方面对档案的利用，是档案管理原则的一个重要方面。

上述 3 个方面的内容是辩证统一的。实行统一领导、分级管理，维护档案的完整与安全，都是为了便于社会各方面对档案的利用。要做到便于利用，就必须实行统一领导、分级管理和维护档案的完整与安全。从这个意义上说，前两者是手段，后者是目的。没有统一领导、分级管理和对档案完整、安全的维护，就没有便于利用的组织保证和物质基础；离开了便于社会各方面的利用，前两者就失去了意义。所以，我们必须完整地理解档案管理的原则，在整个档案管理中切实贯彻上述原则。

第三节　档案管理机构与职能

一、档案室

档案室是机关、团体、企业、事业单位中负责管理本单位档案的机构，是国家档案事业系统的基层组织。它是一个单位负责档案信息存储、加工和传输的服务部门，与本单位的领导和各组织机构发生联系，为领导决策、处理工作、组织生产、进行科研等活动提供依据。档案室是单位内部具有信息服务与咨询性质的机构，在一般情况下不对外开放。目前，一般的大、中型单位内部都设有档案室，而那些规模小、人员少、内部机构少或无内部机构的单位则可以指定专职或兼职人员负责档案管理工作。

（一）档案室的职能

档案室的职能主要有以下几个方面：

第一，对本单位文书部门或业务部门文件材料的归档工作进行指导和监督。

第二，负责管理本单位的全部档案，为单位各项工作服务。

第三，按规定向档案馆移交应进馆的档案。

第四，办理领导交办的其他有关的档案业务工作。

（二）档案室的类型

单位的性质、职能不同，其形成的档案的门类也有一定的差异。一般来说，档案室有如下类型：

1.文书档案室

文书档案室也称为机关档案室，主要负责保管本单位党、政、工、团等组织的档案。中型以上的单位均设有这类档案室。

2.科技档案室

科技档案室是负责保管科研、设计、生产过程中形成的科技文件材料的档案机构，一般设在科研院所、设计院所、工矿企业等单位。

3.音像档案室

音像档案室主要负责保管影片、照片、录音带和录像带等档案。新闻、广播、电视、电影、摄影部门中设有这类档案室。

4.人事档案室

人事档案室是集中保管单位员工档案的机构。一些大型单位在人事部门中设有这类档案室。

5.综合档案室

综合档案室是集中统一保管本单位各门类档案的机构。近年来，各单位新型门类档案的数量不断增加，使档案室收藏的档案向多门类发展，许多保存单一档案门类的档案室逐渐发展成为综合档案室。

6.联合档案室（档案管理中心）

联合档案室是一些性质相同或相近、规模较小的单位共同设立的档案管理机构。其主要职责是集中统一保管各共建单位形成的档案，比较适合规模较小的单位。

（三）档案室的管理体制

文书档案室、综合档案室通常设在单位办公厅（室）的下面，由办公厅（室）主任负责。联合档案室可以由共建单位中的某一个单位负责管理。科技档案室及其他专门档案室设在相关的业务部门下面，由业务负责人管理。比如：在一些公司，科技档案室设在技术部门下面，由总工程师管理，而人事档案室一般由人事部门的领导管理。

二、档案馆

档案馆是党和国家的科学文化事业机构，是永久保管档案的基地和对外提供档案服务的单位，是社会各方面利用档案的中心。目前，我国各类档案馆的档案主要来源于单位的档案室。这样，档案室和档案馆之间就构成了交接档案的业务关系。由此，单位档案管理的质量将直接影响到档案馆的工作质量和效率。

（一）档案馆的基本任务和职能

档案馆的基本任务是：在维护党和国家历史真实面貌的前提下，集中统一地管理党和国家的档案及有关资料，维护档案的完整与安全，积极提供利用，为社会主义现代化建设服务。

档案馆的职能如下：

第一，接收与征集档案。

第二，科学地管理档案。

第三，开展档案的利用工作。

第四，编辑出版档案史料。

第五，参与编修史、志的工作。

（二）档案馆的类型

1. 综合档案馆

综合档案馆是国家按照历史时期或行政区划设立的，保管多种门类档案的档案馆。综合档案馆是对社会开放的档案文化设施，因此又可称为"公共档案馆"。我国的综合档案馆分为中央级档案馆和地方级档案馆 2 种类型。中央级档案馆包括中央档案馆（设在北京）、中国第一历史档案馆（设在北京）、中国第二历史档案馆（设在南京），它们保管着具有全国意义的各个时期的历史档案和现行单位的档案。地方级档案馆分为省（自治区、直辖市）级档案馆、地区级档案馆和县级档案馆，它们负责保管具有本地区意义的历史档案和现行单位的档案。

2. 专门档案馆

专门档案馆是收集和管理某一专门领域或某种特殊载体形态档案的档案馆，亦分为中央级和地方级 2 个层次。例如：中国照片档案馆，大、中城市设置的城市建设档案馆等。

3. 部门档案馆

部门档案馆是中央和地方某些专业主管部门所属的，收集管理本部门档案的事业机构，如外交部档案馆等。

4. 企事业单位档案馆

企事业单位档案馆是一些大型企业集团或事业单位在内部设立的档案馆，主要负责集中保管集团或联合体所属各单位需要长远保存的档案。例如：扬子石化公司档案馆、上海交通大学档案馆等。企事业单位档案馆既收藏文书档案，也收藏科技档案和专门档案等，其兼有对内服务和对社会开放的双重性质。

此外，随着我国经济和社会的发展，以及社会各界收藏、保管、利用档案需求的增加，近几年来，我国还产生了一些新型的档案机构，例如"文件中心""档案寄存中心""档案事务所"等。其中，文件中心是为一个地区或系统中若干单位提供归档后档案保管服务的部门，是介于文件形成部门和地方档案馆之间的过渡性的档案管理机构。档案寄存中心是为各类单位及个人提供档案寄存有偿服务的机构。档案事务所则是为单位或个人提供档案整理、管理咨询等服务的一种商业性机构。

三、档案局（处、科）

档案局（处、科）的性质是国家指导和管理档案工作的行政机关，也称为档案事业管理机关或档案行政管理机关。它的主要任务是：制定档案管理的规章、办法、业务标准和规范；制定档案工作的发展规划；对档案室和档案馆的工作进行业务指导、监督和检查；组织业务培训和档案科学研究工作，以及开展对外宣传工作和国际交流活动等。

目前，我国的档案局是按照行政区划分级设置的，分为国家档案局和地方档案局。地方档案局又分为省（自治区、直辖市）级档案局、地区级档案局和县级档案局，负责指导和管理本地区的档案事务。

档案处（科）是设置在专业主管机关中的档案行政管理部门，负责指导、监督和检查本专业系统内各单位的档案事务。应该说明的是：在专业主管机关中，档案处（科）通常与档案室合署办公，一方面对专业主管机关内部行使档案室的职能，另一方面对本系统其他单位的档案工作行使指导、监督和检查的职能。

第四节 档案管理的发展趋势

随着社会的发展以及科学技术的进步,档案的来源渠道日益增加,内容愈加繁杂,种类也越来越多。各行各业对信息愈发重视,对档案的要求也逐渐增加。以上种种推动了档案管理工作的开展,使其呈现新的发展趋势。

一、档案管理趋向一体化

(一)文档管理的一体化

所谓文档管理的一体化,是以建立在文件和档案工作基础上的全局观,对文件从制发到归档的整个过程进行管理,以求文件和档案管理合二为一。也就是说,将现行文件的产生、归档及档案管理纳入一个管理系统,用统一的工作方法、制度、程序对其进行管理,而不再将文件和档案置于两套不一样的管理系统中,这样可以避免不必要的劳动,大大提高管理工作的效率。

上述内容的实现得益于办公自动化的普及、计算机技术的发展以及档案管理网络化的发展。在文档管理一体化的条件下,人们可以利用系统随时对处理完毕的文件进行归档,而不用耗费较长的时间、较多的人力,这时的文件管理和档案管理处于一个管理系统下,对不必要的、重复的劳动进行了删减,工作效率自然而然随之提高。

文档一体化系统是实现电子文件全过程管理和前端控制的重要平台。在文档一体化系统中,电子文件的产生、运转、归档管理等都被纳入了控制和管理的范围之内。不仅如此,在刚开始设计系统的时候,档案人员就已经参与其中,因而整个系统更能体现文件的档案化管理思想,也更能保证电子文件的真实性和完整性。

（二）图书、情报、档案的一体化管理

在一般情况下，我们将图书、情报以及档案视为三个不同的个体，它们各自有各自的特点：图书具有比较系统的知识体系，情报是用来消除不确定性的特定信息，档案是记录人们社会活动的原始信息。虽然特点不同，但是三者可以在功能上互相补充。尤其是在信息技术飞速发展的今天，三者之间的联系更加紧密，正在逐渐走向一体化管理。

图书、情报、档案的一体化管理具有突出的优势。首先，图书、情报、档案的一体化管理可以提高信息的综合度，充分开发利用各类信息资源，满足在生产、生活中综合、集成信息的需要。在信息网络环境下，图书、情报、档案等各类信息资源将不再是界限分明的孤岛，而是相互渗透、相互连接的信息集成。其次，图书、情报、档案的一体化管理可以优化单位的资源配置，实现资源共享。近年来，许多大型企业在以前图书室、资料室和档案室的基础上进行资源重组，建立了企业信息中心，对图书、情报和档案实施一体化管理，将它们纳入统一的信息管理系统，以便充分利用各类信息资源，实现资源共享。

如今，科学技术飞速发展，网络技术、计算机技术、通信技术都呈现猛烈的发展势头，"一体化"管理的趋势也越来越明显，这就对档案工作者提出了新的要求，即实现纵向和横向的立体发展。所谓纵向，具体而言是指档案工作者要对文件管理理论、方法等更加熟悉。所谓横向，是指档案工作者要对图书、情报工作的相关知识更加了解。因为档案与图书、情报之间有着非常紧密的联系，只有对图书、情报有一定的了解，才能使三者处于一体化的有序管理之中。

二、档案管理趋向数字化和网络化

20 世纪以来，计算机技术快速发展，开始渗透于社会的方方面面，档案管理也因此发生了变化，逐渐摆脱了过去的手工管理，开始趋向数字化和网络化。

所谓档案管理的数字化，是指借助计算机技术等现代信息技术，直接生成数字档案信息，或通过数字化技术，将存贮在传统介质上的模拟档案信息转换成数字信息，便于档案信息的网络传输和共享。数字化档案的产生主要有 2 个渠道：一是在数字网络环境下（尤其是在办公自动化环境下）直接产生的电子文件，通过在线或离线方式归档以后转化成电子档案。二是通过馆藏数字化，将原来存贮在纸张、缩微胶片、唱片、录音带、录像带等载体上的档案信息进行数字化处理后转换成数字信息，形成电子档案。档案管理的数字化是实施档案管理网络化的必要前提。

近年来，互联网覆盖的范围越来越广，档案管理网络化已经成了不可逆的趋势。所谓档案管理网络化，是指借助网络这一平台完成对档案信息的接收、传递、整理等工作。

可以看到，档案管理的数字化和网络化，使档案管理工作减少了很多重复的劳动，大大提高了工作效率，也使得人们对档案信息的利用更加方便、高效。

三、纸质档案与电子档案将长期并存

在过去的很长一段时间里，档案管理工作主要针对的是纸质的档案，整理、总结出的档案的管理方法、管理经验、理论依据等主要针对的也是纸质档案，毫无疑问，过去一直是将纸质档案视为档案工作的主要管理对象。但是，随着社会的进步与科学技术的发展，承载信息的载体发生了变化，电子档案开始在档案载体中占据越来越大的比例，并且大有将纸质档案取而代之之势。这一切似乎都在显示，终有一天，办公无纸化会变成现实。可是，从很多现实情况来看,这也许并不一定会变成真的。电子档案虽然便捷且利于传输,但是因为它是近年来才发展起来的,所以对过去的很多信息并不能完整收录,而且电子档案容易被篡改、毁坏,在真实性方面也逊于纸质档案。再加上长期以来,人们已经习惯了阅读和使用纸张,这一习惯很难改变。上述种种都显示,纸质档案和电子档案会在今后的生活里长期共存。纸质档案的管理理论已经较为完备,而对于电子档案的管理,档案人员还需要进一步摸索、整理、归纳,同时还要协调好纸质档案和电子档案的关系,使二者协调统一。

四、档案馆的社会化服务将越来越突出

档案馆是我国档案工作机构的重要组成部分,是法定的保管国家档案资源的机构。作为科学文化事业机构,档案馆具有社会化服务的功能,可是在过去的很长一段时间内,档案馆的这一功能都没有得到充分的发挥,更多的还是充当着党和政府机要部门的角色。随着我国社会主义事业的发展,政府职能逐渐转型,公共管理这一职能越来越受到重视。受此影响,档案馆的社会化服务功能也得到了拓展,更多的公共档案馆开始走入人们的生活中,人们对档案馆不再陌生,不但加深了对其的认识,而且对其普遍认可。公共档案馆由国家设立,其馆藏主要是国家机构和相关组织在公务活动中形成的公共档案以及其他反映社会各阶层活动的档案材料。公共档案馆的服务对象是全体公民,它为利用者提供了良好的阅档环境。

长期以来,我国各级国家综合档案馆的服务对象以党和政府的机关部门为主,馆藏档案以各级党和政府部门的文书档案居多,而科技档案以及与当地社会团体和公民相关的档案较少,加上档案馆封闭的服务方式,使档案馆与社会公众之间有一定的距离。因此,只有在丰富馆藏内容、增强档案馆社会化服务功能的基础上,才有可能使我国的各级国家综合档案馆真正发挥公共档案馆的职能。

第二章　档案管理工作内容

第一节　档案价值的鉴定

档案鉴定工作主要是甄别和判定档案的现实使用价值和历史价值，确定其保管期限，剔除失去保存价值的档案并予以销毁。它不仅直接决定档案的命运，还直接关系到档案收集工作、整理工作、保管工作的质量，关系到档案的信息是否能够得到有效开发利用，对档案管理工作的整体进行有十分重要的影响。因此，各国档案工作者都十分重视档案的价值鉴定工作，力求有使用价值的档案能得到继续保存，同时切断无价值档案入馆的途径。为了保证鉴定工作的质量，准确鉴定每一份档案的价值，必须确立统一的鉴定原则，并在实际工作中根据具体情况不断完善档案价值鉴定标准。

一、档案价值鉴定的原则

档案价值鉴定原则是开展鉴定工作的最主要的依据，只有确立统一的鉴定原则，才能使鉴定工作在客观、公正的基础上进行，才能真正体现档案的价值，实现档案管理工作的根本目的。进行档案价值鉴定工作必须坚持全面性原则、发展性原则、整体性原则、效益性原则。

（一）全面性原则

全面性原则是档案价值鉴定原则中最复杂的一项原则。档案工作者要全面分析档案的各个方面特征，考虑到影响档案价值的一切因素，从档案的来源、内容、时间等方面综合判定档案价值。在进行档案价值鉴定时，档案工作者不能只关注某一方面的特征，而要全面兼顾档案的内外特征。

（二）发展性原则

档案是历史的产物，它的形成总是与一定的历史条件相联系，因此判断档案价值必须结合当时的历史环境。在鉴定档案价值时只考虑档案形成的时期是远远不够的，档案工作者还要看到其后续效用，既要考虑本机关的需要，也要考虑社会的需要，既要考虑当前的需要，也要考虑长远的需要。

（三）整体性原则

整体性原则在鉴定工作中应用最为广泛。档案的产生和存在不是孤立的，一个机关、一次活动中形成的档案之间具有密切的有机联系，是一个不可分割的整体。因此，对档案价值，档案工作者不能孤立地进行评价，不能将它们彼此割裂开来进行研究，而要在一定范围内将有关档案材料联系起来，准确理解每一份档案的内容和用途，从而对档案价值作出正确的判断。

（四）效益性原则

效益性原则是指在分析档案价值时考虑收益与付出的比例，只有当档案发挥的作用大于保存档案所付出的代价时才能确定其有效保存价值。保存档案需要库房、设备、管理人员，会产生信息存储、复制、修复等各项费用。保存期限越长的档案所需费用越高。任何一个国家、任何一个社会的档案保存能力都是有限的，因此在档案鉴定工作中必须确保档案的价值大于保存它所消耗的费用。这里所说的效益包括经济效益和社会效益。

二、档案价值鉴定的标准

档案的保存价值主要取决于 2 个因素：一是档案自身的特点和状况；二是社会对档案的利用需要。

档案自身的来源、内容、形成时间、保存的完好程度及其他各方面特点和状况是决定档案价值的内在的、客观的因素，社会对档案的利用需要是决定档案价值的外部因素。从长远看，社会的利用需要具有动态性和不确定性，因为在社会发展的不同特定时期对档案的利用需要具有不同的特点。这决定了档案价值鉴定的预测性和不确定性。具体来说，档案价值的鉴定标准可以归纳为如下几点：

（一）档案的来源

档案的来源在很大程度上决定了档案的价值大小。档案的来源是指档案的形成者（立档单位）和档案的作者。档案的形成者在社会上的地位不同，反映其活动的档案的价值也不同。一般来说，上级领导机关、著名人物等形成的档案价值较大，修理站、小商店等基层单位形成的档案价值较小。同一作者的档案，在不同的立档单位有不同的保存价值。另外，档案作者与立档单位的关系，如是否属于同一系统，是否是隶属关系、上下级关系等，也会影响档案的价值。

（二）档案的内容

档案的内容是体现档案价值的重要因素。档案是为解决一定的问题产生的，档案中包含的信息内容不同，人们对档案的需要不同，档案的价值大小就不一样。一般来说，反映科学研究和实际查证意义的档案具有较大的价值，反映日常事务性活动的档案价值不大。具体说来，价值较大的档案主要包括：

第一，反映立档单位主要职能活动和基本历史面貌的档案；

第二，反映社会历史发展方向的档案；

第三，反映国家方针政策的档案；

第四，反映社会各阶层劳动条件和生活状况的档案；

第五，反映某些基本情况，能说明和证实某种事实的档案。

（三）档案的形成时间

一般来说，年代越久远的档案，其价值就越大。古代档案本来就少，因此有些保存到现在的古代档案，即使内容不太重要也具有特殊意义。另外，重要历史时期产生的档案，其价值更大些。但是，有些档案时效性强，只是在一定时期内发挥作用，如条约、合约、契约、借据等文件。过了一定期限，这些档案的价值会发生变化，甚至丧失其原有价值。因此，应从不同档案的特点来分析档案形成时间对其价值的影响。

（四）档案的形式

档案的形式是指文种、稿本、外形特点等外在的形式。

1.档案的文种

档案的文种具有特定的功能，在一定程度上能够反映档案的价值。一般来说，普通档案中的决定、命令、指示、条例等的价值往往大于通知等的价值，教学档案中的教学计划、教学大纲等往往比课程表的价值大。

2.档案的稿本

档案有草稿和定稿、正本和副本之别，不同的稿本反映了档案的形成过程，体现了不同的可靠度，其价值也不相同。一般来说，定稿、正本的可靠度较高，其价值高于草稿和副本。但在没有正本的情况下，副本与草稿也可能具有重要的价值。此外，有些重要档案不仅定稿、正本价值高，草稿也有较高的保存价值，因为从中可以看出该档案酝酿、讨论和最终形成的过程，有较高的历史研究价值。

3.档案的外形特点

档案的外形特点，如载体材料、笔迹、图案等也在一定程度上影响档案的价值。有些档案可能因其文字特殊而具有书法、文字学研究价值，或因图案别致而具有艺术价值，或因载体材料较古老而具有文物价值等。相反，有些档案如果原本具有一定价值，但已被毁坏或不能利用，又无法修复，就会失去原有的价值。

（五）档案的相对价值

档案的相对价值一般通过全宗和全宗群内档案的完整程度体现出来。这是在更大的范围内考察档案的价值。一般规律是：在全宗和全宗群内档案保存比较完整的情况下，各种类型档案的价值率基本正常；在全宗和全宗群内档案不完整的情况下，残存档案的价值相对提高，其中有些本不重要的档案的价值层次上升。也就是说，全宗和全宗群内档案的完整程度越差，其残存的档案的价值就越大。例如，文件 A 只是反映某一重大事件的一个次要文件，如果在同一全宗内有主要文件（文件 B）全面地反映了该重大事件的始末，那么文件 A 的价值就不大；如果同一全宗内反映该重要事件的主要文件缺失，那么文件 A 就具有重要保存价值。

（六）档案的利用情况

档案的利用情况在某种程度上反映了社会对它的需求程度。一般来说，现实利用频率高的档案文件，其价值较高。另外，档案的利用范围越广，其价值就越大。在判定现实利用频率低的档案文件的价值时要慎重。有些无多大价值的档案，其利用频率低，可以剔除销毁；但是，也有不少具有长远利用价值的档案文件，其现实利用频率较低，应长久保存。

总之，档案工作者必须根据每份档案或每组档案的具体情况，以档案的来源和内容为中心，全面分析档案的形成时间、文种、稿本、外形特点、相对价值、利用情况等诸多因素,科学地判定档案的价值。

第二节 档案的收集

一、档案收集的概念

档案收集就是接收和征集档案的意思。档案收集工作就是按照规定,通过例行的接收制度和专门的征集方法,把分散在各机关、部门、个人手中和散失在社会中的档案,集中到机关档案室和国家档案馆进行科学管理的一项业务环节。

二、档案收集工作的地位

档案收集工作在整个档案管理中处于一种特殊地位,做好此项工作对整个档案管理工作具有重要意义。具体来说,档案收集工作的地位如下:

第一,档案收集工作是档案馆、档案室取得和积累档案的一种手段,它为档案工作提供了实际的物质对象。

第二,档案收集工作是实现档案集中统一管理的具体措施。

第三,档案收集工作质量的高低,会直接影响到档案业务工作的其他环节的工作质量。

第四,档案收集工作是档案部门与外界各方面发生联系的重要环节之一,这是一项政策性强、接触面广、工作要求较高的工作。

三、档案收集的基本形式

档案收集的基本形式主要有接收、征集和寄存。

（一）接收

按照法定的原则、程序和规定的制度接收档案，是档案馆和档案室补充档案资源的最基本形式。其基本内容包括：

第一，各级国家机关和各种社会组织的档案室按照规定接收本机关业务部门和文书处理部门办理完毕移交归档的文件。

第二，各级各类档案馆依据国家法律和有关规定接收现行机关和撤销机关的档案。

接收的范围和要求如下：

第一，档案室接收本机关工作活动中形成的具有保存价值的各种门类和载体的档案，包括科学技术档案、会计档案等各种专门档案，以及录音带、录像带、照片等各种特殊载体的档案。

第二，各级档案馆接收本级各机关、团体及其所属单位具有长远保存价值的档案，以及与档案有关的资料。各个国家的档案馆保管接收档案的范围不尽相同，有些国家的档案馆只接收具有永久保存价值的档案，有的也接收定期保管的档案。我国省级以上档案馆接收具有永久保存价值的、在立档单位保管已满20年左右的档案，地市级和县级档案馆接收永久和长期保管的、在立档单位保管已满10年左右的档案。

第三，档案室和档案馆正常接收的档案，要求齐全并按规定整理好，进馆档案应遵循全宗和全宗群不可分散的原则，保持原有全宗的完整性及相关全宗的联系性。

（二）征集

征集流散在各机关、各部门、个人与国外的有价值的各种历史档案和相关资料，是档案馆收集工作中必不可少的补充手段，分为非强制性的和强制性的 2 种。一般采取在协商的基础上，通过复制、交换、捐赠、有偿转让等方式，将档案集中到档案馆；在特殊情况下，集体和个人所有的对国家和社会具有保存价值的或需保密的档案，当其保管条件恶劣或者由于其他原因被认为可能出现档案严重损毁和不安全的情况时，国家可将其收购或征购入馆，也可代为保管。

（三）寄存

寄存一般是通过协议的形式将档案存放到档案馆。寄存档案的单位或个人不失其所有权，并享有优先使用权以及能否准许其他人利用的决定权。已保存在博物馆、图书馆、纪念馆等单位的，同时也是档案的文物或图书资料等，一般由其自行管理。

四、档案收集制度

档案收集应该形成定期送交制度和联系催要制度。

（一）定期送交制度

形成档案材料的各职能部门，应在文件材料办理完毕的第二年，按照档案馆所要求的归档时间、归档质量的要求，归档移交到档案馆。

（二）联系催要制度

档案馆工作人员应经常了解和掌握形成档案材料的信息，及时向形成材料的部门催收应归档的材料。

第三节　档案的整理

档案的整理就是按照一定原则对档案实体进行系统分类、组合、排列、编号和基本编目，使之有序化的过程，它是档案管理中的一项基础工作。

一、与档案整理相关的术语

（一）来源原则

把同一机构、组织或个人形成的档案作为一个整体加以管理的原则。

（二）档案实体分类

根据档案的来源、形成时间、内容、形式等特征对档案实体进行的分类。

（三）立档单位

构成档案全宗的国家机构、社会组织或个人。

（四）全宗

一个国家机构、社会组织或个人形成的具有有机联系的档案整体。

（五）联合全宗

由 2 个或 2 个以上立档单位形成的互有联系不易区分全宗而作为一个全宗对待的档案整体。

（六）汇集全宗

由若干个文件数量很少且具有某些共同特征或联系的小全宗组成的作为一个全宗对待的档案整体。

（七）全宗群

由若干个具有时间、地区、性质等共同特征的全宗组成的群体。

（八）案卷

由互有联系的若干文件组合成的档案保管单位。

（九）立卷

将若干文件按形成规律和有机联系组成案卷的过程。

（十）卷内备考表

卷内文件状况的记录单，排列在卷内文件之后。

（十一）档号

以字符形式赋予档案实体的用以固定和反映档案排列顺序的一组代码。

二、档案整理的主要内容

档案整理一般在原有案卷或文件的基础上进行，主要内容是分类排列、编制案卷目录、填写档号。

（一）分类排列

一个机关档案室内的所有档案实际上为一个全宗。档案分类就是把全宗内的档案根据立档单位的来源、时间、内容或形式的异同，按照一定的体系分门别类，系统地区分和整理。常用的分类方法有年度分类法、保管期限分类法、问题分类法等。在实际操作中，往往不单独使用某一种分类法，而是将多种方法结合起来形成复合分类法。例如，采用保管期限—年度—问题分类法进行分类排列：第一步，将档案实体按永久、30 年、10 年 3 个不同的保管期限分开排列；第二步，将档案实体按其形成年份或处理的年度分开排列，即将同一年度、同一保管期限的档案排列在一起；第三步，将档案实体按其内容反映的问题分开排列。同一全宗应保持分类方法的稳定。

（二）编制案卷目录

在案卷排列好以后就要编卷号，以固定案卷顺序和位置。案卷号是一本目录内案卷编排的顺序号，用阿拉伯数字以流水号形式编出。在编好顺序号以后就要编制案卷目录。案卷目录是固定全宗内档案的分类体系和案卷排列顺序的一种清册。案卷目录把档案室所有档案都分类记录在册，只要查看案卷目录，便能够对档案室的档案有个大概的了解。

案卷目录主要包括封面、说明、卷内文件目录表和备考表。其中卷内文件目录表是最重要的部分。

封面是指案卷目录的封面，主要包括全宗号、案卷目录号、目录名称（即档案的类别）、编制单位和形成档案的时间。

说明就是案卷目录的序言，它是对档案的分类方法、立卷方式、存在问题等做的一个总的简要说明。

卷内文件目录表是案卷目录的核心。其项目主要有案卷号、题名（即案卷标题）、起止日期、页数、件数、保管期限等。案卷号是统一编排的，不能重复；案卷标题要与案卷封皮上的标题一致，不能随意更改或简化；起止日期指的是案卷内文件所属年度及起止日期，与案卷封皮的标示要一致；页数就是案卷内文件的总页数；件数是案卷内文件的总件数；保管期限一般在立卷时就已明确，并在案卷封皮有注明。案卷目录一定要逐项认真地填写，根据案卷封皮上的内容来抄录。

案卷目录一般要多备几份，一份存档，其他的备用。有的档案室案卷目录有好几册，这就需要对案卷目录册编号，以流水号的方式，一册编一个号，这个号码就是案卷目录号码。

（三）填写档号

档号是档案存放地址的代号，是档案排架存取不可缺少的条件。档号由全宗号、案卷目录号、案卷号组成。机关档案室的全部档案是一个全宗，所有档案是一个全宗号，可以根据档案馆给定的全宗号来填写，也可以暂时不填。案卷目录号是指本案卷所在案卷目录的号码。案卷号是本案卷在该本目录中的顺序号。档号不能空号或重号。当这些号码编好以后，就要在案卷封皮上填写清楚，这就是填写档号工作。

三、档案整理的类型

档案整理主要有以下3种类型：

（一）系统排列和编目

在正常条件下，档案馆和档案室的整理任务，主要是检查案卷质量，制定馆（室）内分类排列方案，进行案卷和全宗的系统排列以及案卷目录的加工。

（二）局部调整

对已接收但不完全符合整理要求的案卷，进行必要的部分加工整理；对遭受损失、销毁与移出等各种原因致使整理体系发生重大变化的档案，进行新的系统化调整。

（三）全过程整理

对必须接收和征集的零散档案，进行包括整理工作全部内容的系统化和编目。

档案整理要求保持文件之间的历史联系，便于保管利用。文件之间的历史联系是指文件在产生和处理过程中形成的内部相互关系，主要表现在文件的来源、时间、内容和形式等方面的联系。保持文件之间的历史联系有时可采用不同的方法，在优选时应以便于档案保管和利用为其最高要求。

第四节 档案的保管

一、档案保管工作概述

档案的保管，就是根据档案的成分和状况，使用一定的设备和装具，采取适当的措施，妥善地保存档案的过程。档案保管工作是档案部门的一项日常性业务工作，是维护档案的完整与安全的重要环节和手段。

（一）档案保管工作的任务

档案保管工作涉及档案的生存状况，在整个档案工作中占有重要的位置。档案保管工作的任务如下：

一是维护档案的整理成果。管理人员通过前期档案的整理分类编号，已将各类档案的保管顺序固定下来了。在后期的库房管理活动中，管理人员要严格执行相关管理制度，不得擅自改变整理过程中形成的成果，不得打乱档案全宗和档案整理分类、编号的排列秩序。

二是防止档案的损毁，延长档案寿命。管理人员要了解和掌握档案损毁的原因和规律，以及本档案库房和档案保管的现状，通过经常性的具体工作，有针对性地采取有效措施，最大限度地消除各种可能损毁档案的不利因素，把档案的自然损坏率降到最低。档案保管部门应建立健全档案保管的监督控制机制，尽量控制档案不被人为损毁，不断提高档案复制、修复等技术水平，使档案的保管建立在科学的技术方法和良好的物质条件等基础之上。

（二）档案保管工作的要求

档案的保管是一项科学性、技术性、条件性很强的工作。它有以下几个方面的要求：

1.账物相符，防止出现差错

在档案库房内保存的各类档案实体，必须与目录相一致。管理人员在接收档案入库时，要仔细清点；在出借档案还回后，要将其及时放回原处；要定期检查保管情况，避免在管理过程中出现档案缺失或与目录不符的情况。

2.突出重点，兼顾一般

在档案保管工作中，档案部门应加强对永久、重要档案的保护，特别是对记录了企业重要发展历程、重要产品、基建等信息的档案材料，要在保管方面格外用心。同时，档案部门还应在财力物力允许的前提下改善定期、一般档案的保管条件。

3.管用结合，保障利用

档案保管的最终目的和最重要的使命是提供利用，所以档案部门要处理好档案保管工作与其他业务环节的关系，处理好"管"与"用"的关系，使保管与利用有机地结合起来。档案部门不能为保管而保管，而忽略了档案的利用工作，要在做好档案保管工作的同时，大力挖掘档案的利用价值，充分发挥档案的经济效益和社会效益。

4.确保主体，照顾特殊

档案部门提供的保管措施要满足不同载体档案的特殊保管要求。传统的档案载体以纸质为主。目前档案的种类不断增多，其载体形式也日益多样化。除纸质档案外，还有电子档案、音像档案等。不同载体的档案，其保管方式和保管环境是不同的，档案部门要区别对待。

5.以防为主，防治结合

这要求采用各种必要的措施，预防档案损毁，在预防失败的情况下再及时进行妥善治理。具体来说，首先是防止虫、霉、光、尘、水、气等对档案侵害的发生，变被动为主动；其次是及时解决问题，改善档案保管条件，修复受损档案实体。

（三）档案保管工作的内容

档案保管工作是档案科学管理的一项专门业务工作，具有特定的含义，其内容主要包括：

一是档案的库房管理，即库房内档案的日常管理工作，包括档案库房与装具编号，档案排架，温湿度调节，防火、防水、防潮、防霉、防虫、防光、防尘、防盗、防磁等工作。

二是档案流动中的保护。对档案的保护决不仅局限于对库房条件下处于静止状态的档案的保护。档案从接收开始，要经过包装、搬运、整理等许多程序后才进入库房定位排架。在日常管理工作中，借阅、退还及必要的再整理、重新排架、复制、展览等也要挪动档案，这些过程极易引起档案的磨损、撕裂、遗失、涂改等。档案管理人员和利用人员在各个环节接触档案实体时要妥善保护，让档案远离危及档案安全的因素，注意减少档案的机械磨损等。

二、档案保管的设施设备

档案的保管同其他工作一样，是离不开必要的物质条件的。档案库房、库房设备、档案装具等都是保管档案的基本物质条件。

（一）档案库房

档案库房是集中统一保管档案的专门用房。它为档案保护提供了最基本的物质条件，库房建筑的好坏直接影响档案的保护条件和库房管理措施的效果，直接影响着档案的寿命。中小型企业的档案室必须有适合安全保管档案的专用库房，做到档案库房、档案阅览室、档案人员办公室三分开。大型档案馆对档案库房的要求更高一些，应符合《档案馆建设标准》（建标103—2008）和《档案馆建筑设计规范》（JGJ 25—2010）的要求。

在考虑设计档案库房时，一般要注意以下几个方面：

一是要有足够的使用面积。在确定档案库房容量时，应考虑到现有室（馆）藏档案数量、应接收而未接收档案的数量、今后每年平均增长的档案数量等。大中型档案库房一般预计满库的年限以10～30年为宜。小型档案库房一般应满足未来5年的存储需要。

二是远离危害档案安全的地方。档案库房不能设在空气污染区或污染区的下风处；禁止靠近易燃易爆等危险品作业场所和厕所、盥洗室、锅炉房，以利于防尘、防火、防水、防有害气体，维护档案的安全；应设在地势较高、易于排水的干燥地段，不宜靠近河流或低洼地点；不宜设在房屋的底层和顶层，以防止潮湿和渗雨；不宜设在办公楼的西侧和南侧，以防止高温和阳光直射。另外，屋顶、墙壁要具有隔热、防潮、防雨雪渗漏的性能。

三是档案库房应专用且坚固。档案库房不能与其他办公用房合用，也不能同时存放其他物品。办公室人来人往情况复杂，会造成档案的失密、泄密甚至失盗的危险。而经常开关门窗，则会造成室内外空气频繁对流，对档案的温湿度控制不利。档案库房应加固门窗，并安装防盗门及防盗栏。同时，档案库房楼层地面应满足档案及装具的承重要求，楼面均布活荷载标准值不应小于 5 kN/m^2，采用密集架时不应小于 12 kN/m^2。

四是交通条件较好。档案库房所在地应当方便各部门、人员利用档案，同时，当发生危害档案安全的情况时，应便于档案的搬迁，使人们能迅速地将档案转移到安全的地方。

（二）库房设备

档案库房设备主要有档案存放设备、档案运载设备、档案保护设备、档案现代化贮存检索设备，以及档案装订、扫描、复制、缩微设备等若干种。

档案存放设备包括档案及档案检索工具的存放设备，主要是各类档案柜架。档案运载设备主要有电梯、提升机、运卷车等。档案保护设备包括温湿度监测设备、通信及闭路电视监控设备、消防设备、防盗设备、档案修复设备、消毒设备等。档案现代化贮存检索设备包括服务器、微机、光盘、硬盘、磁盘列阵、磁盘柜等。另外，档案装订机、打印机、复印机、照相机、号码机、整理台、平边切刀等都属于档案管理常用设备。

（三）档案装具

1.档案架（柜）
（1）封闭式档案箱柜
封闭式档案箱柜是比较传统的、用途较广的保存档案的装具，通常是指带盖的箱子和有门的柜子。其主要包括案卷柜、文件柜、办公柜、胶片柜、磁带柜、卡片柜等。其中，最常见的是案卷柜。

（2）柱式固定架

柱式固定架可分为单柱式固定架和复柱式固定架。单柱式固定架采用方形空心铁柱做主支柱，单节架仅用两根立柱，在立柱两侧有许多等距的插孔，根据需要的间距插入挂板，挂板上搭放搁板。单节架旁再并接立柱，即成双节架，依次并接可延长成多节。架子四框和底座用螺栓组合。该架耗材少，结构简单适用。复柱式固定架有单面架和双面架 2 种。其结构、性能、规格与单柱式固定架略同，不同的是主支柱用双柱或三柱，比单柱式固定架稳定性好、负载力强，每排架的节数可任意延长。

（3）积层架

积层架俗称通天架，是密集型的固定架群，适用于特高房间和专门修建的中间不设或少设楼层的大型库房。单柱式固定架是积层架的基本单元，垂立于地面并叠接至楼顶，构成高大架体。在各立柱连接处的平面上，铺以钢板或混凝土板，作为人行道。该架充分利用空间，容量大，负荷均匀分布于墙基和柱脚地基上，可节省库房建筑投资，但不利于防火。该架适用于档案数量巨大，档案实体不常搬动使用的档案机构。

（4）活动式密集架

活动式密集架是在复柱式双面固定架的底座上安装轴轮，能沿地面铺设的小导轨直线移动的架子。可根据需要将多个架子靠拢或分开。活动式密集架分手动和电动 2 种。手动又有手摇式和手推式，手推式又分轨道型和悬梁型。走动方向有横向和纵向之分。该架将固定通道变为机动通道，使库房单位面积上的档案存储量增大，但对库房地面的承载力要求也高。活动式密集架由于档案存储量大、密闭性强，能最大限度地利用库房面积，使用方便，经济实用，越来越受到档案部门的青睐。

2.档案包装材料

档案包装材料包括档案卷盒、档案卷皮等，是档案部门专用的一种装具。档案包装材料的作用是固定档案整理成果，确立档案保管单位，并保护档案不致散失和毁损。

（1）文书档案卷皮

文书档案卷皮有硬卷皮和软卷皮2种。

硬卷皮封面和封底尺寸规格采用310 mm×220 mm（长×宽），封底三边（上、下、翻口处）另有70 mm宽的折叠纸舌。可根据需要将卷脊的厚度分别设为10 mm、15 mm、20 mm。用于成卷装订的卷皮，上、下侧装订处各有20 mm宽的装订纸舌。硬卷皮一般使用250 g无酸牛皮纸制作。封面项目包括全宗名称、类目名称、案卷题名、时间、保管期限、件数、页数、归档号、档号。卷脊项目包括全宗号、目录号、年度、案卷号、归档号。

软卷皮的封皮和封底可采用297 mm×210 mm（长×宽）的尺寸规格。使用软卷皮装订的案卷，必须装入卷盒内保存。软卷皮封面项目与硬卷皮相同。

（2）文书档案卷盒

文书档案卷盒有2种格式，一种是《文书档案案卷格式》（GB/T 9705—2008）所采用的格式，另一种是《归档文件整理规则》（DA/T 22—2015）所采用的格式。

《文书档案案卷格式》规定了卷盒外形尺寸采用310 mm×220 mm（长×宽），其厚度可根据需要分别设置30 mm、40 mm或50 mm的规格。在盒盖翻口处中部要设置绳带，使盒盖能紧扣住卷盒。卷盒封面为空白面，盒脊项目包括全宗名称、目录号、年度、起止卷号。

（3）科技档案卷盒

按照《科学技术档案案卷构成的一般要求》（GB/T 11822—2008）的规定，科技档案卷盒的外形尺寸为310 mm×220 mm（长×宽），盒脊厚度可以根据需要设置，采用220 g以上的单层无酸牛皮纸板双裱压制。

三、档案库房管理

库房管理工作是档案保管工作的重要内容,是档案保管的基础工作。

(一)档案库房与装具的编号

1.档案库房的编号

库房的编号有 2 种方法:一种是为所有的库房编一个总的顺序号,这种方法适用于库房较少的档案室(馆);另一种是根据库房所在的方位及库房建筑的特征进行分区编号,每幢房子的内部应根据建筑及房间的划分情况进行编号,楼层应自下而上编号,每层应从入口开始,从左至右编号。

2.档案装具的编号

为了方便库房管理,所有档案架(柜)应进行统一编号。其方法为自门口起从左至右编架(柜)号,每个架(柜)的栏也从左至右编号,每栏的格自上而下编号。如果没有栏,则从上到下编格号。

(二)档案排架

档案经过系统分类整理、立卷、排列和编目以后,要入库上架(柜),进入日常的保管工作,称为档案排架。合理的档案排架,对保持档案之间的有机联系,维护档案的完整与安全,便于档案保管和开发利用都具有重要作用。

库房中档案排架应符合下列要求:

一是整齐一致。不同规格、不同式样的装具应按其形状和大小,进行分类排列,横竖成行。

二是空间适度。档案架(柜)排列应注意最大限度地利用库房的空间,同时要便于档案的搬运和取放。架(柜)之间的过道宽度应方便档案小型搬运工具(小推车)的通行,一般为 1~1.2 m。注意所有的架(柜)均不应紧靠墙壁。

三是避光通风。有窗库房的档案架（柜）排列，应与窗户垂直，以免强光直射；无窗库房的档案架（柜）排列，纵横均可。但无论库房有无窗户，在架（柜）排列时都要注意不妨碍通风。

（三）档案实体的保管

1.档案排列方法

档案的排列要按全宗或类别来进行。一个全宗或类别的档案应该集中在一起。在安排全宗内案卷排列次序的时候，必须严格地按照全宗内既定的分类体系和案卷的顺序号进行，以保持案卷之间的联系。当柜架预留的空位已被排满，新入库档案不能与先入库的同一全宗或类别档案放在一起时，可以将其暂时单独保存，待有可能调整时，再将一个全宗或类别的档案集中在一起。

有的全宗或类别内可能还保存有一部分照片、磁盘、光盘等新型载体档案，或者技术图纸、会计报表等专业档案，这些不同门类和载体的档案也可以单独在一个地方保管。对暂时单独定位分别保管的档案，应填制参见卡，并把该卡放在原全宗或类别主体存放位置内，指明存放地点，以保持应有的联系。

2.档案存放方式

目前，档案在装具中的存放方式有竖放和平放 2 种。在竖放时，档案卷皮或卷盒的脊背朝外，存取、识别档案比较方便，因此竖放是一种较普遍的方式。平放有利于保护档案，但不便于存取。这种方法适用于保管珍贵档案，以及卷皮质地过软、幅面过大和其他不宜竖放的档案。在档案平放时，应注意堆叠的高度，一般以不超过 20 cm 为宜。

3.档案存放位置索引

档案存放位置索引是以图表或卡片形式将档案在库房及装具中存放秩序情况如实记录和反映出来，以此来指引档案管理人员对档案进行调取、归还和其他日常管理的一种工具。档案存放位置索引有 2 种编制方法：一是以全宗为单位，指出各类档案的存放地点；二是以库房、架（柜）为单位，指出它们存放了哪些档案。

档案存放位置索引按形式又可分为书本式和卡片式 2 种，其详细程度和表格中的项目，可根据档案室（馆）的规模和查找档案的频繁程度等具体情况来确定。为执行《归档文件整理规则》（DA/T 22—2015）后产生的纸质载体的文书档案编制存放位置索引，应该根据实际使用的分类方案，将目录号、目录名称、目录中案卷起止号改换为保管期限、年度、机构（问题）等项目。档案存放位置索引格式详见表 2-1 和表 2-2。

表 2-1　档案存放位置索引一（以全宗为单位）

全宗名称：			全宗号：					
目录号	目录名称	目录中案卷起止号	存放位置					
			楼栋号	楼层号	房间号	列号	节号	格号

表 2-2　档案存放位置索引二〔以库房、架（柜）为单位〕

楼栋号：			楼层号：			房间号：		
列号	节号	格号	存放档案					
			全宗号	全宗名称	目录号	目录名称	起止卷号	

4.档案代理卡（代卷卡）

它是档案保管工作中经常使用的一种工具。为满足提供利用，以及对档案进行整理、修补、复制、编制检索工具、数字化等内部工作的需要，库房管理人员会将库房中已上架排列好的档案暂时移出库外。为了便于掌握档案流动情况，可填制一种卡片放在档案原存放的位置上，作为提示和依据。档案代理卡如表 2-3 所示。

表2-3 档案代理卡

档案号：					
件号：					
借阅者	部门	借出日期	归还日期	经手人	备注

（四）库房温湿度调节

在库房温湿度调节方面应采取以下措施：

1. 密闭

密闭是防止和减少库房外不适宜温湿度对库内的影响，使库内较适宜的温湿度状况保持相对稳定的重要措施。密闭的重点是门窗。档案库房的门窗要求关闭时密闭程度高，需要通风时又能开启。

2. 通风

通风是调节库内温湿度的简便易行的有效方法。通风有自然通风和机械通风2种方式。通风，特别是采取自然通风的方法，一定要严格遵守以下原则：一是当库外温度和湿度都低于库内时可以通风，反之不能通风；二是当库外温度低于库内，库内外相对湿度一样时，可以通风，反之不能；三是当库外相对湿度低于库内而库内外温度一样时，可以通风；四是当库内外温湿度的情况不与上述三项原则相同又不相反时，需要通过计算来确定能否通风，即把库外的相对湿度换算为库内温度下的相对湿度，如果低于库内的相对湿度则可以通风，反之则不能通风。

3. 控温

在密闭和通风很难达到库房理想控温效果的情况下，档案管理部门需要根据自身实际条件采取一些控温措施，如安装供暖设备、空调等。其中空调是控温最理想的方法，可使库房内温度均匀，同时还能调节室内的湿度。空调有挂式、柜式、集中式等，在具体选择上，要根据档案库房面积的大小和房间的布局情况，以及本地区的气候条件等因素来确定。当档案库房面积较大、房间较多、室内空调参数要求基本一致时，宜选集中式空调系统；当档案库房面积较小且位置分布分散，或使用要求与时间各不相同时，宜采用挂式、柜式等分体式空调器。此外，在档案库房周围进行绿化，是降低库房周围温度，进而使档案库房温度降低的一项有效措施。

4.除湿

目前，许多档案室（馆）会使用除湿机。除湿机的使用必须科学合理，要注意除湿机除湿功能与库房面积的关系，掌握正确的除湿方法。在多雨的季节，除湿机工作的时间可相应延长。与此同时，要注意除湿与密封的关系，确保除湿在密封的条件下进行，否则难以达到除湿的效果。

5.加湿

当档案库房湿度较低、空气干燥时，需要对库房进行加湿。加湿的方式主要是加湿器加湿。加湿器加湿是指使用具有增湿效果的设备加湿。在加湿时，还可使用通风机帮助湿气很快蒸发到空气中。

（五）库房卫生管理和档案状况检查

卫生管理和档案状况检查是档案库房管理的重要内容，属于日常性工作，其成效直接体现了档案管理的水平。

1.库房卫生管理

档案室库房内要求定期打扫卫生，全面清理地面、密集架、窗户和其他库房设施设备，清理卫生死角。要保持档案库房环境干净整洁、一目了然。档案部门要明确指定库房卫生工作的组织负责人和具体责任人，每月或每季度以及节假日前由档案部门负责人和相关责任人共同巡视检查档案库房卫生情况，并做好巡查记录工作。

2.档案状况检查

定期和不定期地对档案状况进行检查，是库房管理工作中的一项重要内容。档案的定期检查有年度检查、半年检查、节假日前检查等。当档案库房发生火灾、水灾之后，或发现档案被盗、怀疑被盗时，或发生虫害、鼠咬、霉烂、水浸等现象时，或出现档案管理人员调动等情况时，应对档案进行不定期检查。

档案状况检查的程序如下：组成检查小组；选定检查形式；确定检查对象；逐项实施检查，并作出记录；写出检查报告；对发现的问题进行妥善处理。档案状况检查的内容主要有：档案数量是否准确、有无遗失，与登记簿册是否一致；档案受损情况（如档案有无机械磨损、人为撕破、虫蛀等情况）和数量；档案收进移出是否登记、注销和还原，档案归入的类别、顺序是否正确；库房管理的各种制度的执行情况；档案的防护措施和库房设备的安全情况等。另外，档案部门在日常工作中还要经常对借阅归还档案的行为进行安全检查，主要检查借出与归还的数量是否相符，归还的档案文件是否缺字少页，有无圈画和涂改，有无折角和污损，有无水浸及火烧痕迹等。

（六）档案库房管理制度

档案管理部门应建立库房管理制度。库房管理制度包括档案库房管理的基本原则和基本要求、日常管理措施、管理人员的岗位责任制等方面的内容。

第五节　档案信息资源开发利用

长期以来，档案信息资源重收藏轻利用，致使许多有价值的档案信息资源"藏在深闺无人识"，即便是进入互联网时代以后，档案信息资源也没有充分实现互联共享，没有真正发挥出应有的优势，这影响到档案事业的进一步发展。因此，加强对档案信息资源的开发利用，使档案更好地服务经济社会发展，显得十分重要与迫切。

一、档案信息资源开发利用的含义

档案信息资源是指通过人类的参与而获取的可利用的档案信息，包括档案原件和各种档案信息开发的成果（如档案目录、档案文献汇编、档案参考资料和档案复制件等）。

档案信息资源开发利用是指档案馆（室）根据特定利用者的需求或社会需求，通过查找、筛选、加工、编辑等手段将馆（室）藏的静态档案信息变为动态信息，通过一定渠道传播给利用者并被利用者接受的过程。它是档案管理工作的重要组成部分。

档案信息资源开发利用包含以下几层含义：

第一，开发利用工作的主体是档案工作者，即各级各类档案馆（室）从事档案信息开发利用工作的部门和工作人员，他们处于开发利用的主导地位，是决定开发利用工作成败的关键。档案工作者在开发利用工作中的具体任务是：了解本单位和社会对档案的利用需求；针对利用需求，查找、汇集相关档案信息，并进行科学、系统的加工处理，使之有序，便于利用；通过各种方式和渠道将信息传递给特定的利用群体，并收集、处理反馈信息，不断调整开发利用的方向、内容和形式。

第二，开发利用的对象是馆（室）藏档案资料，它们是开发利用的物质基础。馆（室）藏档案资料包括档案原件，同时也包括对原件内容进行筛选、加工、转化而来的二次文献或三次文献，以及各种资料。

第三，开发利用的客体是本单位或社会上的档案信息利用者，他们是档案信息开发利用的最终受益者，同时也是开发利用活动的检验者。档案信息开发利用的成果，其产生的经济效益和社会效益必须通过利用者去实现。利用者并非简单地、被动地接收档案信息，而是有选择地接收、利用档案信息，并对档案信息的开发利用起到直接的控制作用,是档案信息开发利用效果的反馈信息源。

第四,开发利用工作必须借助于一定的工具和手段。档案信息资源具有原始性、分散性等特点。档案工作者要想快速、准确、系统地提供利用者所需的档案信息,就必须运用各种检索工具来准确、及时地选择、发现、定位利用者所需的适用信息,并通过各种工具来进行科学加工和处理,及时将信息定向或多向传递给特定利用者。

第五,开发利用的任务是实现档案信息的共享,即通过多种渠道和方式对馆(室)藏档案进行选择和传播,使之流动和共享,以此激活档案中蕴藏的知识和信息,实现一定的经济价值或社会价值。

第六,开发利用工作的目的是最大限度满足社会的档案信息需求。社会需要是开发利用的前提和动力,开发利用的目的就是为经济社会发展提供服务。正因如此,选择和传递档案信息应当做到内容上与社会需求相吻合,时间上与社会需求同步。

二、档案信息资源开发利用的意义

(一)服务经济社会发展

档案记录的是最原始、最真实的历史,数量庞大、门类齐全,涉及各行各业,是国家信息资源的重要组成部分,具有不可估量的开发利用价值。随着知识经济时代、互联网时代的到来,信息利用能力成为国家实力的一个重要指标。把收藏完整的各类档案信息资源有效利用起来,对经济社会的发展、科技文化的进步,无疑会起到巨大的推动作用。

（二）促进档案事业发展

档案事业要想获得发展，就必须实现档案信息资源开发利用的最大化。在当今这个互联互通的开放型社会里，绝对不能将档案信息资源储存在一个相对封闭的空间。只有对档案信息资源进行很好的开发利用，它才会创造出经济和社会效益，发挥应有的价值，档案管理和档案事业发展才会进入一个良性循环。总而言之，档案信息资源的开发利用是实现档案价值的重要途径，是推进档案事业可持续发展的重要支撑。

三、档案信息资源开发利用的基本原则

（一）服务原则

开发利用工作以服务和满足社会需要为生存与发展条件，其实质在于提供档案信息，为社会实践服务，因此服务于社会是它的根本目的。

贯彻服务原则，最重要的是档案工作者必须明确服务方向，坚定服务思想。明确服务方向，是指档案信息资源开发利用工作要有正确的方向，应当随着党和国家工作重心的转移而转移，为中心工作服务，适应社会多方面档案信息利用的需求。坚定服务思想，就是要求档案工作者明确档案工作为社会各方面服务的思想，具备良好的职业道德，充分发挥主观能动性，研究掌握档案信息利用需求的特点和规律，千方百计地为利用者提供方便。

（二）开放原则

开放原则就是要求档案工作者在开发利用档案信息工作中，在遵守国家有关法律法规前提下，最大限度地解放思想，根据社会实践利用档案的需求，最大限度地提供档案信息，实现资源共享，充分保障利用者利用档案的基本权利。在开发利用工作中贯彻开放原则，符合档案信息发挥作用的根本规律，是社会发展的必然趋势。

（三）法制原则

法制原则是开发利用工作必须贯彻的重要原则之一。档案信息具有一定的机密性，决定了在档案信息资源开发利用中必须设定必要的限制，不是任何人对任何档案都可随意利用。在开发利用档案信息的过程中不能失泄密，否则就会触犯法律。《档案法》等有关法律法规，对档案开放时限、内容控制范围、服务对象、内外有别等，都作了详细规定，是每个档案工作者在开发利用档案中必须牢牢把握的。遵循法制原则，要求档案工作者在开发利用工作中以法律为准绳，既进一步开放档案，促进档案信息的充分合理利用，又严格坚持保密，保证党、国家和人民的利益不受损害。

（四）效益原则

效益原则是衡量档案信息资源开发利用工作水平的重要标准。遵循效益原则，就是要求档案工作者讲求实效，能为社会提供更多有价值的、社会需要的档案信息。为此，档案部门在实际工作中要强调开发利用工作与效益的统一，不能为开发而开发，而要以它为实现效益的手段，以取得效益为目标，创造性地、有针对性地开展档案信息资源开发利用工作，减少无效的开发利用，同时还要强调社会效益与经济效益、无形效益与有形效益、潜在效益与现实效益的统一，以取得最佳的综合效益。

上述原则是一个统一的、不可分割的整体。其中，服务原则是核心，开放原则与法制原则是开发利用工作健康发展的必要保证，而坚持效益原则是确保开发利用工作取得成效的关键。

四、档案信息资源开发利用的主要内容

档案信息资源开发利用的主要内容包括以下几个方面：

（一）不断充实档案信息服务的内容

加大依法开放档案力度，完善开放制度，定期公布档案；积极开展以已公开现行文件为核心的政府公开信息利用工作；丰富利用方式，简化利用手续，扩展服务范围，改善服务条件，提高服务水平；最大限度地为公众获取政府公开信息提供便利条件。

（二）充分利用网络提供利用服务

加强档案网站建设，充分利用互联网为社会公众提供已公开的档案信息、已公开的现行文件及其他政府公开的信息服务。国家档案局要不断完善中国档案网，链接各省、自治区、直辖市档案网站，并以此为主干逐步形成全国性、分布式、互联互通的公开档案信息发布平台和查询利用系统。各级国家档案馆要充分利用互联网档案网站，开办档案信息查询利用窗口，提供档案网上检索利用，定期公布开放档案目录和全文信息，主动提供公益性信息服务，最大限度地实现档案信息的社会共享。

（三）构建政府内部档案信息共享平台

充分利用各级党政网，构建为各级党政机关和社会有关部门提供档案信息服务的平台；促进依法暂不能开放的档案信息资源在政府内部的共享使用；以行政职能为依据，以应用需求为导向，建立党政机关非公开档案信息交换共享机制和平台。

（四）加强档案利用场所和设施建设

提供公共阅览场所，配备检索查询工具，确保各级国家档案馆服务功能的充分发挥。开设展览厅（室），举办档案陈列展览，对公众进行教育。档案馆的开放档案阅览、陈列展览和政府公开信息利用场所，要设在交通便利、面向公众的区域，为公众查阅档案和获取政府公开信息提供便利。

（五）推进档案信息产品专题开发和加工

着眼经济社会发展的关键环节和重要领域，开发利用档案信息资源为社会主义物质文明、政治文明和精神文明建设服务。充分利用规范化、可共享的数字档案资源，围绕党和国家工作大局和关系人民群众切身利益的重大专题，开展档案信息的深度加工和专题编研工作，建立一批直接服务大局的重要专题数据库，不断为社会提供优质的精神文化产品。

（六）加强企业档案信息资源开发

推进企业档案信息化，建立并逐步完善档案信息管理系统，密切配合生产、经营、管理对档案信息资源进行深度开发，为提高企业竞争力和取得经济效益服务。

（七）重视档案信息增值服务工作

加大对档案信息内容的研究和开发力度，把档案信息内容转变为档案信息知识。一方面，充分利用各级档案部门现有的编研人才；另一方面，积极支持社会力量对已公布档案信息内容进行研究和开发，努力增加档案信息资源开发利用的深度。

（八）促进档案信息服务业的形成

推进体制和机制创新，发挥市场机制的作用，提高档案信息资源开发利用的效率和效益。对于已公开而又存在广泛社会需求的档案信息资源，应当充分利用市场手段，对档案信息内容进行加工和开发，形成档案信息加工业、档案信息咨询服务业等产业，增加社会就业，创造社会效益和经济效益。促进档案信息服务社会化，以此建立档案信息资源开发利用工作的长效发展机制。

五、档案信息资源开发利用的途径

档案信息资源开发利用的途径是指档案馆（室）满足档案用户需求的基本工作形式，在实践中这样的途径有许多，这里按照开发利用工作的对象来划分。

第一，提供档案原件，如开辟阅览室，让档案用户查阅所需的档案原件，或者根据国家各项工作的特殊需求，让档案用户暂时将档案原件借出馆（室）外使用等，来满足档案用户对档案原件的需求。但比较珍贵的档案原件和容易损坏的历史档案，则不宜通过这种途径直接提供给档案用户使用。

第二，提供档案副本或复制品，如提供文件归档时的副本、文件汇编、文件选编、在报刊上公布的档案文件等，或通过提供档案缩微品、档案复制本等，来满足档案用户对档案信息的利用需求。

第三，提供档案信息加工品，如编写大事记、组织沿革、基础数字汇集、会议简介、专题概要、企业年鉴、图册、图集、科技成果简介等，来满足档案用户对档案信息的利用需求。

六、档案信息资源开发利用的基本方法

档案信息资源开发利用的方法是档案部门为满足档案用户需求所采取的各种服务方式、程序和手段。档案信息资源开发利用的方法很多，目前常用的开发利用方法主要有以下几种：

（一）档案借阅

档案借阅是档案馆（室）通过提供档案为直接利用者服务的一种档案信息资源开发利用的方法，包括档案阅览、档案外借、档案证明、档案咨询等。

1. 档案阅览

档案阅览指的是档案馆（室）根据利用者的查档需求，在阅览室提供相应的档案资料的一项工作。这是档案馆（室）最基本、最常用的一种档案信息资源开发利用方法。档案阅览可以使档案不出档案保存机构就实现利用，有利于扩大查档线索和得到档案人员有关利用方面的帮助，提高档案的利用效率。同时，档案在档案工作人员的关注下被阅览利用，有利于档案的保密和保护。

2. 档案外借

档案外借是为满足某些特殊的利用需求，如机关工作必须将档案原件作为证据等，档案馆（室）暂时将档案借出馆（室）外使用的一种档案信息资源开发利用方法。

档案一般不外借，因特殊原因确需外借时，应遵循下列规定：

第一，外借档案要有严格的制度，必须经过一定的审批手续。

第二，外借档案的数量和时间要予以控制，一次外借的档案数量不宜过多、时间不宜过长。档案工作者要对到期档案及时催还。

第三，外借档案必须办理外借手续，档案工作者在档案借出或归还时都需要认真仔细地清点检查，逐卷（件）予以登记，并做好签收工作。

第四，档案馆档案只能由移交单位档案员办理档案外借手续，并负责做好档案的保密和保护。

3.档案证明

档案证明是指依据档案的记载出具的凭证性文件。档案是原始的历史凭证，许多单位或个人为解决某个问题，都希望得到与解决该问题有关的档案材料。出具档案证明就是为了满足这种利用需求，充分发挥档案凭证作用的一种档案信息资源开发利用方法。出具档案证明要以引述或节录档案原文为主要编写方法，保证内容的准确、真实、客观，具体要求如下：

第一，必须根据利用者的申请来出具档案证明。申请可以是书面申请，也可以是口头申请，要说明档案证明所需证明事实事项，及需要解决的问题。

第二，出具档案证明必须根据正本或可靠的副本来摘引或编写，也可提供正本或可靠副本的复制件，确保档案材料的真实性、完整性。

第三，档案部门在档案证明上必须注明档案材料的出处，加盖档案证明专用章或单位印章、法人签章，确保档案证明与档案原件具有同等效力。

第四，出具档案证明切忌对材料内容加以评价或作出结论，也切忌对存在互相矛盾的材料按需进行取舍。

4.档案咨询

档案咨询是指档案馆、档案室答复利用者询问，指导和帮助其利用的活动。档案利用接待人员根据档案及检索工具等解答利用者提出的问题，协助利用者查找所需档案，直至按利用者要求提供利用结果。

（二）档案开放

档案开放是档案馆（室）依照国家有关规定将可以公开的档案向社会开放，供利用者前来查阅利用的一种档案信息资源开发利用的方法。

《档案法》规定："县级以上各级档案馆的档案，应当自形成之日起满二十五年向社会开放。经济、教育、科技、文化等类档案，可以少于二十五年向社会开放；涉及国家安全或者重大利益以及其他到期不宜开放的档案，可以多于二十五年向社会开放。国家鼓励和支持其他档案馆向社会开放档案。档案开放的具体办法由国家档案主管部门制定，报国务院批准。"

（三）档案公布

档案公布是档案馆（室）根据社会需要通过一定形式向社会公布档案的全部或部分原文，或者档案中记载的特定内容的一种档案信息资源开发利用的方法。

《档案法》规定："属于国家所有的档案，由国家授权的档案馆或者有关机关公布；未经档案馆或者有关机关同意，任何单位和个人无权公布。非国有企业、社会服务机构等单位和个人形成的档案，档案所有者有权公布。公布档案应当遵守有关法律、行政法规的规定，不得损害国家安全和利益，不得侵犯他人的合法权益。"

（四）档案展览

档案展览是档案馆（室）为配合中心工作的需要，按照一定的主题，以图文等形式向社会系统揭示和介绍档案的一种档案信息资源开发利用的方法，具有十分重要的作用。

第一，档案展览通过展示某一主题的档案材料，为利用者提供一个档案直观利用的场所，利用者可以从中获得比较集中、系统的档案信息。

第二，档案展览通过展出典型的档案材料，能以档案的原始性、真实性、可靠性和鲜明、形象的特点，给参观者以深刻的印象，对档案价值及其作用进行生动、有力的集中宣传。

第三，档案展览充分显示了档案内容的丰富性及其特有的吸引力，从而引起人们对档案的关注以及利用档案的浓厚兴趣，是对档案工作意义的最实际、最富有说服力和感染力的宣传。

第四，档案展览通过对丰富的档案史料的展示，反映了我国的历史文化传统，弘扬了优秀的民族精神和时代精神，是一种面向广大人民群众，尤其是广大青少年的爱国主义教育方法。

按照展期长短，档案展览可以分为2种：

第一，长期性的档案展览。这种展览通常是在档案馆（室）内设立长期的、比较固定的展厅，较全面、系统地陈列馆（室）保存的珍贵档案文件，使人们一进入档案馆（室）就能对档案和档案工作有一个大概的了解，以引起社会对档案部门的关注。

第二，临时性的档案展览。这种展览是档案馆（室）根据特殊需要而举办的，全面、系统地展示反映某一人物、机构或事件的专题档案文件，使人们对这一人物、机构或事件有一个全面了解，以唤起人们的历史记忆，使其受到一次生动教育。

（五）档案编研

档案编研是档案馆（室）通过对档案的研究和加工，印发或出版档案编研成果的一种档案信息资源开发利用的方法，主要包括档案汇编和档案参考资料编写。

档案编研属于深层次的档案信息资源开发利用方法，具有以下特点：

第一，研究性。档案编研工作中的"编"与"研"不是2个各自独立的概念，而是互相统一的，即"编"中有"研"，"研"中有"编"。

第二，思想性。档案编研不仅仅是对档案原件的简单照录，它同时反映了编研人员的观点，因而具有明显的思想性。

第三，政策性。档案编研成果通常要在一定范围内公开使用，会涉及许多政策和法律方面的问题，因此需要认真对待。

第三章 人事档案的管理

第一节 人事档案及工作概述

一、人事档案的定义及属性

（一）人事档案的定义

人事档案是在人事管理活动中形成的，经组织审查或认可的，记述和反映个人经历、思想品德、学识能力和工作业绩的，以个人为单位集中保存起来以备查考的文字、表格及其他各种形式的历史记录材料。

人事档案是我国人事管理制度的一项重要特色，它是个人身份、学历、资历等方面的重要凭证，与个人工资待遇、社会劳动保障、组织关系紧密挂钩，具有法律效用，是记载人生轨迹的重要依据。目前，个人在进行职称申报、开具个人证明、办理退休手续时都要用到人事档案。

（二）人事档案的属性

人事档案的属性是识别和判定人事档案的理论依据。这些属性互相联系、互相制约，主要体现在以下五个方面：

第一，人事档案是各级组织在考查和使用人的过程中形成的，经组织审查或认可的，对个人经历和德才表现情况的真实记录。例如：各单位组织会定期或不定期地布置填写履历表、登记表、鉴定表、学习工作总结、思想汇报以及年度考核表等任务；组织为审查某人的政治历史问题，需要通过有关人员、有关单位了解情况，索要证明材料，然后根据这些材料和有关政策对其作出适当的审查结论和处理决定；在员工调动、任免、晋升等过程中产生了任免呈报表、审批表等材料。上述材料均属于人事档案材料，人事档案在产生来源方面具有 2 个重要特征：一方面，它是组织在考查和使用人的过程中产生的，而不是在其他过程中产生的。例如，专业技术人员在工作中撰写的学术报告、论文著作等不是组织在知人任人的过程中形成的材料不属于人事档案材料，但通过学术报告、论文著作的目录能达到了解和使用人的目的，因而可以将其目录材料归入人事档案。另一方面，它是经过组织审查或者认可的材料，而不是由个人编撰的材料。例如，个人不经过组织，私自找熟人写材料证明自己参加工作的时间，这是不算入人事档案的。

第二，以个人为立卷单位是人事档案的外部特征，是由人事档案的作用决定的。人事档案是一个组织了解人、任用人的重要依据，是个人经历和德能勤绩等情况的全面真实记录。只有将反映一个人经历和德才表现的全部材料集中起来，整理成册，才便于全面地了解这个人，进而正确地使用这个人。如果将一个人不同时期或不同方面的材料分散于不同单位或若干种类的档案里，有关这个人的材料被割裂肢解，那么组织在试图系统了解这个人的情况时会面临工作量大、效率低的困境，甚至可能漏掉重要材料而影响正常工作。如果未将某一个新近填写的履历表归入其人事档案中，而是以科室为单位装订成册，这种合订本就不能称为人事档案，因为它不具备以个人为立卷单位的属性，影响对一个人的系统了解。

第三，按照一定的原则和方法对个人材料进行整理是个人材料转化为人事档案的先决条件。个人材料犹如一堆原材料，人事档案则是按照一定的程序和规格加工出来的产品，这种经过整理的人事档案不再是繁杂无序的材料，而是具有一定规律的有机体。当然，这种整理必须依照一定的原则和办法进行。人事档案相关政策、法律法规和管理制度的出台和执行，可以使人事档案更科学、规范、实用，更好地为人事工作服务。

第四，人事档案手续完备且具有使用价值和保存价值。手续完备是指人事档案要按照一定的移交手续进行交接和处理。在日常的人事档案材料收集和鉴别工作中，工作人员经常会遇到材料手续不全的棘手问题。例如：呈报表有呈报意见而无批准机关意见；履历表没有组织审核签署意见或没有盖章；政历审查结论和处分决定没有审批意见；入党志愿书没有介绍人意见。这些材料虽然也有人事档案的某些属性，但从本质上看，它们不具有或不完全具有人事档案的可靠性，不能作为考查和使用人的依据，因而不是人事档案，或者说还没有完全转化为人事档案，有的只能作为备查的资料，有的可以作为反映工作承办过程的材料存入机关文书档案。如果有的材料确实已经审批，但由于经办人员不熟悉业务或责任心不强而没有签署意见或盖章，则可以补办手续，这种补办手续的过程就是完成向人事档案转化的过程。手续完备的个人材料是否能转化为人事档案，还要看这些材料是否具有使用价值和保存价值。精练实用是鉴别人事档案材料的一个基本要求。如果玉石不分，将没有价值的材料也归入人事档案，则可能加大保管压力，影响利用效率，实属一种浪费。重份材料、无关的调查证明材料、本人多次写的内容相同的检查材料等都属于没有价值的材料，必须在鉴别整理过程中剔除。

第五，人事档案由各单位组织和人事部门集中统一保管。人事档案是在组织考查和使用人的过程中形成的，记载着有关知情人为组织提供的情况。人事档案材料的内容一般只能由组织掌握和使用，有些内容如果扩散出去就可能产生负面影响，不利于安定团结和组织工作。同时，人事档案作为人事工作的工具，必须由人事部门（泛指组织部门、劳动人事等一切管理人员的部门）按照人员管理范围分级集中统一保管。这是人事档案管理工作的基本原则，也是人事档案区别于其他档案的显著标志之一。任何个人不得保管人事档案，业务部门和行政部门也不宜保管人事档案。

二、人事档案工作的内容和要求

人事档案工作是人事管理工作的一个组成部分,有特殊的内容和要求。

(一)人事档案工作的内容

目前,我国人事档案工作的组织体系是:各级组织、人事、劳资部门同时又是人事档案管理部门,按照统一领导、分级管理的原则,对人事档案实施具体的管理。例如,一个公司的人力资源部既从事人事管理工作,又管理人事档案。人事档案工作的内容主要有:

①登记人员变动和工资变动情况;

②收集、鉴别和整理人事档案材料,充实人事档案的内容,为单位人力资源开发、使用和管理提供依据,为国家积累档案史料;

③保管人事档案;

④提供人事档案利用服务和咨询工作;

⑤人事档案转递工作;

⑥定期向档案室(馆)移交死亡人员档案。

(二)人事档案工作的要求

人事档案的管理在总体上要贯彻档案工作的基本原则,并有如下具体要求:

1.根据人事管理的权限,集中统一管理人事档案

一个单位的人事档案管理部门必须将属于本单位管理的人员的人事档案全部集中起来,按照有关规定统一管理。根据这一原则,不允许将在一级人事管理权限内的人事档案分开保存,也不允许非组织和人事部门或非档案管理部门管理人事档案,任何个人都不得私自保存人事档案。

2.维护人事档案的真实、完整与安全

人事档案管理部门在收集、鉴别人事档案时,应认真执行有关规定,严

格把关，保证归档材料的真实、完整；在管理中必须执行党和国家的保密制度；同时加强技术保护，防止人为和自然因素对人事档案的损坏，确保人事档案的安全和完整。

3.便于人事工作和其他有关工作的利用

人事档案管理工作的目的是为单位人力资源开发和管理服务，以充分地调动干部、职工的积极性。为此，人事档案管理工作应以本单位的发展目标和工作需要为中心，积极做好各项工作，便于人事工作和其他有关工作充分利用人事档案。

第二节 人事档案的收集和鉴别

一、人事档案的收集

收集人事档案材料，充实人事档案内容，是贯穿于人事档案工作始终的一项经常性的工作。人事档案材料的收集工作政策性强、涉及面广、难度较大，它不仅是人事档案部门的任务，也是形成人事档案材料部门的任务，各方必须密切合作。

（一）人事档案收集制度

1.移交制度

人事档案部门应建立和健全移交制度，明确规定各单位、各部门日常工作中形成的，属于归档范围的材料，均应移交人事档案部门。例如：各单位党团组织与同级组织、业务部门应移交干部任免、调整职级、配备领导班子、专业技术职务评聘资料，评定工人岗位技能、学习或培训的材料；县团或相当于县团级以上党代表会议、人民代表大会、政协会议和工、青、妇等群众团体会议的代表登记表、委员简历、政绩材料等均应及时归入人事档案；保卫部门对员工的政治历史问题已弄清并作出结论后，应将结论、决定及有关重要材料送人事档案部门归档；纪检、监察部门应将有关员工奖惩的决定及重要材料送人事档案部门一份，归入人事档案。

2.索要制度

人事档案部门不能完全坐等有关单位主动送材料上门，应与有关部门保持密切联系，定期（季、半年、1年）或不定期索要应归档的人事档案材料。对于迟迟未交者，人事档案部门应及时发函、打电话或登门索要，做到嘴勤、手勤、腿勤。

3.检查核对制度

人事档案部门对所管人事档案数量状况，应定期（季度、半年、1年）进行检查核对。人事档案部门应将不符合归档要求的材料退回形成单位重新制作或补办手续；将不属人事档案范围的材料予以剔除或退回原单位处理；发现缺少的材料，应填写补充材料登记表，以便有计划地进行收集。

4.补充制度

组织、劳动（劳资）等部门根据工作需要和档案材料的缺少情况，统一布置填写履历表、登记表、鉴定表、自传等任务，使人事档案及时得到补充。

（二）人事档案材料收集的重点

根据人事档案工作的要求和新的用人观点，针对目前人事档案不能全面反映员工的现实状况等问题，应着重收集以下材料：

1.反映工作能力、成就贡献、工作实绩的材料

这类材料包括考核工作中形成的登记表、民主评议和鉴定材料；评聘专业技术职务（职称）的任职资格申报表、考绩材料，聘任专业技术职务（职

称）审批表、登记表；创造发明和技术革新的鉴定、评价材料；党内外奖励及授予英雄、模范、先进工作者等各种称号的事迹材料。

2.反映学识水平和智能结构的材料

这类材料包括学员登记表、学习成绩登记表、毕业登记表、学习鉴定、学位学衔材料、学历证明、培训结业登记表。

3.反映政治思想的材料

这类材料包括贯彻执行党的路线和方针政策、遵纪守法的材料，反映革命事业心、党性原则、道德品质、思想作风的材料，员工在国外的鉴定材料。

4.反映员工身体状况的材料

这类材料包括新近体检表、健康鉴定、伤残证明、确定伤残等级的材料。

二、人事档案的鉴别

人事档案鉴别工作，就是按照一定的原则和规定，对收集起来的档案材料进行审查、甄别，判定其有无保存价值，确定其是否归入人事档案。鉴别是系统整理的基础和前提，也是保证人事档案材料完整、精练、真实的重要手段。鉴别工作的好坏，直接决定着人事档案质量的优劣，对能否正确贯彻人事政策也有一定的影响。它是一项非常重要的工作，在人事档案工作中占有特殊的地位。

（一）鉴别的原则

鉴别工作的政策性很强，必须遵循"取之有据，舍之有理"的原则。取之有据，是指归入人事档案的材料要有依据，符合上级的有关规定。舍之有理，是指决定剔除材料，要有足够的理由，尤其是对准备销毁的材料，更须十分谨慎，不能武断和草率。人事档案是培养、选拔职工的依据，有时一份材料会影响一个人的任免。因此，应以高度负责的精神，慎之又慎地决定材料的取舍。为正确贯彻鉴别的原则，必须做到以下几点：

第一，鉴别人事档案材料必须以有关政策规定为依据。对人事档案工作，中央有关部门制定了一系列文件，确立了鉴别的原则、政策界限和具体要求，这是鉴别工作的依据和准绳。人事档案工作人员只有深刻领会有关文件精神和具体规定，才能做好鉴别人事档案材料的工作。

第二，鉴别人事档案材料应坚持历史的辩证的观点，做到实事求是。人事档案形成于不同的历史时期、不同的单位和个人，内容错综复杂，情况千差万别。人事档案工作人员不可能从党中央、国务院有关文件中找到每一份材料的现成答案。因此，人事档案工作人员必须坚持历史唯物主义和辩证唯物主义的观点，具体问题具体分析，根据形成材料的历史条件以及材料的主要内容、用途、保存价值，对材料内容和形式进行认真、全面、细致的分析，具体判定每份材料的价值和手续完备的程度，确定材料是否归入档案，切勿简单化和一概而论。

第三，鉴别人事档案材料要有严格的制度。鉴别是决定档案取舍和存毁的大事，必须有严格的制度保证其顺利进行。凡从档案中撤出的材料，必须符合有关规定；要有专人负责，严格把关，对比较重要材料的取舍，应请示有关领导；对要销毁的档案材料，必须逐份登记，履行审批和监销手续。

（二）鉴别的内容和方法

1.判断材料是否属于人事档案

通过各种渠道收集来的材料，由于种种原因，有些属于人事档案，有些属于文书档案、案件档案、业务考绩档案、诉讼档案等，有的材料应该归档，有的应由本人收存，有的应转递有关部门。鉴别工作的任务之一，就是把不属于人事档案归档范围的材料剔除出去。

从党团组织收集来的入党入团志愿书、申请书、转正申请书、本人的政审材料、党团员登记表、优秀党团员事迹材料等属于人事档案范围。讨论入党入团的会议记录、个人思想汇报、审批通知书，未被批准的入党入团志愿书、申请书等由所在党组织保存。

从纪检、监察和行政管理部门收集来的处分决定、结论、批复、本人对处分决定的意见和检查交代材料属于人事档案范围。本人申诉材料、旁证、检举揭发材料，属于案件档案范围，由纪检、监察部门保存。

从专业技术单位和学校收集来的评聘专业技术职务（职称）的任职资格申报表、考绩材料，发明、创造、革新成果登记和论著目录、学位学衔材料、毕业登记表、学历证明、考试成绩单（册）等属于人事档案范围。著作、论文、译文、技术革新与创造发明体会等属于科技人员业务考绩档案范围。入学通知、试卷等由学校和培训部门保存。毕业证书、学生证等由本人保存，从组织、人事、劳动部门收集来的员工录用、聘用、招用、更改姓名、参加工作时间等的登记表和审批材料等属于人事档案范围。干部任免的请示报告、命令、通知以及离退休的审批材料等属文书档案的范围。任命书、残疾证、离退休证、各种证书等由本人保存。

2.判断是否为本人的档案材料

人事档案是以员工姓名为特征整理保存的，确定档案材料是否归档，首先应弄清楚是谁的档案，不能因同名同姓、同姓异名、异姓同名而张冠李戴，因一人多名而将材料分散。为防止张冠李戴，人事档案工作人员应仔细核对档案材料上的籍贯、年龄、性别、家庭出身、本人成分、工作单位、参加工作时间、职务、工资级别等基本情况是否相同，主要经历是否一致。有些材料从形式看像是某人的，实际上不是，人事档案工作人员须从内容上加以辨认区分。由于历史原因，形成一人多名，人事档案工作人员在鉴别时要核查曾用名及更改姓名的材料，否则容易把同一个人的材料分散在几处，给查找、利用带来不便。

3.判断材料是否处理完毕和手续齐全

只有处理完毕和手续齐全的材料，才能归入人事档案。凡是悬而未决需要继续办理的"敞口"材料，不得归入人事档案，即使已归入人事档案也应退回材料形成单位，待处理完毕后再归档。

4.判断材料是否真实、准确、完整

人事档案材料的内容必须真实、准确，不能有虚假、模棱两可、相互矛盾的现象。在鉴别中，人事档案工作人员在发现内容不实、词义含混、观点不明确、相互矛盾的材料时，应及时将其退回原形成单位重新撰写、核实。人事档案工作人员还应仔细检查材料系列的完整程度。每份材料不得有缺页，无时间、作者或签章等要素。若材料不完整，则人事档案工作人员应及时收集补充材料、补办手续。

5.查对材料是否重复

人事档案要保持精练，人事档案工作人员要拣出内容重复的材料。不管什么材料，正、副本都只各保存一份。例如：某人一次填了几份履历表，正、副本各放一份即可；有人在入党过程中多次写了申请书，有人在被审查时对同一问题多次写了交代材料，有人在不同时期对同一问题写了内容相同的证明材料，在鉴别时，人事档案工作人员只选取1~2份内容全、手续完备、字迹清楚的归入本人档案，其余的都要剔除。

（三）剔除材料的处理

1.转出

经过鉴别，认定不属于员工本人的材料，或者是不应归入人事档案的材料，均应转给有关单位保存或处理。在转出时，人事档案工作人员要写好转递材料通知单。

2.退回

如果近期形成的档案材料手续不够齐全，或内容尚须查对核实，人事档案工作人员应提出具体意见，退还有关单位，有关单位在对其修改补充后再交回来。凡应退还本人的材料，经领导批准后退还本人。人事档案工作人员在退还时应对其进行登记，接收人清点无误，签名盖章。

3.留存

不属于人事档案范围，又有保存价值的参考材料，经整理后由组织、人事部门作为业务资料保存。

4.销毁

无保存价值、重份的材料，应按有关规定销毁。在销毁时，人事档案工作人员要认真审查，逐份登记，并说明销毁的理由，经主管领导批准后，进行销毁。

第三节 人事档案的分类

人事档案的分类，是根据人事档案所反映的内容和形式特征，分门别类、系统组织与揭示人事档案材料的一种方法。人事档案的正本分为 10 类，副本分为 7 类。

一、正本分类

人事档案的正本，由历史地、全面地反映员工情况的材料构成，其材料可以分为以下 10 类：

（一）履历材料

1.说明

凡是以反映员工个人自然情况、经历、家庭和社会关系等基本情况为主要内容的表格材料均归入本类。

2.内容

①工人、教师、医务人员、军人、学生等各类人员历年的履历表（书）、登记表、简历表；

②个人从事革命活动的简历材料；

③更改姓名的报告及批件；

④以履历为主，带有鉴定的履历表、简历表、登记表；

⑤本人填写反映个人经历的材料。

履历材料的归类，应以内容和用途为依据，不能单纯按名称归类。

（二）自传材料

1.说明

自传是个人撰写自己家世、身世和主要社会关系的自述。

2.内容

①本人历次所写自传（包括思想自传、历史自传、反省自传、小史、小传）及带有自传内容的材料；

②有自传内容的入党入团申请书（与申请书能分开的）；

③以自传为主，带有自传的履历表（书）、简历表、鉴定表。自传及自传性材料，一般以第一人称叙述自己的经历，是本人撰写个人成长过程、思想演变的历史记录，是人事档案必备的材料之一。

（三）鉴定、考核、考查材料

1.说明

在人事管理活动中，组织、人事部门通过各种途径，对员工的基本情况、学习、工作、才能、政绩、优缺点等方面，进行调查了解形成的评价性材料归入本类。

2.内容

①工人、学生、军人等各类人员历年的鉴定（包括自我鉴定）；

②出国、出境、调动、学生毕业或结业的鉴定；

③以鉴定为主要内容的各类人员登记表；

④组织上正式出具的鉴定性的员工表现情况材料；

⑤考核登记表，考查、考核材料，民主评议和组织考核的综合材料；

⑥干部任免、调动依据的正式考察综合材料；

⑦以考核为主要内容的材料。

归入本类的材料，必须是经过组织研究认可正式形成的，能正确、历史地反映员工实际情况，具有考查价值的鉴定、考查、考核材料，在盖公章后才能进入人事档案。未经组织认可的一般考查和考核材料、会议记录、发言记录、谈话记录、索取的证明，或从档案中摘录的员工材料等，一律不得归入人事档案。

（四）学历、评聘专业技术职务（职称）与评定岗位技能的材料

1.说明

凡是记载和反映员工学历、学位、学习成绩、培训结业、评聘专业技术职务（职称）、评定岗位技能情况的材料，均归入本类。

2.内容

①报考中专、高等学校学生登记表、审查表、审批表；

②中专、高等学校或自考、培训结业的学习成绩登记表、记分册、成绩单；

③中专、高等学校学生毕业登记表、毕业生分配登记表、审批表；

④授予学士、硕士、博士学位的决定；

⑤学历证明材料、认定干部文化程度呈报表、审批表；

⑥选拔留学生审查登记表；

⑦评聘专业技术职务（职称）任职资格申报表、考绩材料，聘任、确认专业技术职务（职称）审批表、登记表，套改和晋升专业技术职务（职称）审批表、登记表；

⑧评定工人岗位技能的登记、考核、审批材料；

⑨员工的创造发明、科研成果、技术革新成果的评价材料，著作、有重大影响的论文（获奖、在国家级刊物发表的）等的目录；

⑩反映员工学历才识、专业技术方面的登记表、调查表等材料。

（五）政治历史审查材料

1.说明

凡对员工的政治历史、出身、社会关系、党籍、参加工作时间等问题进行审查形成的材料均归入本类。

2.内容

①政治历史问题的审查结论、调查或审查报告、上级的批复，调查证明的依据材料，检举揭发材料，本人对所审查问题的检查交代或说明材料，对结论、决定的意见，主要申诉材料；

②甄别、复查和平反结论、意见、决定、调查报告、批复及结论的主要依据材料；

③审干中形成的审干登记表、肃反审查表、党员审查表与调查表，以及交代材料；

④入党、入团、参军、提干、出国的政审材料；

⑤家庭成员、社会关系的主要证明材料、平反决定；

⑥更改民族、年龄、家庭出身、本人成分、国籍、入党入团时间、参加工作时间等问题的个人申请、组织审查报告、上级批复，以及所依据的证明材料；

⑦高等学校考生政审表。

（六）入党入团材料

1. 说明

参加中国共产党、共青团及民主党派的材料均归入本类。

2. 内容

①批准转正的中国共产党入党志愿书、入党申请书、转正申请书、党员登记表；

②中国共产党党员重新登记表、党员暂缓登记表、不予登记的决定、组织审批意见及所依据的材料；

③民主评议党员中形成的组织意见，党员登记表，劝退、除名党员的主要事实依据材料，组织审批材料，延长预备党员预备期、取消预备党员资格的处理决定和意见；

④中国共产主义青年团入团志愿书、申请书、团员登记表、退团材料；

⑤加入民主党派的申请书、登记表、批准加入组织通知等有关材料。

（七）奖励材料

1. 说明

对在工作或学习中有突出成绩的员工给予奖励或表彰的材料均归入本类。

2. 内容

①各级组织正式命名授予的劳动模范、英雄、先进生产者、三八红旗手、新长征突击手、先进工作者、优秀党（团）员、优秀学员以及其他荣誉称号的决定、审批表、登记表、奖励证书、先进事迹材料；

②创造发明和各种业务、技术奖励、通报表扬、立功受勋与嘉奖材料；

③有突出贡献和拔尖人员审批表；

④从事专业工作 30 年人员登记表、审批表。

在一般情况下，县（团）级以上单位形成的奖励材料才能归入本类，科室、车间、区级单位、乡（镇）级单位、村级单位等形成的奖励材料不予归档。

（八）处分材料

1.说明

员工违犯党纪、政纪、国法，受到纪律检查部门、监察部门或其他审理部门对其所犯错误进行调查处理形成的材料归入本类。

2.内容

①员工违纪、违法受党内外处分决定、记过、查证核实报告（调查报告）、上级批复、通报批评材料，本人检查交代和对处分决定的意见；

②甄别、复查、平反的决定、结论、调查报告、上级批复及本人意见；

③法院的刑事判决书；

④免予处分的意见、本人检查交代材料、撤销处分材料。

（九）录用、任免、出国（出境）、工资、待遇及各种代表会议代表的材料

1.说明

凡办理任免、选举、调动、授衔、晋级、录用、聘用、招用、复员、退伍、转业、工资、待遇、出国、离退休及退职材料，各种代表会代表登记表等材料均归入本类。

2.内容

①办理工资待遇工作中形成的工资级别登记表，见习期、试用期、转正定级、奖励晋级、提职，调整工资，工资改革、兑现工资、奖励工资、浮动工资，津贴审批表、岗位技术工资变动登记表，解决待遇问题的审批材料，保险福利待遇材料；

②军队授衔、晋衔、晋级、提高职级待遇的登记表、审批表，军队转业、复员、退伍军人审批表、登记表，应征入伍登记表；

③干部调配（转业安置）、任免呈报表（附件）；

④录用和聘用审批表、登记表，聘用干部合同书、续聘审批表，解聘辞

退材料，劳动合同材料；

⑤退（离）休、退职审批表，享受部级、司局级、处级待遇审批表；

⑥出国、出境审批表、登记表；

⑦出席县团级或相当于县团级以上单位的党代表会议、人民代表大会、政协会议和工、青、妇等群众团体代表会议、民主党派会等会议形成的代表登记表和委员的简历、政绩材料。

（十）其他可供组织参考的材料

1. 说明

凡上述9类未包括的、对组织上有参考和保存价值的材料均可归入本类。

2. 内容

①有残疾的体检表，确定残疾等级的材料；

②工伤、职业病、可享受劳保待遇或提前退（离）休的依据及体检证明材料；

③民事纠纷判决书、调解书；

④办理丧事的讣告、悼词、生平、报纸报道的消息，非正常死亡的调查报告、善后处理材料、遗书。

二、副本分类

人事档案的副本由正本中以下类别主要材料的重复件或复制件构成：

第一类的近期履历材料。

第三类的主要鉴定，干部考核材料。

第四类的学历、学位、评聘专业技术职务的材料。

第五类的政治历史问题的审查结论（包括甄别、复查结论）材料。

第七类的奖励材料。

第八类的处分决定（包括甄别、复查结论）材料。

第九类的任免呈报表和工资、待遇的审批材料。

其他类别多余的重要材料，也可归入副本。

三、类内档案材料的排列

（一）排列的要求

人事档案的排列，应符合以下要求：

第一，排列次序有条理，能保持材料之间的有机联系，使类内的各材料成为一个有机整体。

第二，从个体来说，每份材料有固定位置；从整体上说，一个类内的材料脉络分明，方便利用。

第三，能适应人事档案材料不断增加的特点，便于及时补充新材料，又不破坏原有的排列顺序。

（二）排列的方法

1.按档案材料形成时间顺序排列

这种方法是按材料形成时间的先后顺序由远及近排列，它可以反映某一方面的发展变化情况。正本的一类、二类、三类、四类、七类材料可按此法排列。

2.按材料内容（问题）的主次关系（重要程度）进行排列

第五、八类的排列顺序为：上级批复、结论或处分决定，本人对决定处分和结论的意见、调查报告、证明材料、本人检查、交代材料。排列第六类材料的具体顺序要求为：将入团、入党、加入民主党派的材料分别排列；入团志愿书排在入团材料之前，入党志愿书排在入党材料之前，然后排列申请书、转正申请书、党（团）员登记表等；多次填写的党（团）员登记表，按时间先后顺序排列。

3.按内容结合时间顺序排列

第九类材料内容多，应按内容性质相对集中排序与按时间排序相结合的方法，先分成4个小类：①工资、待遇材料；②调动任免与离退休材料；③出国、出境材料；④其他材料。各小类内的材料，均按形成时间的顺序排列。

第四节　人事档案的保管范围、转递和查阅

一、人事档案的保管范围

人事档案的保管范围，是依据统一领导、分级管理、管人与管档案相一致的原则确定的。合理划分人事档案的保管范围，是统一领导、分级管理的原则落在实处的举措，有利于人事档案的科学保管和转递。

一般而言，干部由哪一级任免，工人由哪一级招收，档案就由哪一级管理，要确保人档统一。如果人档脱节，那么组织一旦要了解该人的情况，就会因找不到相应的档案而影响对其的了解和使用。如果保管范围混乱，则人事档案部门积压的人事档案不仅不能发挥作用，时间一久甚至可能成为无头档案。

下面以干部人事档案的保管范围为例进行分析。

《干部人事档案工作条例》第十一条规定："中央组织部负责集中管理

中央管理干部的人事档案。"

第十二条规定："中央和国家机关各部委、参照公务员法管理的机关（单位）组织人事部门，中管金融企业、中央企业、党委书记和校长列入中央管理的高校组织人事部门，负责集中管理党委（党组）管理的干部（领导人员、管理人员、专业技术人员，下同）和本单位其他干部的人事档案。"

第十三条规定："省（自治区、直辖市）、市（地、州、盟）党委组织部门负责集中管理本级党委管理干部的人事档案；省、市级直属机关和国有企事业单位组织人事部门集中管理党委（党组）管理的干部和本单位其他干部的人事档案。县（市、区、旗）以下机关（单位）的干部人事档案可以按不同类别、身份，由县（市、区、旗）党委组织部门、人力资源社会保障部门等分别集中管理。"

第十四条规定："根据工作需要，经上级组织人事部门批准，有关机关（单位）组织人事部门可以集中管理下级单位的干部人事档案。"

第十五条规定："干部人事档案工作人员和与其档案管理同在一个部门且有夫妻、直系血亲、三代以内旁系血亲、近姻亲关系人员的档案，由干部人事档案工作人员所在单位组织人事部门另行指定专人管理。"

二、人事档案的转递

在人事管理工作中，干部的任免权限与人员的主管单位不是一成不变的，由于多种原因，员工的主管单位和协管单位经常改变。因此，人事档案随着干部任免权限的改变、员工主管单位的变化，要及时转至新的主管部门，这就形成了人事档案转递工作。

人事档案工作是为人事工作服务的，只有对人员的管理和人事档案管理相一致，才有利于发挥人事档案的作用。做好转递工作，是保持管人与管档案相一致的有效措施，是保证人事档案工作及时为人事工作服务的必要条件，也是人事档案部门接收人事档案和充实档案内容的重要途径之一，有利于维护人事档案的完整与安全。

（一）转递工作的要求

1.及时

为避免管人与管档案脱节，发生"有人无档"或"有档无人"的现象，必须及时转递人事档案。要达到上述要求，人事管理部门与人事档案部门应密切合作，相互衔接好。人事管理部门在员工调动、转业、复员、离休、退休的决定、通知下达后，应及时抄送或通知人事档案部门，以便填写职务变更登记表和转递人事档案。

2.准确

转递人事档案必须以任免文件或调动通知为依据，在确知有关人员新的主管单位后，直接将人事档案转至该人新的主管单位。不要把人事档案转到非人事主管单位的上级机关或下级机关，更不能盲目外转。

3.安全

转递人事档案工作，应确保人事档案材料的绝对安全，杜绝失密、泄密和丢失现象。转递人事档案只能用机密件通过机要交通转递，也可由转出或接收单位派专人送取，不准本人自带，不得以平信、挂号、包裹等形式公开邮寄。凡转递人事档案，均应密封并加盖密封章，详细填写统一的人事档案转递通知单，确保其绝对安全。

（二）转递人事档案的原因和方式

转递人事档案的原因有：员工职务变动（提拔、免职、降职）改变了主管单位；员工所在单位撤销或合并入新单位；干部任免权变化与人事管理范围的调整，人事档案的管理范围也进行相应的调整；员工所在单位的隶属关系发生变动；干部进入院校学习毕业后统一分配；中专、高等院校毕业生进入工作岗位；军队干部转业到地方安置或复员；员工离休、退休后异地安置；员工辞职、退职、开除公职、刑满释放、解除劳教后重新就业；在员工死亡后，按规定应向相应档案馆（室）移交档案；无头档案查到下落；形成人事档案材料的单位需要向主管单位人事档案部门移交档案；等等。遇有上述情况者，应按规定转递其人事档案。

转递人事档案的方式主要有零星转递和成批移交。零星转递是指在日常工作中经常将数量不大的人事档案材料及时转递给有关单位，这是转出的主要方式，一般通过机要交通来完成。成批移交主要是指管档单位之间数量较多的人事档案的交接，经交接双方商定，由接收单位或转出单位派专车、专人到转出或接收单位取送，若转出单位与接收单位相距太远，则通过机要交通转递。

（三）转递人事档案的工作程序

1.转出单位的工作程序

对转出的人事档案，原主管单位应按规定进行认真整理，做到材料齐全、内容真实、装订整齐。

在零星转递时，转出单位应在转出材料登记簿上详细登记要转走的档案，并在人事档案底册上注销该档案，注明何时何原因转至何处，以及转递发文号；仔细填写人事档案转递通知单，将材料严密包封，加盖密封章，以机密件寄出；当收到接收单位退回的转递通知单（回执）时，要将其粘贴在转递存根上，以备查考。

成批移交的程序是：取出人事档案材料，在转出材料登记簿上逐项登记，并在人事档案底册上注销已转出的人员名单；编制移交文据和人事档案移交清册一式二份，文据上应有移交原因、档案数量、移交时间、移交单位和移交人；交接双方在移交文据上签字，以示负责。

2.接收单位的工作程序

接收单位在收到转来的人事档案后,应仔细检查是否属于本单位所管理的人事档案;审核转递人事档案材料通知单,看其转递理由是否充分,有无误转的同名异人的档案,若发现有误则应及时退回;查对档案材料数量与人事档案转递通知单或移交清册的记载是否相符,档案材料的归档和整理是否符合要求,有无毁损情况,若发现问题则可退回重新整理、制作或补办手续。经过上述程序,确认无误后,接收人应在人事档案转递通知单的回执或移交清册上签字,并加盖公章,将回执寄给转档单位,同时对接收的人事档案材料进行登记,之后入库。

(四)无头档案

无头档案是由于不知员工去向而积存在人事档案部门的人事档案材料。无头档案长期积压在人事档案部门,既转不出去,又不能销毁,不仅不能发挥作用,而且需要花费人力、物力去管理。员工的主管单位由于有人无档,增加了对员工考查了解的难度,影响对员工的培养、选拔和使用。因此,人事档案管理部门既要重视对已有无头档案的处理,又要防止产生新的无头档案。

1.无头档案形成的原因

无头档案主要是由档案人员不稳定,制度不健全,档案工作与人员调动、任免工作脱节,转递不及时、不准确、不彻底等因素造成的。员工已经改变了主管单位,没有及时转递人事档案,做到"档随人走",使人与档案脱节,时间久了,情况一变再变,人员去向不明,就会形成无头档案。在转递时,对接收单位名称不清楚或书写不准确,接收单位收到又未仔细查对,误收误存,久而久之,人档脱节。人事档案材料的收集、归档不及时,或对收集来的零散材料没有及时整理,在转递人事档案时,只转走整理好的,余下的零散材料时间一长就会转不出去,形成无头档案。

2.对无头档案的处理

主要方法是：先对无头档案进行清理鉴别，分清有无价值。对无价值的档案，造册登记，报领导审核批准后予以销毁。对有价值的档案，详细登记，积极查询该人的主管单位。可以先内后外、先近后远、内查外调，可以通过当事人的亲朋好友，查阅历年员工外调登记册、公安局的户口簿，可以向原籍查询。必要时人事部门印发被查询员工基本情况名册，发至各地人事部门广为查找。经过多方查询，实在无下落者，可将有价值的材料转至当事人原籍的县一级组织、人事部门代为查找，或移交县档案馆保存。

3.杜绝无头档案的再产生

①人事档案部门要建立严格的管理制度并贯彻执行，在发现未转递的档案材料时应及时予以处理。

②人事档案部门要及时掌握人员录用、调动、任免及职务（职称）、军衔变动的信息。人员调动要坚持先调档后调人，新的主管单位一旦发现人到而档案未到的情况，应主动催要。

③对新收集的档案材料，人事档案部门要及时归档、整理装订。

④人事档案部门在转递档案时，要坚持一个人的档案一次全部转出，不分批转递。

⑤人事档案部门要保持档案人员的相对稳定，以便档案人员熟悉业务，更好地开展工作。档案人员的调动应坚持"先配后调"，即应在交接清楚后再将档案人员调出。

三、人事档案的查阅

人事档案的内容涉及党和国家机密与个人隐私，在查阅中，既要满足组织、人事、劳动工作和其他方面的利用需求，发挥其应有的作用，又要贯彻执行保密法规和制度，确保人事档案的完整与安全，防止失密和泄密。

（一）查阅的原则和范围

查阅人事档案总的原则是：宽严适度，内外有别，灵活掌握，便于利用。在组织、人事、劳动部门利用档案时，相关要求可以从宽；在其他部门利用档案时，相关要求应相对严一些。高级干部、中级干部、有贡献的专家学者、有影响的知名人士以及机要人员的人事档案，利用范围应从严掌握；一般干部、工人、学生的人事档案，利用范围可相应从宽。根据有关规定，员工的主管单位，组织、人事、劳动、纪检、监察、保卫、军法、检察等部门，因人员任免、调动、升学、提拔、出国、入党、入团、离休、退休、复员、转业等，要了解该人的情况，可以查阅和借用人事档案。其他单位不得直接查阅、借用人事档案，如确因工作原因而需要查阅、借用，则须办理相关手续。

有关单位或个人在编写党史、军史、革命斗争史、地方志、人物传记等时，一般不得查阅人事档案，可直接采访本人。如本人已去世或年迈丧失记忆，有病不能口述，则可查阅其履历和自传材料。

（二）查阅的要求

利用人事档案必须符合查阅范围的有关规定：利用党委组织部门的人事档案必须是中共党员；组织、人事、劳动部门查阅人事档案须有手续完备的信件，其他部门查阅人事档案应持有本单位领导签字的正式查档介绍信或查阅人事档案审批表。查档人员不得查阅本人及其亲属的档案；未经领导批准，不得查阅同级人员的档案，下级不得查阅上级人员的档案；本单位组织、人事部门一般不得查阅本单位领导人的档案；只准查阅介绍信或审批表中提到的有关内容，不能查阅其他所要调查的内容。

第五节 人事档案数字化探索

为顺应数字时代的发展需要,满足人事制度改革发展的要求,需要通过对数字技术、互联网技术、大数据技术等信息技术最新成果的运用,重构人事档案管理内容、模式,实现以档案实体为中心的管理模式向以档案信息为中心的管理模式的转变。

一、人事档案数字化的概念

人事档案数字化就是利用计算机技术和相应的设备,将各种传统介质的人事档案信息通过计算机技术转换为数字化的、可以被计算机识别的数字信息,组织加工整合成各种数据库形式进行存储,然后通过网络和信息系统提供快捷方便的人事档案信息服务,从而提高人事档案的利用效率和人事工作的管理效率。人事档案数字化的实现,必须有相应的系统软件及管理软件,必要的输入设备和需要转化成为数字的人事档案。传统介质的人事档案只有在完成数字化加工后,才能以数字信息的形式通过档案信息网站等服务平台向社会提供高效快捷的服务,从而真正实现档案信息资源共享。

二、人事档案数字化的意义

人事档案详细记录了人员的能力、学历、经历和政治品质等信息,做好人事档案管理,是激发人才资源优势,提升机关、企事业单位竞争力的现实需要。具体来说,人事档案数字化的意义主要体现在以下两方面:

（一）丰富管理手段

传统人事档案管理主要依靠人工管理，管理的手段和方式相对落后。利用先进的数字技术、计算机技术和互联网技术，将采集到的人事档案信息存储于人事档案管理系统，完全实现人事档案数字存储、数字查询等，使管理手段朝着智能化、自动化、信息化方向发展，使管理手段更加丰富多样。

（二）提升决策水平

人工翻阅纸质人事档案核对信息既费时费力又容易出现信息核对不全、不准等问题，而通过分析数字化的人事档案，相关人员能够准确掌握现有人员的数量、类型、年龄结构、专业结构、工龄结构、性别结构。可以说，数字化的人事档案能够为人才的培养、选拔、任用等提供参考，为决策者提供更为精准、科学的决策依据，从而提升决策者的决策水平。

三、人事档案数字化的操作流程

（一）前期数据的确定和准备

确定需要数字化的人事档案信息的范围、内容，包括基本信息和可扩展的信息。基本信息是人事管理系统中必需的、最常用的信息集，是单一记录信息集，用于描述某人个人属性和社会属性中最基本的信息。基本信息为必须录入的信息，由姓名、性别、籍贯、民族、出生日期、健康状况、婚姻状况、参加工作日期、政治面貌、部门、学历、职称、职务、基本工资等信息项构成。可扩展的信息包括员工编号、个人专长爱好、调出时间、调出原因、离退时间、备注等信息项以及与其他信息集相关联的标识信息。

与此同时，需要确定哪些信息项需要录入全文信息，哪些只需要录入摘要信息，哪些需要链接图像、多媒体信息。人事档案是组织人事管理活动中形成的，记录、反映人员经历和德才能绩的，以个人为单位集中保存的历史记录，时间跨度长（一般为30~50年），内容的冗余度较大（如一个人的基本信息是每表必有的），可变动的数据多（如工资、职务、健康状况等数据处于动态变化中），保存价值差异大（有的定期保存，有的永久保存）。为此，一般可选择将党和国家领导人、全国著名人物和对社会有重大贡献与影响人物的人事档案纸质文件的正本，以及录音录像等媒体材料，进行全文信息的录入。对广大普通职工，一般只须录入基本信息以及专业技术、奖惩等信息。

（二）人事档案数据的转换

人事档案数据的转换，就是将传统的人事档案信息转换为数字形式。

转换方式有以下三种：

一是直接在人事档案管理系统内进行人事档案数据的录入。

二是从其他系统将数据直接导入人事档案管理系统。

三是对需要全文录入的纸质信息进行数字化扫描。

纸质档案的数字化可以采用扫描或数码相机拍摄方式进行。在扫描过程中，对于字迹比较清楚的档案，一般采用"黑白二值"模式；对于字迹模糊不清的档案，可以采用"灰度"模式。

（三）数字化信息的加工与处理

首先，校对录入的各类信息与原文是否一致。

其次，核对扫描的图像数量是否与数字化系统中所导入的目录数据库中的文件页数一致。

最后，对扫描得到的图像进行优化，即将图像对照原件进行压缩、去边、去污、去噪、去干扰等处理。

此阶段重点是要保证人事档案在信息化后能够被存储和提供利用，将数据丢失和信息失真的可能性降到最低,保证人事档案数据的真实性、完整性、有效性。

(四) 数据的存储与利用

经过加工处理的数字化信息将存储在网络环境下的人事档案管理系统中并提供利用。选择合适的网络存储设备和存储方式、信息的发布方式、信息的利用访问方式、信息的保管模式以及安全策略等,是十分必要的。

(五) 数据的维护更新

人事档案不同于一般的信息,准确性是人事档案管理最核心的要求。而且人事档案始终处于动态的管理中,当人员数据发生变化时需要进行及时的调整与更新。因此,对数据的维护更新是一项长期的工作,要求档案人员有高度的责任心和严谨的工作态度,对每个数据都要细心核对。

四、人事档案数字化过程中的注意事项

(一) 强化信息安全保障

安全是人事档案数字化始终需要考虑的。为此,要做到以下几点:

一是谨慎选择第三方专业机构。馆藏人事档案资料较多,自身无法完成数字化的单位,应委托第三方专业机构。第三方专业机构应是具有开展档案数字化资质及经验的专业机构。在进行数字化档案转化前,双方应签订保密协议。

二是加强人员管理。从事人事档案管理工作的人员要始终绷紧安全保密这根弦。严禁从事人事档案管理工作的人员使用手机、相机等设备拍摄人事档案,严禁其未经允许查询、传输人事档案信息。

三是完善规章制度。根据人事档案管理实际，人事档案部门要制定人事档案借阅、归还、出入库若干规定，确保档案利用环节人事档案信息安全。

四是加大投入力度。根据数字技术的发展，以及人事档案数字化安全管理的实际需要，人事档案部门要及时添加安全设备，升级安全软件，搭建防火墙等，安装档案库房监控设备，保存视频数据。

（二）及时录入新增材料

随着人事制度改革的深入，人员流动性更强，人事档案部门要及时做好新增档案的数字化录入工作。

（三）注重实用性

人事档案数字化的目的是实现人事档案的有效管理和人事档案资源的利用和共享，从而提高人事管理工作的效率。因此，人事档案数字化工作的开展要紧紧围绕人事工作的重心来进行，使数字化后的人事档案信息能够更好地发挥其作用，更方便地供查考利用，否则人事档案的数字化就会失去其根本的意义，造成人力物力的浪费，得不偿失。

总之，做好人事档案数字化工作，既是适应新时代数字技术发展的现实需要，也是推动人事档案转型升级的迫切需要。人事档案部门要顺应时代发展的现实需要，善于借助先进技术，实现技术与档案管理深度融合，促使人事档案管理更加优质高效，进一步发挥人事档案助力人才培养、选拔、任用，激发机关、企事业单位内在动力的应有价值。

第四章　会计档案的管理

第一节　会计档案概述

一、会计档案的定义

会计档案是机关、企业、事业单位或其他经济组织在经济管理活动中产生的会计凭证、会计账簿和会计报表等具有保存价值并作为历史记录保存起来的会计核算专业材料。它是记录和反映经济活动、财务收支状况及其结果的重要史料和证据，是国家档案资源的重要组成部分。

会计凭证是记录经济业务，明确经济责任的书面证明材料，是登记账簿的主要依据。从用途和填制程序来看，会计凭证分为原始凭证和记账凭证 2 种。各单位在办理每项经济业务时，都要取得或填制凭证，如现金的收付、货物的进出、往来款项的结算、费用的支付报销等，这是证明经济业务发生的原始凭证。原始凭证经过审核无误后，相关人员再据以填制记账凭证，然后登记账簿。记账凭证又分为收款凭证、付款凭证和转账凭证。填制和审核会计凭证是会计核算的基本内容，也是会计档案形成的重要步骤和起点。

会计账簿是以会计凭证为依据，全面、系统、科学地记录和反映经济业务流动过程和结果的簿籍。由于会计凭证数量庞大、内容分散，且每张会计凭证只能说明和反映个别经济业务的内容，因此有必要把会计凭证所提供的大量分散的微观经济核算材料加以归类整理，登记到有关账簿中去。按账页的内容形式和用途，会计账簿分为序时账簿、分类账簿和备查账簿。序时账簿又称日记账，俗称流水账，它是按照经济业务发生时间顺序连续登记的账簿。分类账簿又分为总分类账（简称总账）和明细分类账（简称明细账）。总账是总括反映全部经济业务和资金状况的账簿。明细账是指按照账户分别记录和反映各项资金占用或来源情况的账簿，是对总账的补充和具体化，并受总账控制和管理。备查账簿亦称辅助账簿，是对某些日记账、分类账中未记载的事项进行补充登记的账簿，它可以为某些经济业务的内容提供必要的参考资料。总之，会计账簿是保存记录的工具，有了账簿才能把一个单位每天发生的经济业务分类记存，编制报表。

会计报表是财务会计报告的主体，是用统一的货币计量单位，根据日常会计核算材料，按照规定的表格形式，定期总括地反映单位一定时期经济活动和财务收支情况的书面报告。它是根据账簿记录加以归类、整理和汇总编制出来的一套完整的指标体系，是会计工作的最后成果。凡是会计单位都要编制会计报表，不同行业的会计报表内容不尽相同，但都要求数字真实、内容完整、编报及时、说明清楚。会计报表可以按内容分为资金平衡表、产品成本计算表、利润表等，按编制单位分为基层报表和汇总报表等，按编制和报送时间分为月报、季报和年报等。会计报表要按规定的日期编制，逐级上报，逐级审核、批复和汇总。

会计凭证、会计账簿和会计报表有机结合，构成一套完整的会计档案。会计凭证是经济业务、资金周转的合法证明；会计账簿是会计凭证的系统的分类核算的记录；会计报表是会计账簿记录的更概括、更全面、更系统的定期的综合指标的反映。

二、会计档案的特点

会计档案与其他类型的档案相比较，有以下几个特点：

（一）广泛性

一方面，从形成会计档案的部门与单位来看，凡是具备单独会计核算的单位，都会产生会计档案。会计档案的形成者来自四面八方，既有企业、事业单位，又有各种社会组织；既有近些年发展起来的个体工商户、专业户，又有中外合资企业等。他们每天都要处理大量的会计事项，每年产生的会计凭证、会计账簿和会计报表等数量巨大。

另一方面，从会计档案的作用来看，会计档案参与广泛的社会经济活动，具有广泛的经济效益和社会效益。

（二）严密性

会计工作有严密的法规和规章制度作保障。会计档案是会计核算的产物，它与会计核算中的每项具体细致工作息息相关，没有会计核算这个环节，也就没有会计档案。会计核算是对会计对象进行连续、系统、完整的记录和计算。对需要核算的每一项经济活动，工作人员都必须严格按规定的手续填制凭证，并按照有关政策和制度的规定审核经济活动是否合理、合法；设置科学的账户体系，对经济活动的内容进行归类反映；根据账簿记录，对核算资料进行整理汇总，按照规定的指标和格式，制成具有内在联系的报表体系，将其作为日常核算的集中和概括。凭证、账簿和报表都是在会计核算活动过程中形成的，是科学地组织会计核算的需要。从会计档案的形成过程来看，工作人员依据会计凭证填写会计账簿，最后根据会计账簿编制会计报表。在一系列程序中，会计凭证、会计账簿和会计报表密切相连，不能脱节。

（三）稳定性

会计系统包括工业会计、农业会计、商业会计、银行会计、行政事业单位会计等，门类很多，遍布生产流通和非生产流通各个领域。尽管会计档案内容与种类繁多，但是它的基本成分只有 3 个：会计凭证、会计账簿和会计报表。成分的稳定性，是会计档案区别于其他类型档案的重要标志之一。只有通过会计凭证、会计账簿和会计报表这个统一的会计核算体系，才能对企业、事业单位、机关和团体的资金周转活动进行连续、系统、全面的反映和监督。

三、会计档案的作用

会计档案是在会计工作中形成的，会计工作又是由于管理经济的需要而产生的。因此，会计档案在经济活动中具有重要作用。具体来说，会计档案的作用主要表现在以下几个方面：

（一）提供决策依据

从宏观上来说，会计档案可以为进行宏观经济决策、领导经济工作、制定经济政策提供各种会计数据信息。将全国所有单位的会计档案所反映的各类数据信息加以逐级汇总，可以反映和考核国民经济各部门有关计划和预算的执行情况，比较准确地实行国家范围内的综合平衡。各专业主管部门利用所属系统的会计档案，能够发现以往的资金使用和投向是否合理，从而使有限资金投向急需的部门或单位，保证所属系统经济活动的正常开展。

从微观上来说，会计档案是企事业单位进行生产经营管理等经济活动的重要依据。搞好生产经营管理，按经济规律办事，实行全面经济核算，以较小的劳动消耗，争取较大的经济效益，是企事业单位追求的目标。会计档案中的各种数据，是本单位执行国家预算或生产经营活动的原始记录。各企事业单位通过利用会计档案，可以分析对比历年来各项资金的运用情况和成本计划的执行情况，为搞好内部经营管理提供材料和数据。

（二）起到监督作用

会计档案对保护国家财产、监督执行国家财务制度和财经纪律有着重要作用，是查处经济案件、打击经济领域犯罪活动、维护经济秩序的有力工具。

（三）提供研究史料

会计档案记载着有关经济发展的数据和事实，是研究经济发展、总结财政工作经验的可靠史料。

四、会计档案工作制度

财政部和国家档案局主管全国会计档案工作，共同制定全国统一的会计档案工作制度，对全国会计档案工作实行监督和指导。

县级以上地方人民政府财政部门和档案行政管理部门管理本行政区域内的会计档案工作，并对本行政区域内会计档案工作实行监督和指导。

单位应当加强会计档案管理工作，建立和完善会计档案的收集、整理、保管、利用和鉴定销毁等管理制度，采取可靠的安全防护技术和措施，保证会计档案的真实、完整、可用、安全。

第二节 会计档案的收集

政府机关职能的转变，企业经营机制的转变，企业组织形式的多样化，社会财务管理的复杂化，使会计档案的来源非常广泛。要想保证会计档案的齐全完整，保证会计数据信息的科学利用，就要做好会计档案的收集工作。

一、会计档案收集的要求

第一,认真贯彻执行"统一领导,分级管理"的原则。这是会计档案收集工作最基本的要求。

第二,遵循会计档案的形成规律。随着经济建设的迅速发展和经济管理的日趋现代化,会计核算的领域在不断扩大。会计职能的重要地位和作用日渐被认识。我国的会计核算逐渐冲破传统的事后记录、计算、反映的狭隘范围,逐步形成一个包括预测、计划、控制、计算、考核、分析等环节的核算体系。会计档案及其前身——会计文件材料,正是在各项经济管理、生产活动、经营销售、预算决策的会计工作环节活动中自然形成的,有其一定的形成规律。这就要求会计档案的收集工作必须遵循会计工作各个环节的形成规律,及时收集归档。

第三,保证会计档案的齐全、完整和准确。随着科学管理的深入,各单位在制定经济计划、组织经济可行性研究、进行经济决策、领导经济工作时,对会计信息的数量、质量的要求会越来越高。为此,会计档案的齐全、完整、准确,是保证会计信息数量、质量的关键。

二、会计文件材料的归档

第一,要明确会计文件材料的归档范围,即哪些单位或部门的哪些材料应该送到档案室归档。会计文件材料的归档范围主要包括会计凭证、会计账簿和会计报表等会计核算专业材料。而财会部门经办的有关财会工作的方针、政策、制度、预算、计划、工作总结、报告以及来往文书都不属于会计文件材料的归档范围,应按照文书档案管理办法执行。

第二,按照会计制度的统一规定,年终在办理决算以后,会计凭证、账簿和报表应一律归档,统一保存,以备查询。会计文件材料的归档,通常有 2

种方式可供选择。一种方式是：本年度的会计凭证、账簿和报表由本单位会计部门保管，但在年终决算报上级批准后，会计部门应该编造清册，移交单位的档案室统一保管。另一种方式是：本年度的会计凭证、账簿和报表，可由会计人员自己负责保管，但在年终结算后，会计人员按其业务分工，把自己所保管的会计凭证、账簿和报表，按规范要求初步进行整理，交财务部门档案室统一保管，会计部门只须定期把其中具有永久保存价值的会计档案交本单位的档案部门集中管理。采用何种方式归档，会计部门应与档案部门协商，从实际情况出发，及时做好归档工作。

第三，要建立归档制度并明确归档的内容、范围和登记方法。根据会计文件材料形成的具体情况，可把归档或具体的收集渠道落实到人，以保证会计档案的收集质量。会计文件材料归档职责如表 4-1 所示。

表 4-1　会计文件材料归档职责

会计工作环节	依据或形成的会计文件材料		归档责任者
会计核算		各类会计凭证	出纳、会计主管
	账簿	总账	主管会计
		现金账	出纳会计
		银行账	银行会计员
		各种明细分类账	会计员
	会计报表		主管会计或科长
电算会计	电算会计软件文件、电算会计软盘文件		程序设计员
其他	会计档案鉴定大纲、会计档案销毁清册、会计档案保管期限表		会计档案员

第三节　会计档案的整理

会计档案数量多、来源广、内容丰富、信息量大。要使这个庞大的信息系统很好地为现代化经济管理服务，必须按其形成规律进行系统、科学的整理。

一、会计档案整理的内容与原则

会计档案的整理工作，就是将零散的和需要进一步条理化的会计文件，通过科学的分类、组合、立卷、排列和编目，组成一个有序体系的过程。会计工作是由会计设置、会计核算、会计分析、会计检查和会计预测决策 5 个部分组成的。它们是相互依赖、相互配合、密切联系的，但又各自具有相对独立性。会计档案整理工作的内容，就是依照会计工作的基本环节，进行科学的分类整理。

整理会计档案必须遵循的原则是：遵循会计档案形成的规律，保持其相互间的有机联系，分门别类，便于保管和利用。在各个会计工作环节中所形成的会计文件都有其各自的特点。按其特点，分门别类立卷，具有会计档案整理的科学性，而且便于档案部门管理以及会计和其他利用者利用会计档案。

二、会计档案整理的流程

单位的会计机构或会计人员所属机构按照归档范围和归档要求，负责定期将应当归档的会计资料整理立卷，编制会计档案保管清册。

（一）会计档案的立卷

会计档案的立卷，是指各单位每年形成的会计凭证、会计账簿、会计报表等会计核算材料,由会计部门按照归档的要求,负责整理装订成册。会计材料立卷既是会计核算工作的终点,也是档案工作的起点。

会计人员要按照关于会计档案管理的规定和要求,定期收集、审查核对本单位的各种跨级凭证、账簿、报表等材料,并整理立卷、编制目录、装订成册。

(二)会计档案案卷目录的编制

会计档案案卷目录也称会计档案保管清册,是会计档案的检索工具。其编制方法有3种,可根据本单位会计档案分类方法选择其中的一种。

1. 统编法

将一个单位形成的所有会计档案,按一年或数年,统一编制会计档案案卷目录。

2. 分类编制法

将一个单位形成的会计档案,按会计档案的不同形式、不同机构或不同类型,分别编制会计档案案卷目录。

3. 保管期限编制法

将一个单位形成的所有会计档案,按不同保管期限,分别编制会计档案案卷目录。

案卷目录采用统一的会计档案目录进行著录。会计档案案卷目录的用纸尺寸为国际标准A4型(长宽为297 mm×210 mm),纸张宜采用70 g以上白色书写纸。会计档案案卷目录项目有案卷号、类别、题名、起止时间、保管期限、卷内页数、备注。

(三)会计档案的移交

当年形成的会计档案,在会计年度终了后,可由单位会计机构临时保管一年,再移交单位档案管理机构保管。因工作需要确需推迟移交的,应当经单位档案管理机构同意。

单位之间交接会计档案，交接双方应当办理会计档案交接手续。

移交会计档案的单位，应当编制会计档案移交清册，列明应当移交的会计档案名称、卷号、册数、起止年度、档案编号、应保管期限和已保管期限等内容。

在交接会计档案时，交接双方应当按照会计档案移交清册所列内容逐项交接，并由交接双方的单位有关负责人负责监督。在交接完毕后，交接双方经办人和监督人应当在会计档案移交清册上签名或盖章。

（四）会计档案的分类

面对经济管理活动中形成的大量的杂乱的文件，会计部门只有通过科学的分类、整理，才能使之条理化。

会计档案的分类要从各单位的具体情况出发，不能一刀切。目前，主要有以下几种方法：

第一，会计年度—形式—保管期限分类法。把一个会计年度形成的全部会计档案分为账簿、凭证等类型，按保管期限降级依次排列。这种方法的优点是简便，一个年度形成的会计档案在一起，便于查找和利用。这种方法适用于会计年度形成档案较少的单位。

第二，会计年度—组织机构—形式—保管期限分类法。首先按会计年度分开，再把同一个年度的会计档案按不同组织机构分开，然后将每个组织机构内形成的会计文件按形式分开，最后按不同的保管期限分开，一年编一个案卷流水号。这种方法适用于各级总预算会计单位。

第三，会计年度—会计类型—形式—保管期限分类法。首先把会计档案按会计年度分开，再把同一个年度的会计档案按会计类型（税务部门的税收计划、税收会计、经费会计）分设属类，然后按同一属类内的会计档案的报表、账簿、凭证顺序结合保管期限进行排列。这种分类方法适用于专业性强的各级税务机关的会计档案。

（五）会计档案号的编制

根据会计档案形式不一、保管期限不一、载体大小不一的具体情况，工作人员应加设属类给予区别，并分别从 1 号开始逐年流水编号。在整理会计档案的实际工作中，会计档案号编制参考方案要结合单位实际情况确定。

针对不需要移交档案馆的会计档案，以会计账簿类案卷为例，在采用会计年度—形式—保管期限分类法的情况下，档案号编制参考方案如下：

①第一种编号为：KJ-2·1-11。其中，KJ 表示会计档案的代码，2 表示会计账簿分类号，1 表示现金日记账和银行存款日记账分类号，11 表示案卷的顺序号。

②第二种编号为：KJ-2·2-18。其中，KJ 表示会计档案的代码，2 表示会计账簿分类号，2 表示总账分类号，18 表示案卷的顺序号。

③第三种编号为：KJ-2·3-11。其中，KJ 表示会计档案的代码，2 表示会计账簿分类号，3 表示明显账分类号，11 表示案卷的顺序号。

第四节　会计档案的保管

一、会计档案的装具

（一）会计档案的包装材料

会计档案的包装材料既能减少频繁利用存放的机械磨损，又能有效地防光、防尘、防有害气体直接对档案的危害。下面主要介绍会计档案盒和会计档案凭证盒。

1.会计档案盒

会计档案盒宜采用 700 g 以上无酸纸制作。

会计档案盒的外形尺寸为 310 mm×220 mm 或 310 mm×260 mm（长×宽），盒脊厚度可根据需要设置，如 20 mm、30 mm、40 mm 等。会计档案盒立体图如图 4-1 所示。

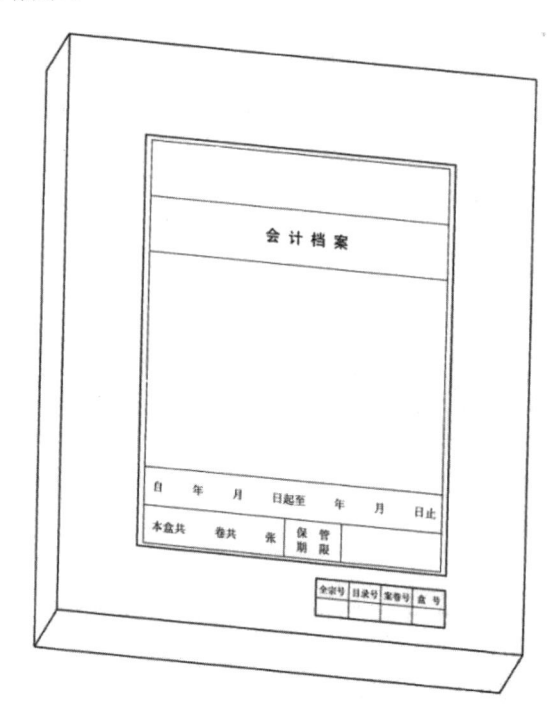

图 4-1　会计档案盒立体图

会计档案盒正面项目包括全宗名称、案卷题名、起止时间、卷数、页数、保管期限、全宗号、目录号、案卷号、盒号。盒脊项目包括年度、全宗号、目录号、案卷号、盒号、保管期限。会计档案盒正面格式和盒脊格式见图 4-2 至图 4-4。

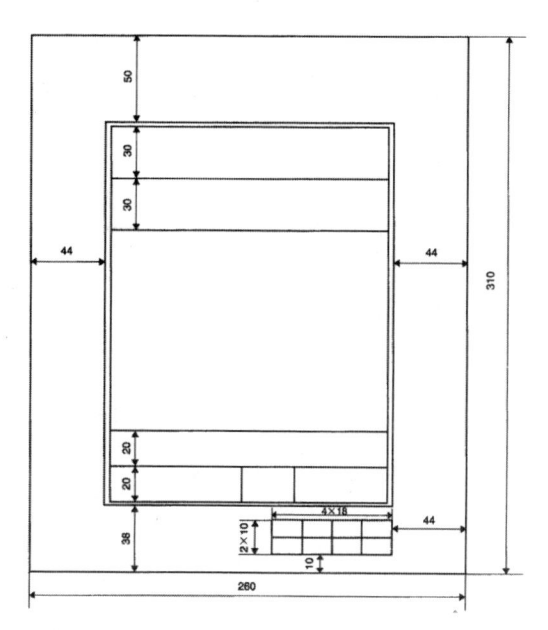

图 4-2　会计档案盒正面格式一（单位：mm）

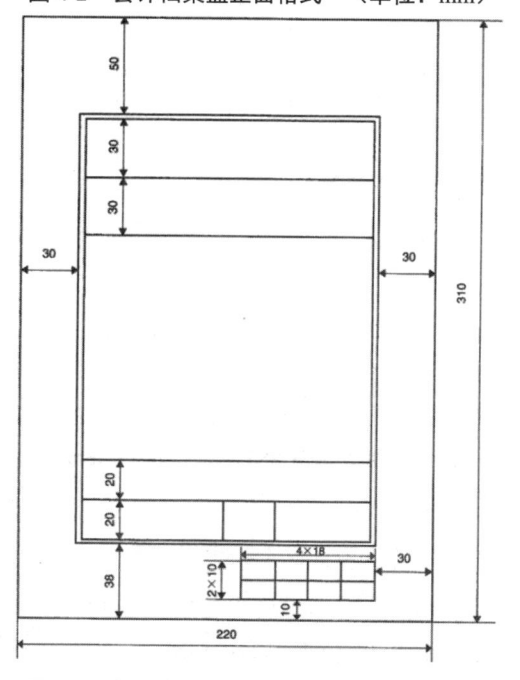

图 4-3　会计档案盒正面格式二（单位：mm）

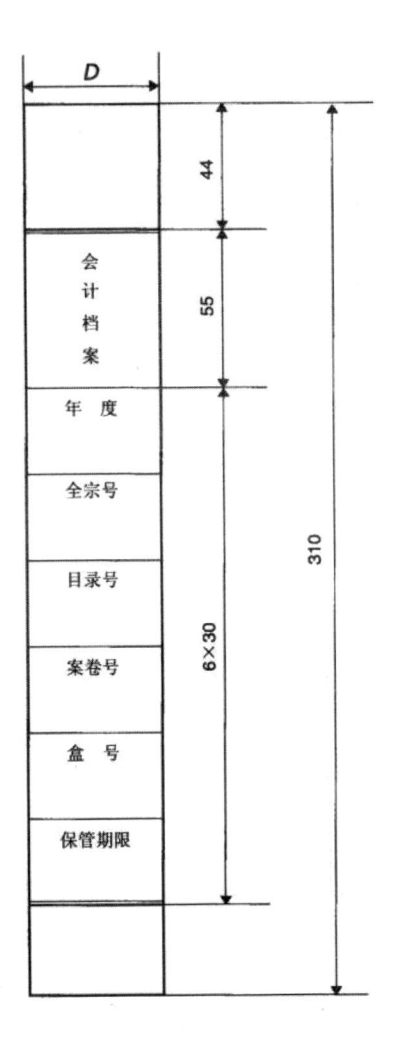

注：$D=20$、30、40

图 4-4 会计档案盒脊格式（单位：mm）

2.会计档案凭证盒

会计档案凭证盒宜采用 340 g 以上箱板纸制作。

会计档案凭证盒的外形尺寸为 275 mm×155 mm（长×宽），盒脊厚度可根据需要设置，如 30 mm、40 mm、60 mm 等。

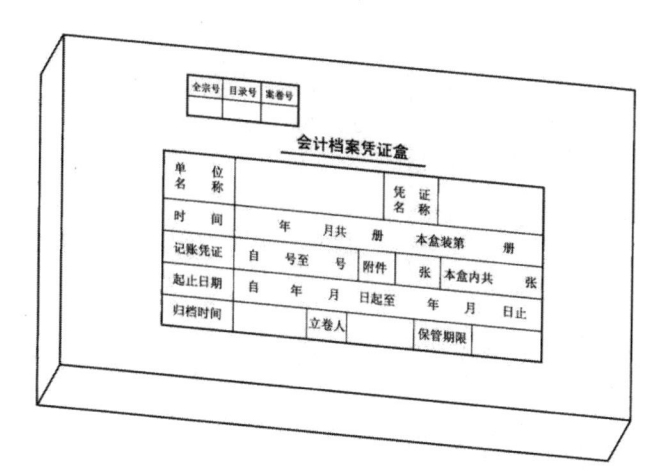

会计档案凭证盒立体图如图 4-5 所示。

图 4-5　会计档案凭证盒立体图

会计档案凭证盒正面项目包括单位名称、凭证名称、册数、册次、记账凭证起止号、附件数、会计凭证总数、起止日期、归档时间、立卷人、保管期限、全宗号、目录号、案卷号。盒脊项目包括全宗号、目录号、案卷号、年度、月份、册数、册次、保管期限。会计档案凭证盒正面格式和盒脊格式如图 4-6 和图 4-7 所示。

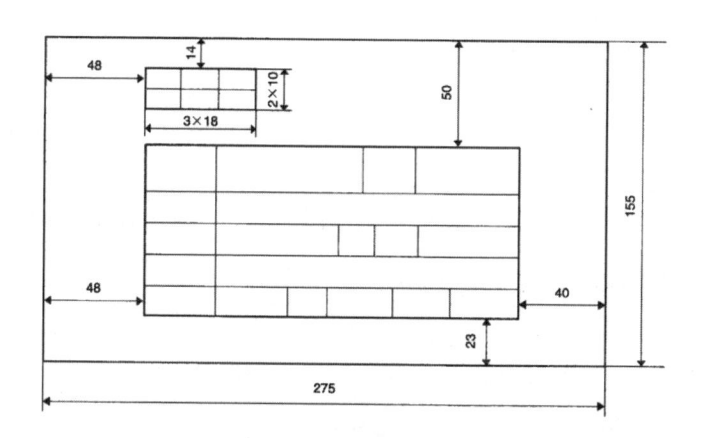

图 4-6　会计档案凭证盒正面格式（单位：mm）

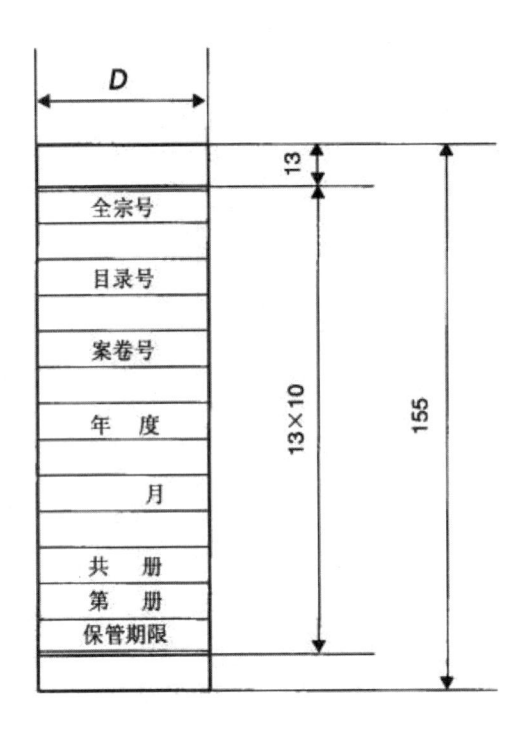

注：D＝30、40、60

图 4-7　会计档案凭证盒脊格式（单位：mm）

（二）会计档案的架（柜）

接收入库的会计档案，在登记后即可上架入柜固定存放位置，以便查阅利用。会计档案架（柜）的排列，应符合下列要求：

第一，整齐一致。如有大小样式不一的会计档案架（柜），应适当分类，尽可能做到整齐美观。

第二，松紧适度。会计档案架（柜）的排列，不宜太松或太紧，既要注意最大限度地利用库房面积，又要便于档案的搬运和取放。

第三，统一编号。为了便于库房内会计档案的管理，应将所有的档案架（柜）进行统一编号。

二、会计档案保管期限的确定

会计档案的保管期限分为永久、定期 2 类。定期保管期限一般分为 10 年和 30 年。会计档案的保管期限，从会计年度终了后的第一天算起。

各类会计档案的保管期限在原则上应当按照表 4-2、表 4-3 执行。下表规定的会计档案保管期限为最低保管期限。单位应当定期对已到保管期限的会计档案进行鉴定，并形成会计档案鉴定意见书。经鉴定，仍需继续保存的会计档案，应当重新划定保管期限；对保管期满，确无保存价值的会计档案，可以销毁。

表 4-2　企业和其他组织会计档案保管期限表

序号	档案名称	保管期限	备注
一	会计凭证		
1	原始凭证	30 年	
2	记账凭证	30 年	
二	会计账簿		
3	总账	30 年	
4	明细账	30 年	
5	日记账	30 年	
6	固定资产卡片		固定资产报废清理后保管 5 年
7	其他辅助性账簿	30 年	
三	财务会计报告		
8	月度、季度、半年度财务会计报告	10 年	
9	年度财务会计报告	永久	
四	其他会计资料		
10	银行存款余额调节表	10 年	
11	银行对账单	10 年	
12	纳税申报表	10 年	
13	会计档案移交清册	30 年	

续表

序号	档案名称	保管期限	备注
14	会计档案保管清册	永久	
15	会计档案销毁清册	永久	
16	会计档案鉴定意见书	永久	

表4-3 财政总预算、行政单位、事业单位和税收会计档案保管期限表

序号	档案名称	财政总预算	行政单位事业单位	税收会计	备注
一	会计凭证				
1	国家金库编送的各种报表及缴库退库凭证	10年		10年	
2	各收入机关编送的报表	10年			
3	行政单位和事业单位的各种会计凭证		30年		包括：原始凭证、记账凭证和传票汇总表
4	财政总预算拨款凭证和其他会计凭证	30年			包括：拨款凭证和其他会计凭证
二	会计账簿				
5	日记账		30年	30年	
6	总账	30年	30年	30年	
7	税收日记账（总账）			30年	
8	明细分类、分户账或登记簿	30年	30年	30年	
9	行政单位和事业单位固定资产卡片				固定资产报废清理后保管5年
三	财务会计报告				
10	政府综合财务报告	永久			下级财政、本级部门和单位报送的保管2年
11	部门财务报告		永久		所属单位报送的保管2年

续表

序号	档案名称	保管期限 财政总预算	保管期限 行政单位事业单位	保管期限 税收会计	备注
12	财政总决算	永久			下级财政、本级部门和单位报送的保管2年
13	部门决算		永久		所属单位报送的保管2年
14	税收年报（决算）			永久	
15	国家金库年报（决算）	10年			
16	基本建设拨、贷款年报（决算）	10年			
17	行政单位和事业单位会计月、季度报表		10年		所属单位报送的保管2年
18	税收会计报表			10年	所属税务机关报送的保管2年
四	其他会计资料				
19	银行存款余额调节表	10年	10年		
20	银行对账单	10年	10年	10年	
21	会计档案移交清册	30年	30年	30年	
22	会计档案保管清册	永久	永久	永久	
23	会计档案销毁清册	永久	永久	永久	
24	会计档案鉴定意见书	永久	永久	永久	

第五节 会计档案的鉴定、销毁与利用

会计档案在立档单位中占有重要地位，是构成档案全宗的重要组成部分。会计档案的鉴定、销毁与利用工作是十分重要的，必须认真对待。

一、会计档案的鉴定

（一）组织领导

会计档案鉴定工作责任重大，必须有组织、有领导地进行，任何人不得擅自处理。会计档案鉴定工作应当由单位档案管理机构牵头，组织单位会计、审计、纪检监察等机构或人员共同进行。各单位必须制定鉴定工作方案，学习与贯彻有关规章制度，明确鉴定工作要求、步骤与方法，确保鉴定工作的质量。

（二）鉴定阶段

第一阶段：初步鉴定。它是在会计核算材料整理过程中由会计人员完成的。会计部门在每年的会计年度终了时，要对需要归档的会计材料进行整理、编目、装订，并且根据会计档案管理办法，确定每卷册档案的保管期限。

第二阶段：复查鉴定。档案部门在接收会计部门移交的档案后，要定期会同会计人员对已到保管期限的会计档案进行复查鉴定，或延长保管期限，或确定销毁。若发现在初步鉴定时对某些档案的保管期限定得不合适，则可予以纠正。

第三阶段：销毁鉴定。对保管期满可以销毁的档案，由档案部门提出意见，再由会计部门与档案部门共同鉴定。经认定，确无继续保存价值时，造具清册，经过批准可以销毁。

（三）鉴定要求

鉴定要求包括：

①认真做好鉴定前的准备工作。建立与健全鉴定工作制度，做好档案部门与其他相关部门的沟通与交流。

②定期会审。

③保管期满但未结清的债权债务会计凭证和涉及其他未了事项的会计凭证不得销毁，纸质会计档案应当单独抽出立卷，电子会计档案单独转存，保管到未了事项完结时为止。单独抽出立卷或转存的会计档案，应当在会计档案鉴定意见书、会计档案销毁清册和会计档案保管清册中列明。

二、会计档案的销毁

经鉴定可以销毁的会计档案，应当按照以下程序销毁：

第一，单位档案管理机构编制会计档案销毁清册，列明拟销毁会计档案的名称、卷号、册数、起止年度、档案编号、应保管期限、已保管期限和销毁时间等内容。

第二，单位负责人、档案管理机构负责人、会计管理机构负责人、档案管理机构经办人、会计管理机构经办人在会计档案销毁清册上签署意见。

第三，单位档案管理机构负责组织会计档案销毁工作，并与会计管理机构共同派员监销。监销人在会计档案销毁前，应当按照会计档案销毁清册所列内容进行清点核对；在会计档案销毁后，应当在会计档案销毁清册上签名或盖章。电子会计档案的销毁还应当符合国家有关电子档案的规定，并由单位档案管理机构、会计管理机构和信息系统管理机构共同派员监销。

三、会计档案的利用

会计档案利用的相关要求如下：

①建立、健全会计档案的借阅制度。要对会计档案的利用范围、利用方式、批准手续，以及归还案卷的检查，作出具体规定并认真贯彻执行。本单位人员因工作需要借阅会计档案，要经会计主管人员同意。外单位人员查阅会计档案，要有正式介绍信，经会计主管人员或单位领导人批准后，在指定地点查阅。调阅档案的人员，均须填写"调阅会计档案登记簿"，登记调阅者的姓名、工作单位、调阅理由和所调档案的名称、日期等。调阅人员一般不得将会计档案携带外出。

②确保会计档案原件的完整和安全。无论何人查阅会计档案，均不得在会计档案上做任何标记，不得折叠、涂改和污损，更不能拆毁原卷册，抽换会计凭证和账页，不得造成遗失和泄漏事故，违者应视情节轻重进行严肃处理。

③对复制、摘抄会计档案材料严格审查把关。若利用者需要复印、复制、摘抄会计档案，则须事先经档案保管人员审查，并经财会部门主管负责人审查批准。工商、税务、司法等机关需要将会计档案作为凭证，可以出示复印件，加盖会计档案管理部门证明章，不得拆卷，更不能带走原件。

④档案管理部门与会计主管部门应注意收集会计档案的利用效果，并把利用效果反馈的具体情况，包括利用目的、利用卷次及人次、解决问题的程度、社会效益和经济效益以及尚待解决问题的难点等等，逐一详细地登记在"利用效果登记簿"上，以便及时总结会计档案利用工作中的经验与教训，进一步改进会计档案管理工作。

第六节　会计档案数字化探索

一、会计档案数字化概念

随着计算机技术、网络技术、数据库技术、扫描技术、摄影技术、摄像技术等的发展，档案数字化工作得到了极大的推动。档案数字化可以通过前期或后期的数字化处理来实现。其中，前期的数字化是指通过计算机等设备直接生成电子文件，这一过程将生命周期理论作为基础，在源头就开始了数字化；后期的数字化主要是后期通过扫描、摄影、摄像等数字化技术把传统的纸质档案加工成数字化档案。

会计档案是一种专门档案，其数字化需要计算机技术、网络技术、数据库技术、扫描技术、摄影技术、摄像技术等多种技术的支持。会计档案数字化同样是通过前期或后期的数字化处理来实现的。会计档案前期的数字化是通过计算机等设备直接生成电子文件，主要通过会计电算化系统实现；会计档案后期的数字化主要是通过扫描等数字化技术把会计档案转化为数字化会计档案。可以说，会计档案数字化是顺应时代发展的。

二、会计档案数字化的意义

（一）优化会计档案管理工作流程，提高会计档案管理工作水平和效率

通过会计档案数字化，可以实现计算机系统对会计档案的全流程管理，在提高会计档案管理工作效率的同时，可以优化会计档案管理工作流程，提

高会计档案管理水平。

（二）有利于会计档案原件的保管

会计档案数字化可以把纸质的会计档案转化为会计电子档案，降低会计档案原件的使用频率，减少对会计档案原件的损耗，有利于会计档案原件的保管。

（三）简化利用程序，提高利用效率，为会计档案的深层次开发和利用奠定基础

会计档案数字化打破了传统的到馆利用的方式，使档案查阅利用工作通过计算机网络管理系统就可以实现，简化了档案利用程序，提高了档案利用效率。除此之外，利用计算机系统检索功能，可以更快速、更准确地检索到需要查阅的档案，从而提高会计档案利用服务质量。

会计档案数字化还为会计档案的深层次开发和利用奠定了基础。在通过会计档案数字化形成电子会计档案后，就可以通过数据挖掘等技术深层次开发、利用会计档案信息。

（四）有效节约会计档案管理工作成本，实现绿色办公

会计档案数字化在提高会计档案管理工作效率的同时，还大大降低了会计档案管理工作的成本，提高了会计档案的经济效益，实现了绿色办公。具体而言，会计档案数字化降低了人力成本和办公费用，使提供会计档案利用服务的工作人员不必反复跑库房，同时避免了重复复印对纸张、碳粉等资源的浪费。

三、会计档案数字化技术

会计档案数字化技术主要有扫描技术、光学字符识别技术、数据库技术等。

（一）扫描技术

扫描技术是一种将纸质文件转化为电子文件的技术，是通过扫描仪实现的。

（二）光学字符识别技术

光学字符识别技术就是通过电子设备（如扫描仪或数码相机）检查打印在纸张上的字符，通过检测暗、亮的模式确定其形状，然后用字符识别方法将形状翻译成计算机文字的技术。

（三）数据库技术

数据库技术是信息系统的一项核心技术，指运用已有的数据库语言对数据进行采集、分类、存储、检索、更新和维护等动态管理操作的技术。

四、会计档案前期数字化——会计电算化

会计电算化是当前会计工作的主要发展趋势，是会计档案前期数字化的重要基础和保障。

（一）会计电算化概况

会计电算化也叫作"计算机会计"，是指将计算机作为主体的信息技术在会计工作中的应用，具体来讲，就是通过合理利用多种软件让计算机代替手工完成以手工方式不易实现的会计工作。会计电算化实现了对数据的自动

化处理，有助于会计工作的发展和更新。在会计的发展历史上，会计电算化是一次重要的革命，其不仅满足了会计的发展需要，而且满足了经济和科技对会计的要求，提升了会计工作的整体效率。

会计电算化有时还能够完成会计信息的分析、预测、决策等重要工作，从而大幅度提高企业的管理能力和改善企业的经济情况，实现会计工作的现代化。

从广义的角度来讲，与会计电算化有关的所有工作都属于会计电算化，其中包括会计电算化软件的开发与应用、会计电算化人才的培训、会计电算化的宏观规划、会计电算化制度建设、会计电算化软件市场的培育与发展等。人机结合是会计电算化的特点之一，其包含了会计人员、硬件资源、软件资源和信息资源等多种重要信息，而功能完整、全面的会计软件资源是其核心部分。

现如今，会计电算化将多门学科进行了合理的融合，包括计算机科学、管理科学、信息科学和会计科学。这使得会计电算化在经济管理领域的多个方面都处于重要的位置，带动了其他领域的发展并且与其他领域共同走向现代化。此外，会计电算化的出现使会计人员的工作负担大大减小，保证了会计工作的质量，提升了会计工作的效率，有利于会计人员职能的转变。随着经济、科技的快速发展，逐渐趋于完善的会计理论体系使得会计工作的方式越来越多。自 20 世纪以来，市场需求的不断变化和生产行业的不断发展，使得会计所提供的信息变得至关重要，由此产生了大量的信息需求。在经济管理中，会计的地位与日俱增，其工作量和需要处理的信息也在增多，这就需要会计的手工处理形式进行相应的改革。

20 世纪 60 年代中期以后，计算机硬件、软件的性能得到了进一步的提高，可操作性不断增强，为计算机在会计领域的普及创造了条件。特别是微型计算机的问世，数据库与计算机网络技术的迅猛发展，使人们充分认识到电算化数据处理的优越性。在新技术、新方法不断出现的同时，专业会计软件不断翻新，会计电算化的理论研究不断完善，会计电算化系统逐渐成形。

（二）会计电算化系统

能处理相关会计业务和使用相应会计数据是会计电算化系统的根本。该系统能为企业等提供其需要的财务信息和个人信息，是重要的人机系统。计算机硬件设备、会计核算软件、电算化管理制度、财会人员以及计算机人员是组成会计电算化系统的重要部分。

作为会计电算化系统的重要部分，会计核算软件的重要性不言而喻。会计核算软件是专门用于会计核算工作的软件，用计算机语言编制而成的有一定核算能力的软件都属于会计核算软件。用这些软件代替人工进行计算，不仅高效，而且准确度可以得到大幅提升。

根据会计电算化系统的功能，大体上可以将会计电算化系统划分成多个功能模块。这些功能模块是相互独立的，有各自的独立功能。会计电算化系统的功能模块主要包括账务处理模块、报表处理模块、固定资产核算模块、工资核算模块等。这些功能模块进行配合协作，就可以完成整体的电子会计档案管理工作。

1.账务处理模块

账务处理模块的功能主要有：账务初始、凭证处理、查询、对账、结账、打印输出。

（1）账务初始

账务初始是指自定义相关的会计科目体系、记账凭证格式、账簿体系。这一过程相当于过去开展新的账务核算的过程，只不过是通过计算机的方式完成的。只有做好这一环节的工作，才能保证后续工作能够顺利展开。

（2）凭证处理

凭证处理包括凭证的输入、审核、汇总等。

（3）查询

一般可以根据一定的查询条件进行相应的查询，从而找到相应的会计凭证及明细分类账、总账等相关内容。

（4）对账

一方面，可以利用软件的相关功能自动对账面进行检查，其中包括总账、明细分类账、日记账之间的账账核对等多种核对搭配；另一方面，可以将这些数据提供给用户进行核对，这就包括与银行对账单核对、与往来账核对、与其他辅助账核对等。

（5）结账

要根据相关的科目进行相应的计算工作与汇总工作，对那些借贷发生额和余额的结出，只有在当期完成核算工作，才能开始下一个新的循环。

（6）打印输出

打印记账凭证、账簿等会计信息资料使用的功能就是打印输出的功能，这一功能可以为用户后续的使用和档案的保管工作提供方便。

2.报表处理模块

报表处理模块要根据国家制定的统一的会计制度以及会计材料进行有针对性的设计，能够向企业管理者和相关政府部门提供相应的会计报表。根据汇编范围，可以将会计报表分成个别报表、汇总报表以及合并报表3种。

报表处理模块是由报表定义、报表计算、报表汇总、报表查询、报表输出构成的。其工作内容包括：根据会计核算数据，完成各种会计报表的编制，生成内部报表、外部报表与汇总报表；对各种会计报表进行审核与确认；根据用户的需求调用会计报表；打印、复制各种会计报表。

3.固定资产核算模块

固定资产明细的核算和管理工作是固定资产核算模块的主要功能。该模块工作内容包括：根据财务制度的规定，建立固定资产卡片，确定固定资产计提折旧的系数、方法，录入固定资产增减变动情况，汇总计算固定资产原值、累计折旧及净值。对此，系统要按照预先已经设置好的功能进行相应的自动编制转账分录，完成对转账的记录，对固定资产明细账和相应的资料卡片进行打印与输出，从而对固定资产的价值情况进行反馈。

4.工资核算模块

计提发放职工工资的原始数据是工资核算模块的基础。该模块的工作内容包括：设置工资的项目及项目计算公式，按项目录入职工应发、扣减、实发金额，按使用者的要求计算配发不同面值的零、整钱数。该模块应具备可以自行定义信息的项目，便于财会人员灵活地选择分类方式、修订工资项目、调整职工个人基础资料、定义工资计算公式（如代扣个人所得税计算公式）；应可以自动制作转账凭证，填制分录，进行工资分配，计算工资福利费。

5.其他模块

其他模块的功能有存货核算、应收/应付款核算、销售核算和财务分析等。根据行业特点，其他模块包括零售业进销存核算系统、批发业进销存核算系统等；根据行业需要，其他模块包括劳资人事管理系统、国有资产管理系统等。

五、会计档案后期数字化的工作流程和相关要求

会计档案后期数字化工作主要通过扫描来完成。

①确定需要数字化的档案范围和先后缓急，形成档案数字化清单。

②按照档案数字化清单从会计档案库房调卷。

③在调卷后先核对档案页数，在核对无误后，确定扫描方式，然后进行扫描。

④在扫描后要对图像进行纠偏、去污、去黑边等处理，并与原件核对。

⑤由专人进行复查和审核，在确认无误后，完成电子档案的系统输入。

第五章 个人数字档案管理

第一节 个人数字档案管理概述

个人数字档案管理的飞速发展，与以网络技术、数字化技术、移动互联网技术为代表的信息技术的高速发展是密切相关的。而技术背景的变化包括计算机硬件的飞跃、软件的发展、网络基础设施的普及，这导致信息记录的方式发生了变化，传统以纸张为载体的文件记录方式普遍转变为数字化的形式。特别是随着电子商务、电子政务、在线娱乐的发展，数字化活动成为社会活动的重要组成部分。但是，个人数字档案管理在收集、分类、整理、存储等方面依然存在一些问题。

一、个人数字档案管理的背景

（一）技术背景

1.硬件的飞跃

数字化生活的质量飞跃离不开计算机系统的硬件发展，这是高速发展数字化的基础。例如在过去几十年中，中央处理器（CPU）作为计算机的核心组件，经历了多次重大突破，使个人数字档案存储更为快捷；硬件存储空间越来越大，为个人数字档案的大量存储提供了支持。

2.软件的发展

软件大致可以分为应用软件和系统软件两部分。结合个人数字档案，这里主要指应用软件的飞速发展。随着科学技术的不断发展，各种应用软件为人们的生活提供了方便，比如人们可以通过智能终端，足不出户实现订餐订票、聊天交友。应用软件的发展带来的不只是便捷，个人数字档案也在这个过程中不断产生。几乎每个软件都具有存储功能，但是存储空间是有限的，因此对个人数字档案进行有效的管理是十分必要的。目前，云计算、云储存为解决网民增加的存储需求提供了途径。一系列大数据中心纷纷建立，个人的云存储产品不断推出。

3.网络基础设施的普及

网络基础设施的普及使档案在数字化之后得以实现网络化，如网站等的建设使数字档案得以共享及转移。如果没有网络基础设施的普及，那么数字化硬件与软件的发展便是空谈。网络基础设施是档案信息传输、交换和资源共享的基础条件，只有完善网络基础设施，建设先进的档案信息网络，才能发挥个人数字档案的整体效益。

（二）社会基础

1.档案意识逐渐提高

档案意识指社会公众对档案的认识水平以及社会上对档案的普遍认识程度。对于社会及国家而言，档案意识是其文明程度的一个重要衡量指标，档案意识的增强有助于社会文明程度的提升。人们对档案的认识水平是个人档案意识的构建基础，是随着社会文明程度的提高而产生并不断提高的。目前，人们的档案意识逐渐增强，档案的价值正在不断地被挖掘出来。

2.相关法律不断完善

例如，《档案法》对档案信息化建设进行了规定，提出各级人民政府应当将档案信息化纳入信息化发展规划，保证电子档案、传统载体档案数字化成果等档案数字资源的安全保存和有效利用。依法治档使得个人数字档案的收集、保存和使用有了法律依据，使个人数字档案的价值得以更好地发挥。

二、个人数字档案管理存在的问题

（一）个人数字档案收集问题

个人数字档案的收集问题涉及收集对象、收集来源、收集方式和价值鉴定。要重视每一个环节。

1.个人数字档案收集对象的问题

个人数字档案的收集对象大致可以分为数字文件、元数据和与数字文件相关的支持软件。在收集过程中，数字文件破损、数字文件无法识别、数字文件格式不支持等现象经常出现。

2.个人数字档案收集来源的问题

个人数字档案的收集来源包括个人设备的档案数据、网络环境的档案数据以及云存储产品的档案数据。这些收集来源的特点不同。在收集过程中，由使用不当造成的数字档案缺失等问题十分常见。

3.个人数字档案收集方式的问题

个人数字档案的收集方式包括手动收集和自动收集 2 种。手动收集包括个人设备的档案数据收集和网络环境的档案数据收集。网页上的信息杂多，并非所有信息都是有价值并值得收藏的，需要根据个人信息收集的规则来确定需要收集哪些信息。但是目前，没有提前规划好手动收集的时间和内容范围，不加筛选地收集个人信息的现象仍然存在。

4.个人数字档案价值鉴定的问题

个人数字档案的价值鉴定工作主要就是鉴别和判定档案的价值，挑选有价值的档案妥善保存。目前，档案的价值鉴定存在不少问题：一是个人倾向于不加辨别地保存所有数字档案,认为所有数字档案都是有价值的。一些失去保存价值的档案也被保存起来,导致库存档案数量庞杂,会对有价值的档案的管理利用造成影响。二是在进行个人数字档案的鉴定时需要花费较多的时间和精力。三是由于受主观因素影响,鉴定结果的质量难以得到保证,存在错误删除有价值信息的现象。

(二)个人数字档案分类与整理的问题

1.个人数字档案分类的问题

个人数字档案多种多样,收集时间和收集方式各有不同。对收集好的档案进行分类是个人数字档案管理的重要一环。目前,在对个人数字档案进行分类的过程中,档案分类不规范、分类标准不明确等问题仍然存在,导致不知道要将某一档案分到何处和同一档案多次被分类。

2.个人数字档案整理的问题

个人数字档案的收集来源、收集方式、存储介质等多种多样、各有特点,给个人数字档案的整理带来了不便。在纸质档案的数字化过程中,部分整理人员在进行个人档案的扫描、处理时没有遵循统一的操作规范,造成数据的遗漏等问题。

(三)个人数字档案存储与安全防护的问题

1.个人数字档案存储的问题

个人数字档案的存储方式主要分为云储存、本地储存、离线储存等。

云储存以云盘为代表,操作简单、储存空间大,但云盘的安全性与隐私问题不容小觑。

本地储存便于用户的本地利用,用户要有一定的计算机安全操作知识与安全意识。如果设备遭到病毒攻击或系统出现故障,则数据存在丢失的可能。

离线储存通常用于备份和恢复,以光盘或磁带为主要载体,有方便扩容、免疫病毒等优点，但存储条件高、出错率高。

2.个人数字档案安全防护的问题

个人数字档案存在的安全防护问题，主要体现在计算机硬件故障、计算机软件故障、个人档案安全意识的缺乏与管理制度的不健全。

在计算机硬件方面，计算机的磁道损坏会导致档案信息不完整，磁盘的毁坏会导致数据丢失。

在计算机软件方面，软件性能的稳定性直接影响个人数字档案系统的操作。软件有被病毒破坏的可能，其隐私性也有待考究。

在个人档案安全意识方面，许多用户与工作人员不重视安全管理，有可能造成数据的泄露。

在管理制度方面，个人数字档案的法律法规尚不健全，一旦遭到黑客的恶意攻击，用户的权益往往无法得到保障。

（四）个人数字档案利用的问题

在个人数字档案利用方面，利用个人数字档案的方式不恰当，不注重知识产权保护、个人信息保护等问题仍然存在，导致个人数字档案没有发挥其最大的价值。

三、个人数字档案管理的原则

（一）按照利用价值原则进行鉴定

档案价值鉴定是档案管理活动中的重要环节，其重要性主要表现为以下几个方面：第一，有利于提高档案的质量。档案的价值鉴定是一个取其精华、去其糟粕的过程；第二，有利于档案保管工作的开展。用户可以根据档案价值的大小对档案分期保管；第三，有利于充分发挥档案的价值。档案价值鉴定确保了存留档案信息的有效性。

在美国档案鉴定理论中,美国档案学家西奥多·谢伦伯格(Theodore Schellenberg)针对档案文件提出双重价值论。他认为公共文件具有 2 种不同的价值:一是原始价值,即文件对其形成机关的使用价值;二是从属价值,即文件对其他机关和个人利用者的使用和研究价值。对应到个人数字档案中,我们可以利用这一价值理论对个人数字档案的价值进行鉴定,既要保留对形成者个人有利用价值的档案,也要保留对其他人有利用价值的档案。

(二)按照前端控制原则保证质量

个人日常的学习、生活以及工作过程中每天都会产生大量的数字化材料,例如下载的音频、视频、编写的文档等,这些日益增多的数字化材料质量不一,为了进行有效的档案数据管理以及提高个人数字档案存储的数据质量,就需要对前端控制的相关理论进行有效的应用。

前端控制理论最初应用于数字文件的管理,而个人数字档案包括在数字文件的范畴里面,所以前端控制理论对个人数字档案也有适用性。文件生命周期理论和过程控制理论是构成前端控制理论的基础,也贯穿了个人数字档案从形成到使用的整个过程,有利于实现对个人数字档案的统一管理和控制。

前端控制有利于实现档案保存的完整性,它从数字档案形成的初期进行监督,使收集的档案从内容和性质上都是完整成套的;前端控制有利于档案保存的合理性,在档案收集初期将档案文件进行有效整理,使整理出的档案文件规范合理;前端控制有利于档案保存的有效性,能够从源头上提高档案数据的质量。

(三)按照来源原则进行整理

来源原则是指根据档案的来源进行整理和分类,要求保持同一来源的档案不可分割、不同来源的档案不得混淆的整理原则。一方面,来源原则体现了数字文件形成的相互关系,证明了各个档案不是孤立存在的个体,文件的完整性得以保留;另一方面,来源原则在数字文件检索系统的设计和应用上起到关键性作用。

个人数字档案的价值鉴定需要遵循来源原则。例如,同一所高校的毕业证、学位证等,鉴定结果基本一致。个人数字档案的同一来源不能分散,如个人购买商品房时,合同、房产证以及协议书等均可以反映购买过程,因此应集中在一起永久保存。

第二节 个人数字档案收集

一、个人数字档案的收集对象

个人数字档案收集的内容主要是用户在日常社会生活实践中产生的与自身有直接或间接联系、由个人保管、有价值的原生或再生的数字信息。个人数字信息的内容大致可以分成三类:

（一）数字文件

个人数字文件按其形成方式,可以分为原生数字文件和数字化副本。前者是指数字化环境中直接形成的数字文件,例如字处理软件形成的流式或版式文件、数码相机形成的照片、录音录像设备形成的数字化音视频文件、社交媒体形成的数字记录等等。后者是指通过数字化转换技术将纸质载体或其他载体的个人文件转换后得到的数字化成果,例如通过扫描和拍照技术形成的数字图像。

（二）元数据

元数据是描述个人数字档案内容以及形成、管理、使用等过程信息的数据。元数据是保证个人数字档案真实、完整、可用、安全的关键，对我们理解、重构个人数字档案的形成背景具有重要意义，因此在个人数字档案的收集工作中，必须同步采集相关的元数据。档案管理的来源原则可以为元数据的选择提供参考和遵循，例如数码照片档案应描述照片形成的时间等要素。

（三）与数字文件相关的支持软件

数字文件的识别与解读，离不开软件的支持。因此，除了通用格式的个人数字档案，还需要归档保存能识别与解读个人数字档案的相关软件，例如：打开压缩文件的压缩软件、打开数据库的数据库管理软件、打开版式软件的 OFD/PDF 浏览器等等。

二、个人数字档案的收集来源

各类涉及不同场景如生活、工作、学习的个人数字档案会遍布在不同的存储设备上，常用的数字档案存储设备包括 U 盘、移动硬盘、电脑、数码相机、平板电脑、智能手环等设备。此外还有专用的云存储产品，如百度网盘、腾讯微云等。在进行个人数字档案的收集时，需要仔细筛选辨别，只收集属于自己的有价值的信息资源。

（一）个人设备的档案数据收集

对于即插即用的 U 盘和移动硬盘设备，收集过程相对简单，只需要在确保没有病毒携带的情况下进行个人专属信息的收集即可。对于非即插即用的智能终端设备，需要对这些设备有一个清楚的认识才能进行数字档案的收集。

通常可以根据用户的具体需求,借助于操作系统和网络接入功能进行用户定制化需求的具体实现的设备才是智能终端设备,例如可穿戴设备、个人电脑、平板电脑等。本地的个人数字档案按存储介质的不同可以细分为带操作系统和不带操作系统 2 种。移动硬盘、U 盘这类不带操作系统的存储介质只能进行档案数据的存储,自身并不支持查看、运行等其他操作;手机、平板电脑和电脑等带操作系统的存储介质则可以进行查看、运行等其他操作。

U 盘、移动硬盘等便携存储设备以其携带轻便性、容量大等特性满足了人们快节奏的生活和工作需求,人们越来越依赖于使用这类设备存储需要随身携带的音频、视频和文档等材料,这些材料是个人数字档案的重要组成部分,都在某一方面或者某一时刻发挥着凭证、依据、参考以及信息的传承等重要作用,因此应该作为个人数字档案收集内容的一部分。

电脑、平板电脑和手机等带操作系统的这类存储介质,随着社会生活及信息化技术的发展而被越来越多地使用,在这类介质上存储的视频、音频及文档等个人数字档案也越来越多,对个人或社会具有同等重要的价值。

(二)网络环境的档案数据收集

在进行邮件类个人数字档案收集时需要逐一辨认,剔除广告等无用信息。国内常用的电子邮箱类型有:网易邮箱、139 邮箱、QQ 邮箱等。

除了主流的移动存储设备和专用的数据信息存储设备,碎片化的个人数字资源主要来源于 QQ、微信等即时通信方式,这些通信方式由于使用频率高,每天产生的档案数据较多,而这类数据服务商不会提供长期大量的数据存储服务,另外这类信息并非全部都有收集的价值,所以需要进行不同平台的收集及有价值信息的筛选。例如,QQ、微信等的聊天记录可能存在重要谈话内容,是个人数字档案的重要组成部分,因此需要及时进行档案数据的收集。

碎片化的个人数字档案还可能分布在类似有道云笔记、印象笔记、为知笔记、新浪微博、知乎、百度贴吧、腾讯微视、抖音、快手等软件中,也需要进行仔细辨别及搜索。

（三）云存储产品的档案数据收集

云存储产品的档案数据收集是集中式的，例如百度网盘、腾讯微云、360安全云盘等，能够降低存储成本并提高档案数据的搜索效率，是集软件、服务器、接口、客户端、存储设备等为一体的复杂存储介质，能够在用户提交指令后第一时间调用所有可用的网络资源进行响应，比普通的网络存储设备更方便和高效。云存储产品不仅可以储存用户自身想保存的资源，如照片、聊天信息、文档、视频等，还可以实现文档在线编辑。

三、个人数字档案的收集方式

（一）个人数字档案的手动收集

对记录类个人数字档案的收集主要依靠用户手动收集，但是由于个人信息档案的类型不同，收集的方式和难度也不相同。

个人数字档案收集的内容范围需要根据个人档案数据的收集目标和个人收集需求之间的相关性共同确定，主要包括档案数据的内容和环境两部分。内容是指档案数据自身的特征，环境则是指档案数据收集的格式、数据读取的工具软件、档案数据的保存格式等。

时间范围是由个人数字档案具有的时效性和历史性所决定的，超过了一定的时间范围部分档案数据可能就失去了价值。此外网页数据的生命周期一般为两周，如果超过了生命周期，有些数据就会永远消失，特别是一些"原生性"的数据，因此在进行档案数据的手动收集时一定要考虑到数据的更新频率。

（二）个人数字档案的自动收集

自动收集是指依赖个人数字文件的形成环境或专门的应用软件，自动采集个人数字文件及其元数据进行归档。

随着人们档案意识的增强，很多应用系统在设计之初就考虑了归档的要求，这样个人数字文件一形成，系统就可自动将其归档。例如QQ邮箱，对于来往邮件，可根据文件来源，将与同一发件人的来往邮件自动归档至指定文件夹。

个人数字文件元数据的采集，一般采用自动化的方式，原因有 2 个：一是这些元数据一般嵌入在应用系统或数字文件内，无法手工获取；二是通过应用程序或系统设置可以完整准确解析元数据。

四、个人数字档案的价值鉴定

（一）鉴定主体

根据双重价值论，原始价值的鉴定由文件形成者负主要责任，从属价值的鉴定需要文件形成者与档案工作者合作，并由档案工作者承担最终的责任。由于个人数字档案绝大部分都不会进入国家档案馆，因此个人数字档案的原始价值、从属价值的鉴定往往是由文件形成者来完成的，这对文件形成者提出了较高的要求，即他们需要具有一定的历史知识，了解档案在史学研究方面的价值。

（二）鉴定依据

个人数字档案鉴定规则应该是简单并具有一定的适用性的，较复杂的鉴定规则不适合所有人。根据相关研究成果可知，个人想保存数字档案的原因有：希望对他人的研究有潜在的作用；希望自己的信息被他人记住；希望记住自己的踪迹；希望保护个人隐私；希望保留个人的工作成果；对数字档案的研究感兴趣；等等。基于此，个人数字档案的鉴定应该从 2 个层面进行：

第一层是用户主观/自动鉴定,进行有价值信息的选择;第二层是进行重要性的划分,划分依据是数字档案的重要程度和保管期限。

个人数字档案可以有2种不同的保管期限,即永久保存和定期保存。

永久保存的档案应该是对个人来说具有重要价值的、非常珍贵的个人材料。例如个人成长记录、毕业典礼、婚礼记录、旅游等重要时刻或者时段的记录,以及个人论文、专利、汇报、总结等资料。其他类似于电影、歌曲、照片等数字资源,基于个人特别的喜好,若想一直有机会看到或者听到,则也可以作为永久保存的数字档案。

定期保存的个人数字档案则是指其价值具有时限性,或者用户只在某个时间段喜欢但是没有永久保存的想法。价值具有时限性的数字档案指的是在一定的时限范围内或者只对某件事有价值的数据材料,例如一些电子邮件在过了时限或者事件结束后就失去了价值。而基于个人喜好的数字档案,随着个人年龄和环境的变化,可能会被删除。比如用户在年轻时喜欢流行音乐,收集和保存了很多当时流行的明星照片、公开报道的新闻等材料,到后来可能因为兴趣变化而删除这些资料。

第三节　个人数字档案的分类与整理

一、个人数字档案的分类

（一）按来源分类

按照来源,个人数字档案可以分为四类:工作类、学习类、娱乐类及生活类。工作类个人数字档案主要有工作计划、公文等材料;学习类个人数字档案主要有课程资料、论文材料、考试资料等；娱乐类个人数字档案主要有游戏、旅游材料、聚会材料等；生活类个人数字档案主要有各类生活记录等。

（二）按时间分类

个人数字档案可以按年度分类和按时期分类。

1.按年度分类

可以按自然年，如 2017 年、2018 年、2019 年等，进行个人数字档案存放。

2.按时期分类

例如，如果在一年中的秋季 7、8、9 月份产生的数字档案信息比较多，则可以将这几个月单独作为一个时期，剩下的几个月作为一个时期。

（三）按格式分类

按照格式，个人数字档案大致可以分为数码照片、数字音频、数字视频等。

1.数码照片

数码照片通过数字成像设备获取并存储在 SD 卡、U 盘或者计算机等数字存储设备上，可以利用计算机进行数字化处理并通过网络传播，主要包括个人照片、家人合照以及从网络或其他方式获取到的不涉及他人隐私的照片。

2.数字音频

数字音频是指通过录音设备获得的或通过网络下载的音乐等，可存储于 U 盘、CD 等设备中。

3.数字视频

数字视频是指可以通过摄像机、手机、平板电脑等拍摄设备获取并进行存储的个人信息，还包括根据个人兴趣爱好通过网络下载的电影等。

无论是按时间还是按格式进行存储分类都是单一的分类方式，用这种方式进行个人数字档案的存储不便于查询使用。将 2 种分类方式相结合能在一定程度上克服单一分类的局限性，例如用时间＋格式、时间＋来源、格式＋

来源的分类方式能够节省存储后的使用搜索时间，在一定程度上提高个人数字档案的使用效率。为了达到更好的存储分类效果，还可以采用"格式＋时间＋来源"的存储分类方式，在各种格式里面按照时间进行依次递增分类，再按来源进行详细分类。这种分类方式能进一步提高使用时的搜索效率。

二、个人数字档案的整理

（一）整理规则

个人数字档案的整理应遵循以下规则：

1.明确分类方案

在一般情况下，个人数字档案的分类方案不宜太细，可以根据来源、时间、保管期限等进行划分。其中来源包括学习、工作、生活及娱乐；时间为形成的年度；保管期限为永久或定期。

2.合理确定件（卷）

档案整理要保持文件材料之间的有机联系，区分不同价值，便于保管和利用。个人数字档案宜按来源（内容）确定件或卷。来源于同一活动的内容可以作为一件（卷）。例如，2019年5月4日青年演讲比赛形成的所有计划、总结、照片、视频可以归为一件（卷）。

3.合理选择格式

为了确保个人数字档案的长期保存，一般应该选择通用格式。主要目的有2个：一是确保在大多数计算机环境中能打开、显示文件；二是最大可能降低个人数字档案的迁移转换成本。

4.确定元数据方案

不同类型的个人数字档案应有不同的元数据描述方案。国家标准《文书类电子文件元数据方案》（DA/T 46—2009）规定了文件实体、机构人员、业务实体、实体关系四大类元数据。文书类数字档案的元数据方案可参考该标准确定。照片、音视频类数字档案的元数据方案可以参照相应的国家相关标准确定。

5.合理确定档号

档号是档案的唯一代码，应能充分体现档案的分类方案，固化整理顺序，以便长期管理。个人数字档案的档号结构一般为：来源＋年度＋保管期限＋类型＋顺序号。

（二）纸质档案的数字化处理

根据纸质档案数字化的相关规范，笔者认为个人纸质档案数字化的过程如下：

1.档案整理

在进行纸质档案扫描之前，应根据需要，对档案进行整理。如果扫描件最初是装订形式，则需要拆除装订线，将不平整的页面压平，按内容排好顺序，避免出现缺页或顺序错乱的现象。如果纸质档案破损严重无法扫描，则可以使用一定的技术手段进行修复，例如利用有机物去污、利用化学试剂进行字迹修复等。在档案整理完成之后，对档案进行整理登记。

2.档案扫描

纸质档案的扫描主要是指利用扫描仪等设备将纸质的文件材料转换成电子版的材料。若纸质档案的页面为黑白色，字迹清晰，则直接使用黑白模式即可；若纸质档案的页面中有红头或印章等，或者有彩色插图，则需要采用彩色模式。对不同的纸质档案，可根据需要选择合适的扫描分辨率。

3.图像处理

对图像的处理，要保证图像的完整、端正、无阴影、无干扰信息。处理之后的图像应保存为 PDF 格式。在处理图像之后，需要进行质量检查，对不符合要求的图像，应重新处理。如因扫描操作不当，导致图像文件不完整、不清晰，则要重新扫描。

4.图像存储

个人纸质档案的文件，应有自己独立的唯一编号，并以这一编号对扫描后的图像文件命名，如果文件是多页文件，则可以合并为一个 PDF 文件，保存到指定的路径。

5.数据检查

数据检查应以纸质档案为基准。在将图像文件存储到相应文件夹时，需要对以下内容进行检查：核查图像文件和纸质档案文件档号是否相同；核查图像文件的页数是否与纸质档案文件页数一致，顺序有无错乱。要保证纸质档案文件和图像文件的一致性。

6.数据备份

对于查验合格无误的完整数据，应该及时进行备份。如备份到自己的 U 盘或个人电脑中，检查备份数据是否可以打开、数据信息是否完整、数量是否与原件一致，对备份数据标注内容、类别、存入日期、编号等，以便日后管理和查询。

（三）个人数字档案的主题组织

主题组织是一种以事物为中心，从内容出发，按信息主题进行标引和检索信息的方法。主题组织不受结构的限制，灵活性较强，主题词直观易记。通过对个人数字档案进行主题组织，不仅可以使无序的数字资源有序化，还可以方便用户查询数据。

用户在进行主题组织时，应将主题词语做标引，以字顺为检索途径，结合时间进行档案信息的标引和检索。在数字档案中，用户可以创建主题树指引库，对个人数字档案的资源进行组织和揭示，即将某一或某些相关主题的节点集中按主题标识，如以"旅游"为主题，以旅游地点命名相关的相片或视频等，在其中加入关键时间节点等信息标签，在查找时可直接按照字顺查找。

第四节　个人数字档案的存储与安全防护

一、个人数字档案的存储

个人数字档案存储方案的选择需要综合考虑档案数据的存储结构、存储介质、存储格式等问题。

（一）存储结构的选择

数据在存储设备中的存储结构应为"来源\年度\保管期限\类型"。按该结构存储源文件，有助于目录数据库与原文的自动挂接。

（二）存储介质的选择

目前，个人数字档案主要产生以及存储于手持设备，如智能手机、存储卡、移动硬盘等，这些移动载体往往比较分散，无法进行集中管理。而云存储产品能够解决移动存储设备的这些弊端，云存储产品存储成本低、存储容量大且能进行信息的共享，适合进行个人数字档案信息的集中管理。

（三）存储格式的选择

下面主要分析图片类和视频类个人档案数据的存储格式。

对于图片类个人档案数据，可以选择用 JPEG 格式进行存储，这种图片格式使用较为先进的数据压缩方法对图片中的冗余信息进行压缩，从而在尽量保证图片生动性的同时降低存储空间。JPEG 格式可以在进行彩色图片存储时兼顾存储空间和传输速度，可以应用于目前市场上主流的操作系统。

对于视频类个人档案数据，可以采用 MPEG 格式进行存储。MPEG 格式具有较强的系统兼容性以及读取软件通用性，能够在提高压缩比的同时减少视频数据的损失。

二、个人数字档案的安全防护

个人数字档案的安全防护主要有两部分：一是个人数字档案的信息内容安全防护，二是个人数字档案的信息网络安全防护。

个人数字档案的信息内容安全防护，主要是要确保个人数字档案的信息内容安全，防止个人数字档案被无意或偶然泄露、更改或破坏，防止信息内容丢失或信息内容失真、不可辨认等，这是个人数字档案安全防护的核心。个人数字档案的信息网络安全防护主要是防止病毒的侵害，尽量避免点击来源不明的网络链接。

具体来说，要进行个人数字档案的安全防护，可以从以下几个方面入手：

（一）个人数字档案加密处理

个人数字档案的保密性指的是保证通过非法途径无法接触到档案数据的内容，数据无法被窃取和泄露。为了确保个人数字档案的安全，除了要对可能出现的网络攻击进行防御，还要对数据进行加密。

数据加密技术本质是用编码技术对数据进行编码，把个人数字档案的数据从原始的明文状态变成密文状态，对数据真实内容进行技术性的隐藏。个人数字档案数据的加密技术可以分成 2 种：对称式加密和非对称式加密。采用对称式加密技术进行加密的档案数据可以使用相同的方式进行还原，采用非对称式加密技术的文件则要用匹配的密钥进行还原。个人数字档案的数据加密处理主要有密文存储和存取控制 2 种方式。其中密文存储主要是使用加密算法进行档案数据的转换；而存取控制是采用身份认证的机制，对使用者输入的指令或者密码进行校验，只有输入正确的指令或者密码才能查看档案数据内容，如果指令或者密码错误，则不能查看。

（二）个人数字档案的备份

进行个人数字档案的备份能够有效防止数据的丢失，保证数据的完整性。备份策略包括对备份周期、备份方式等的选择。

对于备份周期，可以定期进行手动备份，也可以设置定期的自动化备份，例如一个月或者一周备份一次。

对于备份方式，可以选择全备份、增量备份或者差量备份。

（三）个人隐私保护

如今，个人隐私问题日益受到关注。具体来讲，可以从以下两方面对个人隐私进行保护：

第一，就个人层面而言，应增强自我隐私保护意识，明白个人隐私泄露的危害。可以从以下几个方面避免个人隐私的泄露：

首先，在网上注册时，避免填写个人私密信息。在互联网时代，用户信息往往与企业盈利相关联，企业会想办法从各种渠道尽可能地获取用户信息，但是企业在数据保护方面还有所欠缺，所以人们只能从自己这一方着手，尽可能少暴露自己的私密信息。

其次，在社交平台的交互类活动中注意保护隐私。一些社交平台会需要用户填写个人信息才能生成有趣的内容与朋友互动，这一做法实质上以游戏的手段获取了用户的大量信息，因此用户要谨慎参与此类活动。

最后，不要随意打开网页弹出的链接，不论是计算机还是移动终端，都已经成为信息泄露的高发地带，一些不法分子会通过非法链接或发送"钓鱼"文件等方式获取用户的个人信息。

第二,除了用户要十分注意,有关部门也应当采取相应措施解决个人隐私安全问题。

首先,有关部门可以组织人力物力进行个人隐私保护的宣传,提升人们的档案保管意识和能力,从而切实地做好个人数字档案的安全维护工作。比如,可以与相关机构合作,通过展览、调研、科普等方式使人们感受到个人数字档案的价值和安全保护的重要性。

其次,针对一些应用软件推行实名制。网络实名制在一定程度上可以减少网络暴力等的发生。

最后,要加强立法,保护个人隐私安全。现阶段,针对个人隐私安全这一问题,需要进一步完善相关的法律法规。

第五节 个人数字档案的利用

个人数字档案利用是用户通过个人数字档案管理系统检索、利用数字档案信息,满足利用需求的过程,也是个人数字档案价值实现的过程。

一、个人数字档案利用的目的

(一)进行查考

个人数字档案作为个人活动的一种凭证,可以客观地记录和反映个人的存在过程,具有查考价值,如人们在受教育期间的学生档案,记录和反映了人们的个人经历、德才能绩、学习表现等,是以学生个人为单位保存起来的以备查考的文字、表格和其他各种形式的历史记录。要对个人数字档案的查考价值进行判断。没有查考价值的信息，一般不作为个人数字档案保存使用。对于同一历史活动，数字档案不仅可以保存结果性质的记录，而且可以保存有关重要过程的记录。如个人可以使用相机直接记录重要的时刻。个人数字档案不仅保留重要历史活动本身的记录，而且注重形成背景、管理和利用背景记录。如专业第三方机构为个人建立的个人信用档案，里面记录有个人或家庭的收入、资产、已发生的信贷与偿还、信用透支等信息，可以满足人们的查考需求。

（二）作为证据

由于个人数字档案是对个人活动及社会行为的原始记录，具有较强的真实性和可靠性，可以作为令人信服的有效凭证，能够发挥法律证据的作用。数字档案的凭证作用在我国《民事诉讼法》和《刑事诉讼法》中都得到了明确的描述。我国《民事诉讼法》第六十六条规定："证据包括：（一）当事人的陈述；（二）书证；（三）物证；（四）视听资料；（五）电子数据；（六）证人证言；（七）鉴定意见；（八）勘验笔录。证据必须查证属实，才能作为认定事实的根据。"电子邮件、网上聊天记录（如 QQ、微信等聊天记录）、手机短信、微博、电子签名等都可以作为电子证据。若将微信聊天记录作为证据，需完成举证：确认微信的使用主体是双方当事人，保证微信聊天记录获取途径的合法性以及提供真实完整的微信数据。总之，个人数字档案可作为法律依据，特别是有关自己和他人可能发生利益冲突时的聊天记录或是转账信息等，均须特别注意保存。

（三）提供休闲

个人数字档案的利用主体通常还是用户本人，用户往往会使用个人数字档案在休闲时回忆过去。比如使用数字相册，可以减少普通照片的内存空间，在加入音频之后可以为最初的照片赋予新的内涵。另外，建立个人数字档案可以使大量零散的个人信息更加集中有序，当用户查找对应信息时，可以更加快捷。通过数字档案，用户可以建立单独的模块，比如家庭档案、同事档案等，在休闲回忆时相关信息会更为具象。

（四）社会记忆

个人是社会的有机组成部分，个人数字档案是平民记忆构建的有效手段。个人数字档案针对每一个个体建立，与社会档案相比分类更加详细、记录更加全面。个人数字档案由人们自己记录、保存值得收藏的生活经历。在美国，个人履历、财产、学历等与人们紧密联系的资料，是档案馆馆藏的重要组成部分，美国还设置了专门的档案中心，保管着有关人们出生、收养、婚姻、死亡等历史资料。档案部门是保存社会记忆载体的重要场所，具有传承、重构社会记忆的作用，个人电子档案使得社会记忆更加丰富。

（五）科学研究

个人数字档案是个人社会生活中各个方面的活动及行为的有效记录，也是构成社会档案的重要组成部分。美国国会图书馆就曾经与 Twitter 签署过合作协议，通过社会档案数据进行社会行为的科学研究。此外，也有学者利用社会档案数据进行社会信息传播有效性及受众群体类型的分析研究。个人电子档案可以用于社会行为的分析研究，还可以用于个人的学术研究。例如，硕士研究生或者博士研究生在研究家族史、遗传病时，可以将个人电子档案作为研究资料。

二、个人数字档案利用的方式

（一）检索查阅

个人数字档案的检索使用方式主要有文字检索、图像检索以及声音检索。

个人数字档案的使用效率取决于档案数据使用时的检索效率,即检索速度、准确度以及检索方便程度。

1.文字类数据的检索使用

文字检索是最常用、最简单的检索方式,指按照检索字段在档案数据库中进行区域匹配查找。不同的档案类型使用的检索字段是不一样的。通过对检索字段的分类和限制,可以控制检索结果的范围,提高档案数据的检索速度和准确度。检索字段可以分成受控和非受控 2 种类型。受控的检索字段即预先定义好的规范化的字段,检索效率较高,检索也相对容易,但是不够灵活,检索词数量有限,无法适应个人数字档案量多时的检索。非受控的检索字段自由度高,不需要熟悉受控词组表,但是检索效率不高,碰到同义词、近义词时检索的准确度不高。因此,在实际使用过程中进行文字检索时,若对检索结果不满意,则应对选定的检索词进行分析,在增删或者替换搜索字段后再进行搜索。

2.音频类资源的检索使用

声音检索是指利用计算机技术对个人数字档案中的音频文件进行数字化加工处理,使用自动语音识别(ASR)技术将需要检索的声音信息转换为文本,再使用文本信息进行检索。由于软硬件技术的限制,对个人数字档案进行声音检索的效率并不高。

3.图像类数据的检索使用

图像检索可以按照图像内容的描述方式分成 2 种不同的检索类型,其一是基于文本的图像检索,其二是基于内容的图像检索。

基于文本的图像检索利用图像内容的文本标注进行图像内容描述,按照图像内容形成图像关键词,图像内容通常为物体的轮廓、形状、颜色或者所处的场景等,图像关键词可以采用人工方式或者图像识别软件进行标注。在进行图像检索时,用户要输入检索关键词,然后档案管理系统按照关键词搜索图片中标注的内容,并将所有搜索到的结果返回呈现给用户。这种方式实现起来比较容易,而且检索准确度也由于在标注过程中采用了人工方式而得到了提高。

基于内容的图像检索需要利用计算机软件进行图像分析,构建由图像特征组成的图像特征库,在进行图像检索时,计算机根据图像的特征在图像特征库里面进行匹配,利用相似度准则对查找到的特征图像进行图像相似性计算,在呈现给用户前按照图像相似性进行排序输出。基于内容的图像检索比基于文本的图像检索效率更高。

(二)编辑档案史料

档案是重要的信息资源和文化资料,是历史的真实记录,是编史修志的依据。个人数字档案记录的是一个人的活动轨迹,包括学习、生活等方方面面,体现了个人当下的思想与行为,反映了当时的社会背景和风俗习惯。它记录了生活,折射了历史,是中国记忆的一部分,为编史提供了原始的真实的凭证和依据。

在数据就是资源的今天,每个人都在创造数据。将有价值的数据加以整合,可以形成个人数字档案。对于个人来说,归档保存这些数据会对以后的生活和工作起到一定的借鉴作用;对其他人来讲,这些数据也有潜在的学习与利用价值。

个人数字档案具有真实性、原始性。它作为一份回忆存档,可以唤醒自身的档案意识。它可以编制成个人回忆录或者家族史。个人的成败给人以警醒,家族的兴衰体现了历史的变迁。留住的档案不仅能让子孙后代追忆历史,也是相关学者研究考证的宝贵资料。如中国第一历史档案馆就有以个人名称命名的个人档案全宗,以个人的发展历程为主线,展现当时的社会风貌,有良好的引导与教育作用。在数字化不断发展的今天,个人数字档案的展现形式更加丰富,对历史的呈现更加生动形象。

(三)档案展览

档案展览是档案价值的展现,是社会教育工作的组成部分,它在向公众传播文化知识的同时，也让公众对真实的历史有所了解。档案展览可以产生一定的社会效益和经济效益，也是加强世界各国文化交流的有效途径。

档案展览具有利用服务形象化、传播信息广泛化和宣传效果生动化等特点。举办个人档案展览，特别是名人史料的档案展览，不仅可以生动地展示档案的文化魅力，也可以对公众进行名人精神宣传教育。档案展览内容丰富，可以从不同角度、不同方面以不同形式进行，如整体的个人事物档案展、图片展，或者针对其他某一方面内容进行展览。2017 年，江苏南京曾举办了以"做雷锋精神的种子"为主题的雷锋个人展，在这次展览中首次公开了 80 封雷锋日记原件（彩色影印件）、报道雷锋事迹（雷锋生前）的报刊、书籍（原件）、雷锋生前讲话录音（片段）等一系列珍贵史料，之后还举办了相应的专题活动，用原始实物和图片向人们传达雷锋精神。

三、个人数字档案利用中的保护

（一）知识产权保护

知识产权是指权利人对其智力劳动所创作的成果和经营活动中的标记、信誉所依法享有的专有权利。个人知识产权主要是指个人创造和拥有的知识产权，包括各种智力创造，如个人发明、外观设计、文学和艺术作品等。在网络环境下，也出现了个人数字作品，这些数字作品是指通过数字技术在网络上运行的，具有独创性的，并能以有形的形式加以复制的文学、艺术、科学智力作品，如文学作品、美术作品、摄影作品、音像作品、视频作品等经过智力创作的作品。

关于个人数字作品的知识产权保护可以使用数字水印。数字水印是在文字、图片或者视频中通过特殊的处理将数字信息进行嵌入，是数字签名技术的一种具体的形式。数字水印通常不会影响数字档案的调出使用，不会影响档案数据的呈现与表达，同时由于水印算法的复杂性，非法用户无法将水印去除。个人数字档案水印的使用方式有四种：一是档案数据的使用方进行档案数据的来源检验；二是在进行档案数据使用时检查水印数据是否完整，从而验证档案数据是否完整、是否有缺失；三是通过对数字水印的查验，验证档案数据是否产生过变动，即是否被篡改过；四是可以在涉及个人隐私的数据处加上数据水印，通过打马赛克进行关键数据的隐藏，从而对隐私数据进行保密。

（二）个人信息保护

在信息网络时代，个人数字档案虽然方便了人们对目标信息的查找和使用，但是在经济利益的驱使下，人们的个人信息逐渐成为商家的资源。在实际生活中，存在个人信息泄露问题，如个人基本资料、联系方式、财务信息、个人文件数据等均可能泄露。当个人信息泄露时，可能会产生一些危害，比如个人 IP 地址泄露可能导致计算机受到黑客攻击；一些基本信息如生日、电话号码、身份证号等泄露，可能会提供破解密码的线索，导致一些个人账号被盗；私人照片、生活录像等个人信息泄露，可能会导致大量信息被挖掘曝光。因此，个人信息安全问题应引起人们足够的重视，有关部门也应十分关注个人信息安全问题。

我国自 2017 年 6 月 1 日开始实施《网络安全法》，其中也涉及个人信息安全保护问题。例如，《网络安全法》第四十一条规定："网络运营者收集、使用个人信息，应当遵循合法、正当、必要的原则，公开收集、使用规则，明示收集、使用信息的目的、方式和范围，并经被收集者同意。网络运营者不得收集与其提供的服务无关的个人信息，不得违反法律、行政法规的规定和双方的约定收集、使用个人信息，并应当依照法律、行政法规的规定和与用户的约定，处理其保存的个人信息。"第四十二条规定："网络运营者不得泄露、篡改、毁损其收集的个人信息；未经被收集者同意，不得向他人提供个人信息。但是，经过处理无法识别特定个人且不能复原的除外。网络运营者应当采取技术措施和其他必要措施，确保其收集的个人信息安全，防止信息泄露、毁损、丢失。在发生或者可能发生个人信息泄露、毁损、丢失的情况时，应当立即采取补救措施，按照规定及时告知用户并向有关主管部门报告。"第四十三条规定："个人发现网络运营者违反法律、行政法规的规定或者双方的约定收集、使用其个人信息的，有权要求网络运营者删除其个人信息；发现网络运营者收集、存储的其个人信息有错误的，有权要求网络运营者予以更正。网络运营者应当采取措施予以删除或者更正。"第四十四条规定："任何个人和组织不得窃取或者以其他非法方式获取个人信息，不得非法出售或者非法向他人提供个人信息。"从以上这些法律条文中，我们可以发现我国对网络安全和个人信息保护非常重视。

（三）划分个人数字档案使用权限保护

在信息技术中，权限划分机制规定不同的用户在对相同的内容进行访问时可以进行操作的范围，即规定谁可以做什么。权限控制的目的是在用户访问个人数字档案时对其合法性进行验证，比如规定用什么账户密码登录可以对什么类型的档案数据进行查看或者操作。权限划分机制的作用在于保证有权限的用户可以访问所需要的资源，拒绝没有权限的用户对档案数据的访问。

1. 权限划分机制的功能

权限划分机制的主要功能有：阻止未授权用户对档案数据资源进行访问；允许已授权的用户对数据资源进行访问；防止合法用户对未经授权的资源进行访问。

2. 权限划分机制的工作流程

权限划分机制的工作流程是：个人数字档案管理系统对访问用户进行身份认证并经过授权后，在用户需要进行档案数据的访问时，权限划分机制根据预先对用户分配好的权限进行判断，如果权限规则适配则允许用户进行操作,如果不适配则拒绝用户进行操作。一般只有管理员用户能完全访问所有的档案数据,普通的用户账号只能访问有限的资源。在进行权限划分时,需要遵循最小权限规则,即规定用户只能分配必要的权限而不能拥有其他权限。为了进行档案数据的合法、受控使用,用户不能对档案数据进行越权访问。

3.权限划分机制的要素

权限划分机制主要包括三种要素:主体、客体和权限策略。

主体是动作的发起者,是提出请求或者要求的一方。主体是用户或者可以代理用户发起动作的实体。

客体可以是接受主体访问的对象,例如文件、数据、记录等可以被操作的对象都是客体,也可以是硬件设施。一个客体中还可以包含另一个客体,客体的概念比较广。

权限策略泛指操作行为集和约束条件集,描述了主体对客体的访问权限和规则。权限策略定义了主体可以进行的行为以及客体包含的对主体的约束条件等,等同于权限授予的规则,这种规则是客体给出的且不允许被超越。

4.个人数字档案的使用权限管理

个人数字档案管理可以根据不同的角色设置不同的权限,再分别定义不同的权限策略,在权限策略里面定义不同权限的用户可以进行的操作。在进行权限分配时要遵循最小化原则,即不同的用户从最小的权限开始分配,权限宁小勿大,以防止用户的误操作。

由于个人数字档案是个人存储数据且一般只有用户个人查看,故可以设置三种不同的角色:管理员、普通用户、维护用户。管理员拥有最高级别的权限,可以对档案数据进行增、删、改、查等操作。只有档案主体才拥有管理员的账户密码。普通用户拥有最低权限,只能进行档案数据的查看操作。可以定义不同的普通用户查看不同类别的档案数据,比如文件类用户只能查看文件,图片类用户只能查看图片等。维护用户可以增加、查看档案数据,不能进行更改和删除操作。

用户和权限的划分和细化能有效地防止用户的误操作以及恶意程序的攻

击，从而有效地保证档案数据的完整和安全。

（四）增强个人风险防范意识

个人数字档案风险是指在个人数字档案资源管理中可能存在的风险因素，具体表现在以下两方面：一是信息失真风险。在个人数字档案管理过程中，个人操作失误或管理系统版本不一致会导致数字档案信息无法识别、影像失真等问题。二是信息缺失风险。这主要表现在信息存储介质不安全。当个人数字档案存储在云服务器上时，虽然云服务器存储空间大，但一旦被恶意攻击，使非法用户侵入数字档案管理系统，可能导致用户自身的数据被窃取，用户数据的完整性会受到影响。因此，个人在使用数字档案的过程中应加强风险防范，注意以下两点：

首先，个人在使用个人数字档案的过程中要充分意识到个人数据安全的重要性。在使用档案数据时，要建立规范的档案数据使用制度和工作流程；另外为了提高系统对突发档案数据风险的防范能力，可以专门针对突发情况和紧急情况，制定一套科学完善的应急处理方案，以避免出现突发性数据安全事故。

其次，可以结合相应的技术设施，对档案数据使用过程中的各项操作进行不间断的登记管理，包括加密系统登录和数字档案调阅过程，对档案衔接过程中各负责人、系统操作者和操作内容等各项信息均加以记录。可以通过日志管理，实时登记登录系统的账号、时点、硬件名称、查看条目、具体内容等，方便随时查阅，以保障档案管理系统中信息的安全。档案管理系统是一个整体，应及时过滤潜在风险和错误信息，以保证档案管理系统在收集和管理内容上具有针对性。

通过以上措施，能够显著提升档案管理系统的运作效率和工作质量，实现风险防控。

第六章　档案信息化与信息化管理体系构建

第一节　档案信息化

一、档案信息的基本概念

（一）信息

人们对信息的概念有多种表述，且对信息的认识也在不断地深入，但是目前还没有一个普遍公认的定义。笔者作为档案工作者，从对档案的认识和推动档案工作实践的角度，趋向于认可美国信息管理专家霍顿（F. W. Horton）对信息所作的定义："信息是按照最终用户决策的需要，经过处理和格式化的数据。处理可以是自动化的或手工的。由数据转化为信息是由信息处理者完成的。"信息与数据存在着密不可分的关系，数据是信息在计算机应用环境下的表现形式，信息通过各类数据形式实现在计算机环境下的各种处理，并且作为可处理的数据在人类生活、生产中得到普遍应用。这个定义有利于我们将各种载体类型的档案作为信息转换为各类标准规范的数据，实现计算机环境下档案的"收、管、存、用"等基本应用，为档案与档案数字化、信息化提供理论支撑。

（二）档案信息

档案具有信息属性，但档案不等同于档案信息，在信息化条件下，需要进一步厘清档案信息的概念。"档案信息"是一个专有名词，也就是说，不是所有的档案都是档案信息，只有数据形式的档案才能被称为档案信息。档案信息具有其独特的信息特点，主要表现在：第一，原始性，即档案信息是原生信息，这些信息经过加工处理，可以成为其他派生信息的基础和源泉。第二，可靠性，即档案信息是信息中最具有可靠性的信息，这是档案信息有别于其他信息的独一无二的"信用证"，是档案信息在信息社会中的应用基础。第三，社会性，即档案信息来源具有社会广泛性，能满足社会各阶层、各领域的各种信息服务要求，这是档案信息进行社会传播和满足社会需求的重要条件。第四，商品性，由于档案信息是经过加工、处理等创造性劳动而形成的，可以作为劳动产品进行交换，因而具有商品的属性。这是档案信息市场化和满足市场信息需求的重要前提，也是档案信息资源在市场经济条件下为社会经济和社会发展服务的重要条件。第五，系统性，即档案经过加工处理成为档案信息，形成具有一定内在数据联系的档案数据集合体系统，也就是所谓档案信息资源。在这个系统中，各类档案数据相互联系、相互作用，能够实现科学、有效的管理和利用，因此档案成为档案信息（资源）的过程是档案信息的系统化过程。

（三）档案信息资源

根据档案信息界定方式，笔者认为，档案信息资源是经过加工、处理的档案数据集合体。这种定义方式使得档案信息资源专指计算机环境下可以处理的档案数据和档案数据集合体，而不是指通常意义上的非数据化的实体档案，这有利于在档案信息化的理论研究与工作实践中，进一步明确档案信息资源与档案资源的区别，明确档案信息化的对象与范围，明确档案信息化的目标与任务。

按照档案信息的系统性特点，档案信息资源应当是组织有序、相互关联的档案数据集合体，这为档案数据库和档案信息资源体系的建设提供了理论依据。同时，由于档案信息具有本源性、可靠性、社会性、商品性等特点，拥有社会最大数据集合体的档案信息资源必然成为国民经济与社会发展的基础性战略信息资源，将在社会经济和社会发展中起到不可替代的基础性作用。

二、档案信息化的内涵

按照信息化理论的一般规律和要求，结合档案资源和档案工作的特点，笔者认为，档案信息化是国民经济和社会信息化的一个组成部分，是一个档案领域必须长期推动和发展的过程，具体是指在档案领域应用先进的信息技术手段，将档案资源和档案各项管理过程数字化，形成计算机可识别、可处理的档案信息资源，通过档案信息系统的数据处理和档案计算机网络的传输，实现档案信息资源的合理配置与有序、有效开发利用，推动档案管理现代化，实现档案信息资源的社会共享。可从以下几个方面正确理解档案信息化的内涵：

第一，档案信息化的核心内容是档案信息资源建设。因此，档案信息资源建设水平直接决定档案信息化的内在质量。只有通过信息技术手段将档案资源转化为数据规范、配置合理、可共享的档案信息资源，才能实现档案资源在计算机环境下的数字化、网络化应用，才能实现信息化条件下档案资源的有效开发与利用。

第二，档案信息化的基础手段是信息技术的应用。档案信息化离不开信息技术在档案领域的应用，是信息技术与档案业务的创新融合。档案信息化不仅将不断推动先进信息技术在档案工作各环节中的融合应用，而且将改变档案工作与管理模式，提高档案工作效率，提升档案管理现代化水平。

第三，实现档案信息资源的社会共享是档案信息化的根本目标。推动实现档案信息资源社会共享，是解决新时代我国档案工作存在的人民群众对档案信息需求不断增长与档案信息资源不够丰富的主要矛盾、满足人民群众日益增长的档案信息需求最有效的方式。档案信息化就是要最大限度地实现档案信息资源共享，实现档案信息的社会价值和经济价值。

三、档案信息化的意义

一方面，档案信息化是信息时代档案管理现代化的核心内容，档案信息化水平决定和体现了现代化水平。2019 年，国家档案局就在《全国档案事业发展"十三五"规划纲要》中将"到 2020 年，初步实现以信息化为核心的档案管理现代化"作为一个阶段性目标。2023 年，国家档案局在《"十四五"全国档案事业发展规划》中提出"档案信息化建设再上新台阶。档案信息化发展保障机制进一步完善，档案信息化建设进一步融入数字中国建设，新一代信息技术在档案工作中的应用更为广泛，信息化与档案事业各项工作深度融合，档案管理数字化、智能化水平得到提升，档案工作基本实现数字转型"。先进信息技术应用已经融入档案工作的各个环节、各个方面，它将引领档案工作的转型升级、提质增效，从而进一步深化档案工作的改革和发展。所以，档案信息化应当摆在档案事业优先发展的战略高度。

另一方面，档案信息化将为国民经济与社会信息化提供强有力的服务支撑。档案信息资源作为国民经济与社会发展的基础性战略信息资源，决定了档案信息化具有推动国民经济和社会信息化发展的作用。数字档案、电子档案是各行各业信息化不断产生的各类电子文件、大数据的"归宿"，当前越来越多的地方政府、政务中心要求当地档案部门为电子文件（电子证照）、电子档案的规范管理提供政策支持和监督指导，我们应当积极作为、明确职责、提供服务。各地大数据云平台中心建设如火如荼，档案部门在支持各地大数据中心、云平台建设的同时，应当更加明确国家档案馆与各地大数据云平台的职责分工与管理权限。对于大数据中心、云平台建设过程中出现的类似要求档案部门集中移交档案机房、档案数据的现象,我们应当从国家档案馆职责、大数据与电子档案关系以及档案安全保管要求等角度,表明立场、履行职责、明确分工,确保各地永久、长期保存的档案数字化成果、电子档案在各级国家档案馆的集中安全保管。同时,要积极出台政策,加强对各地大数据中心、云平台中档案数据的监管,确保具有永久长期保存价值的数据及时归档并定期向当地国家档案馆移交。各地档案部门要充分利用档案信息化的成果,发挥档案信息资源的优势,提供档案信息资源的社会共享,特别是涉及社会民生的档案信息资源的共享。

四、档案信息化的指导思想和基本原则

档案信息化是档案事业发展的一项重要战略,需要通过顶层设计,制定长期发展的战略规划,明确指导思想、发展目标、基本原则和具体的建设任务与措施方法,以指导档案信息化科学、协调、可持续发展。

(一)指导思想

档案事业是国民经济和社会发展的重要组成部分,档案信息化是国民经济和社会信息化的一项重要内容。因此,档案信息化的指导思想必须围绕国民经济和社会信息化的总体战略要求来确立。档案信息化的长期指导思想可归结为:按照国民经济和社会信息化建设的总体任务要求,依托国家信息化建设环境,以实现档案信息资源的社会共享为目标,以档案网络建设为基础,通过先进信息技术在档案领域的广泛应用,全面加强档案信息资源建设,建立和完善档案信息资源共享服务机制,建立和健全档案信息化保障体系,推动档案管理现代化,充分开发和利用档案信息资源,发挥档案的社会效益和经济效益,不断满足国家、社会和大众日益增长的信息需求。

（二）基本原则

档案信息化的基本原则是档案信息化建设的理论基础和实践指南,确定档案信息化的基本原则必须充分分析档案工作的内在关系,系统把握档案信息化的内在本质和发展规律,并在实践中加以反复论证和总结,从而得出原则性要求。从事业关系角度分析,档案馆是档案工作的主体,档案室是档案工作的基础,这是档案工作最基本的内在关系;从档案生成运行角度分析,档案是档案工作的对象,文件与档案属于同一事物的 2 个不同发展阶段,文件是档案的前身,档案是文件的归宿,这是档案与文件最本质的内在联系。因此,档案信息化建设必须把握和处理好档案工作和档案这两者的内在关系,从系统、科学的理论角度,即一体化理论的角度,确定档案信息化的基本原则。档案信息化建设的 2 个基本原则为文档一体化和馆室一体化。

1.文档一体化

这是立档单位档案信息化必须遵循和坚持的基本原则,它已不是传统意义上的纸质文书与档案管理的一体化,而是指在信息化办公条件下,电子文件与电子档案管理的一体化。换言之,就是以系统理论为基础,运用先进信息技术手段,实现机关中电子文件管理和电子档案管理 2 个信息管理系统的有机联系,促成机关电子文件与电子档案信息资源的交换与共享,提高工作效率。

2.馆室一体化

这是馆室之间档案信息化必须遵循和坚持的另一基本原则。坚持馆室一体化的原则,就是要以系统理论为基础,通过统一规范档案数据交流、传递与共享,实现馆室之间档案信息资源的共享目标,最大限度地创造档案信息的经济效益和社会效益。以往的工作只注重文档一体化原则而忽视了馆室一体化原则。只有坚持馆室一体化原则,才能确保档案信息化建设目标的顺利实现。

五、档案信息化的发展目标

档案信息化的发展目标为：紧紧抓住信息化建设的重要战略机遇期，围绕建设档案信息资源库这一中心任务，突出把握存量档案数字化和增量档案电子化 2 个工作重点，共同构建信息化条件下档案信息资源体系、档案信息服务体系、档案信息保障体系，推动实现档案信息资源的社会共享，全面推动档案管理现代化，发挥后发优势，努力实现新时期档案事业的跨越式创新发展。

档案信息资源体系建设、档案信息服务体系建设和档案信息保障体系建设是档案信息化的主要建设任务，其中档案信息资源体系建设是核心内容，档案信息服务体系建设是实现档案信息资源社会共享这一档案信息化根本目标的重要基础，档案信息保障体系建设是确保顺利推进档案信息化建设的前提和条件。具体建设任务包括：

一是以存量档案数字化和增量档案电子化为工作重点，加快推进分布式、规范化、可共享的档案信息资源库建设，构建起资源丰富、数据规范、配置合理的档案信息资源体系。

二是加大档案网络建设和系统开发应用力度，建立信息共享通道和服务平台，加快档案信息资源开发和档案信息资源网上共享步伐，加强档案信息服务机制建设，创新档案信息服务手段，推进档案服务社会化和档案信息产业化，不断创造档案信息的社会效益和经济效益，建立起高效、优质、快捷的新型档案信息服务体系。

三是重视技术创新和制度创新，推动档案信息管理机制转型；提升档案管理水平，加快档案信息人才队伍、档案信息管理体系、档案信息安全和档案标准法规建设，建立和完善档案信息保障体系，确保档案信息化快速、有序、健康地发展。在此基础上，逐步建立起具有中国特色的社会主义档案信息资源共享体系，全面实现档案信息资源社会共享的根本目标。

第二节 档案信息化管理的优势

一、搜索速度快，精准度高

信息化档案管理以电子档案管理为主要管理模式，只需要通过搜索引擎即可完成对档案的精准调用和处理，因而搜索速度极快、精准度极高。同时，在无纸化的办公模式下，档案信息化管理既减少了对纸张的浪费，提高了环保性能，也提升了档案的利用率，促进了经济与环保的和谐发展。近些年来，我国经济发展迅猛，对资源能源的需求量也与日俱增，在市场导向的刺激之下，各行各业产生的数据井喷式爆发，传统纸质保存法已经难以满足当前发展需求，而虚拟数据库、信息化技术的应用则完美契合了发展需求，为经济发展带来环保保障，促进了两者的协同发展。

二、工作效率高，质量好

纸质档案的安全性极低。纸质材质不仅要防盗、防损毁，还要防虫蛀、防水、防潮等，因而保存不易、查询不易。在信息化与档案管理有机融合之后，通过电子档案来完成对档案信息的管理，既安全又高效。同时，因互联网具有不受地域、时间限制等优势，管理人员可以随时随地通过各种有效方式来调取档案，这样不仅方便快捷，且效率高、管理质量好。这是新时代档案信息化发展的重要原因之一。

三、传输共享更便利，失误偏差大大缩小

信息化档案管理在数据传输与共享方面拥有得天独厚的优势，不仅可以

为各行各业带来极大的便利，而且可以节省时间，提高服务质量。特别是在远程调取方面，档案信息化管理能够以网络、通信等技术实现对资源的检索，并利用其完成有效空间转移。即使是不同部门、不同单位、不同省市甚至是不同国家，只要拥有调取权限，就能消除空间、时间上的约束和限制，完成远程工作与服务。

四、节省人力，优化资源配置

海量数据的持续增长加大了档案管理人员的工作量，以往很多单位为了确保档案管理的时效性，不得不大量聘用专业人才，这样不仅浪费人力资源，也对单位资源配置有一定的不利影响。如今，随着信息化技术的应用和渗透，在档案信息化管理模式下，单位只需要聘用有信息化能力与素养的职工来完成相关作业即可，既提高了档案存储和管理质量，也节省了资源，优化了资源配置，为其良性发展奠定了基础。

第三节 档案信息化管理体系构建

一、档案标准体系构建

档案信息化是中国档案事业的重要内容，也是新时期档案工作发展的总趋势，更是档案功能进一步拓展的重要路径。这就需要我们在档案工作中不断加强理论和实践研究，构建标准体系，确立完善的档案信息化建设的目标、任务和方法，确保更好地推动中国档案信息化建设的健康、有序发展。

（一）标准体系的概念及意义

档案信息化离不开标准体系建设。标准是指为了在一定范围内获得最佳秩序和效应，权威机关以特定程序和特定形式颁发的统一规定。而标准化则是指在经济、科学技术和管理等社会实践中，对重复性事物制定、发布和实施标准，以获得秩序和效益的活动。系统论则认为，体系是一个有机的整体，是由一些具有一定联系的事物由于相互制约、相互促进形成的标准和秩序。

通过制定档案信息化标准体系，来规范档案信息化建设所涉及的管理流程再造、数字资源建设、信息技术应用等，是档案工作发展的需要。任何一项工作的顺利开展，都要在相关制度的指导和规范下进行，否则就容易偏离正轨。档案管理工作也是如此，无论是纸质档案还是电子档案，都需要遵循相应的规则进行管理。因此，随着档案信息化进程的推进，电子文件从归档、保管到利用，各项工作都迫切需要用更高的标准规范来指导，这样才有利于各个环节健康、科学运行。

信息资源共享有一个很重要的前提，就是档案管理工作的规范化和标准化。而档案工作的规范化和标准化，必须以制度和标准规范体系的建立为前提。只有建立了一套好的规章制度和标准，才能充分发挥其督导功能，才能实现行政与业务管理的有效运行，才能为信息资源共享打下坚实的基础。

（二）标准体系构建的主要原则

1.系统性原则

这是中国档案信息化标准建设的最重要的原则，从某种程度上说，其他2个原则（开放性原则、国际性原则）都是建立在系统性原则的基础之上的。建设合理有序的档案信息化标准体系，首先要有系统研究与整体规划，不能仅着眼于档案信息化标准自身，更不能只着眼于眼前，而是应该建立在广泛调研的基础上。档案信息化标准是信息化标准中的一个组成部分，对信息化标准进行分析可以发现，为了使标准体系建设中所提出的系统性需求得到满足，局部与整体的档案信息化标准体系，都必须对国际通用的标准、相关学科的标准等因素具备的统一性和适应性进行充分的考虑。这就要求档案信息化标准体系中含有档案信息化中标准文件的所有内容，不能出现任何遗漏和重复，以此来满足当前档案信息化标准体系中所提出的系统性要求。同时，必须明确标准文件的逻辑关系，绝对不能出现混乱与模糊的现象。另外，对档案信息化标准体系的研究和规划也要有系统性。要结合中国档案信息化及标准化战略，制定档案信息化标准建设战略、体系框架、实施指南等，及时确定档案信息化建设的近期目标、中期目标、长期目标以及实施步骤等，确保相关领域的标准化能够更好地与档案领域结合起来。这既是档案领域的责任，也是系统性的本质要求。

2.开放性原则

目前，中国各个行业的开放程度与融合程度都在逐步提升，任何一座"信息孤岛"都是无法完成信息交换的。就档案信息化标准体系而言，从学科上涉及档案管理、法律法规、信息技术、电子政务、图书情报、电子商务等多个方面，而且从外部环境来说，也要及时吸收借鉴国际档案信息化标准建设的先进经验和技术。因此，处在这样一个开放环境中的档案信息化标准建设，一定要遵循开放性原则，对原有的开放标准进行一定程度的参考。在建设档案信息化标准体系的过程中，要对遵守的开放标准进行考虑，应既能够避免重复劳动的现象，还有利于标准的实施。根据开放性原则，一方面，建设主体要具有开放性。建设主体不能仅仅局限于传统的档案局、档案馆、档案室、档案学术机构等部门，还要积极吸收其他社会领域和其他行业领域的研究力量，加强与电子政务领域、信息技术领域的合作，调动企业、其他社会团体乃至个人的参与积极性。例如，在进行信息化标准体系建设时，由于图书馆的信息化标准体系非常完善，因此要高度关注图书馆领域好的做法。另一方面，要保证建设机制与建设过程的透明性。无论是从政务信息公开的角度来说，还是从档案信息化标准建设开放性原则的内在要求来说，档案信息化标准体系建设机制与建设过程都要向社会完全公开，向社会各界征求意见和建议，保持充分的透明性。

3.国际性原则

国际性原则是信息化、全球化的客观要求。档案信息化的国际标准是由国际档案理事会制定的，该标准整合了当前各国档案工作的先进经验，规范了当前国际上高效的管理模式，展现了国际上流行的应用模式，为档案管理的国际化发展奠定了坚实基础。我国与西方发达国家虽然国情不同，但都处于相同的信息技术环境和类似的档案管理环境中，西方发达国家在档案信息化及相关标准建设方面的做法值得我国借鉴。国际性原则要求，档案信息化标准体系建设必须关注国际档案信息化标准体系建设的大环境，充分借鉴其经验，密切跟进最新发展，密切保持与国际先进标准的协调性、一致性。当然，国际性原则并不是要求我们照搬照抄西方发达国家档案信息化标准体系建设经验，而是要求我们积极开展国际标准本土化应用与对策研究，完善国际标准本土化应用的认证与测评体系。

（三）标准体系构建的内容

1.信息化法规体系的建设标准

依法治档是新时代发展的必然要求。只有形成一套科学、统一、行之有效的标准规范体系，档案信息化建设才能做到有法可依、有据可循，档案事业才能快速、有序、健康发展。在制定和完善相关法律法规时，必须保证内容清晰、细致，要全面、明确、具体地对需要进行规范的事物进行界定，确保法规具有较强的实用性和可操作性。各地在制定地方性法规和政府规章时，绝对不能出现与上级法律相悖的法律法规，而要与上位法保持一致。

2.档案信息化人才的建设标准

人才是第一资源，人才建设是档案信息化过程中最为关键的一项基础工作，主要包括培养人才、引进人才、激励人才等内容。要制定一套科学、合理的人才考评制度，建设一个公正、公平的人才评价和选拔体系。要进行技术与能力的综合考察，对员工的工作进行有效的激励，营造一个能留住人的良好氛围，让人才得到合理有效的配置。

3.档案信息资源的技术标准

技术标准是电子档案资源在档案管理系统与各业务系统之间信息资源共享与整合实现的基础。要在保持规范性、稳定性的基础上对电子档案资源进行调整，以满足技术发展需求。档案信息资源的建设标准中包含了长期保存格式标准、数据的存储标准、数据的备份规范、全文数据的采集标准、元数据的采集标准、元数据的描述标准、软件和硬件的建设标准以及软件系统的工作标准等相应的标准。

4.档案信息化的保障标准

保障标准的建立包括3个方面：硬件保障、软件保障、经费保障。首先，根据单位情况，对网络、计算机终端系统、服务器等进行全局统筹分配，使档案部门信息化档案管理的硬件需求得到充分有效保障。其次，通过自主开发、委托开发等方式，配置安装相应的软件，同时对软件的升级和维护建立健全的机制，使各项管理需求能够顺利实现。最后，为单位档案信息化管理所涉及的硬件与软件配置、各项管理工作中人力资源培训提供充足的经费支持，同时创建筹措经费的通畅渠道，从而使档案信息化管理有效开展。

二、档案资源体系构建

（一）档案资源体系构建的意义

档案工作是一项重要的基础性工作，它为各个行业的发展提供了必要的信息支持和决策参考，对社会、经济的进步具有重大意义。《全国档案事业发展"十二五"规划纲要》明确提出，"推进覆盖人民群众的档案资源体系、方便人民群众的档案利用体系和确保档案安全保密的档案安全体系建设"。

"三个体系"的建设思想对档案工作进行了全面的概括，也指明了方向。"三个体系"既相互作用、有机联系，构成一个整体，又具有不同的工作任务和发展方向，其中档案资源体系的建设处于核心地位。之后，《全国档案事业发展"十三五"规划纲要》又提出，"继续实施'以人为本、服务为先、安全第一'战略，深入推进'三个体系'建设，加快完善档案治理体系、提升档案治理能力，为夺取全面建成小康社会决胜阶段的伟大胜利作出积极贡献"。《"十四五"全国档案事业发展规划》提出，"全面推进档案治理体系和档案资源体系、档案利用体系、档案安全体系建设，深化档案信息化战略转型，强化科技和人才支撑，着力推动档案工作走向依法治理、走向开放、走向现代化，为开启全面建设社会主义现代化国家新征程、实现第二个百年奋斗目标贡献档案力量"。

档案资源建设是指档案部门对本区域、本部门的档案信息资源进行合理配置，为形成档案信息资源库而开展的一系列创造性工作，它是一项需要长期坚持实施的系统工程。建立一个种类齐全、结构合理、管理有序且能为社会各行各业提供有效服务的档案资源体系，是信息化建设的基本要求。档案资源体系建设在档案工作中处于基础性地位，决定着档案信息资源收集的广度和利用的深度，决定了档案工作在社会现代化建设中发挥的作用，是信息化建设工作的起始点，对社会的发展进步有着重大意义。

（二）档案资源体系构建存在的问题

1.档案资源收集上存在的问题

在多数人心里，个人档案体现了他们在工作上的价值，代表了自身的荣誉，是比较珍贵的，不能完全放心地将其交给档案部门，而且在移交档案的过程中以及在后续使用时，需要办理很多相关手续，给自己增加了麻烦，因此他们不积极、不情愿提供自己的材料。这给档案资源的收集工作带来了很多的困难，致使档案收集不全面、收集效率不高。

档案资料数量庞大，文件容易遗漏或重复，缺乏价值鉴定，这也增加了档案人员的工作量，造成了收集上的困难。一方面，档案资料收集的工作量非常大。有时需要进行严格排查，防止遗漏，还需要对收来的资料进行整理，防止重复归档。另一方面，缺乏鉴定机制。在文件归档时就需要对其进行价值鉴定，按照规定保存有价值的档案。有的档案机构在归档时，一味追求工作效率，把一些看似不重要的文件丢弃，或者将一系列文件全部收集，造成档案资源的缺失或重复存储，影响档案资源的整体质量。

在计算机技术高速发展的今天，功能性软件越来越多，为各行各业提供了便利。从归档的角度来说，电子档案的确显现出了操作的高效性和便捷性。但总的来说，电子档案的发展还缺乏相关标准的指导和有力制度的约束，各地区电子档案归档标准不一，各自为政，有的地区已经完全实行电子档案制，有的仍以传统纸质档案为主，发展参差不齐。档案载体在转变后没有一个良好的发展环境，2种载体间关系不协调等都严重阻碍了档案资源体系的建设。

2.档案资源管理上存在的问题

对收集到的档案资源进行有效管理，使之结构合理、存放有序，是档案资源利用的前提，能够为档案资源体系建设提供保障。馆藏结构单一、缺档漏档、档案资源杂乱无章不仅不利于档案资源的保管，也不利于档案资源的合理利用，更严重阻碍了档案资源体系建设目标的实现。档案资源管理要解决"谁来管、管什么、如何管"的问题。随着档案载体形式的改变、档案利用方式的改进，档案管理人员、管理内容、管理方式也要有所改变。

首先，谁来管。目前来说，大多数档案部门存在管理人员不足且业务水平低的问题，复合型人才少之又少。由于很多档案部门不被重视，编制少、待遇低，几乎没有发展空间，因此档案管理人员严重短缺。许多档案管理人员的管理水平较低，思想观念落后，跟不上时代的发展，缺乏创新和活力，不熟悉计算机操作和维护，阻碍了档案资源体系建设的进程。

其次，管什么。在档案资源体系建设过程中，档案载体形式和档案内容形式都发生了变化，使得档案管理工作也由最初的管理档案实体向管理数据转变，传统的管理方法已经无法顺应发展的需要。

最后，如何管。这也是档案资源管理要解决的最关键问题。档案管理机构不健全、制度不完善、范围不明确等，都是亟须解决的问题。在中国档案界现行的法律法规中，一些法规、标准老套，没有及时更新，与现有的档案管理工作相脱离，监督检查和督促指导力度明显不够。

3.档案资源利用上存在的问题

档案资源利用是档案价值和档案工作价值实现的必经之路。因此，档案的价值体现归根结底是对馆藏资源的充分有效利用。目前，仅有一些档案工作人员或历史学者对档案进行密切关注，少数档案利用者会因开具凭证的需求到档案部门查档，大多数人是接触不到档案的，因而档案给人一种神秘的感觉。长此以往，馆藏资源无法得到充分利用，档案的价值体现不出来，不仅浪费了国家资源，也阻碍了社会发展。

谈到档案的利用，不得不说的是档案资源的开发。目前，大多数档案机构在进行档案信息化时，仅仅局限于对档案载体的转换，并没有真正发挥档案信息化的价值，制约了档案的开发水平。

随着网络平台的搭建，数据的海量积累，信息处理技术的进步，人们更需要综合而便捷的信息资源，这就促使人们去探索信息资源的整合与共享。在图书馆文献信息资源整合与共享的研究与实践中，已有一些成熟的理论和成功的案例，但是针对档案资源整合与共享的专门研究与实践却寥寥无几。在信息时代，档案信息具有丰富的社会价值和经济价值，推动着国民经济和社会的发展。要想真正实现档案资源的全面开发和充分利用，就要对现有的档案资源进行整合，实现档案信息的全社会共享。

（三）档案资源体系构建的对策

1.加大档案收集整理力度

第一，加强领导，重视宣传，强化存档意识。应切实加强政府部门对档案工作的领导，对档案法和档案工作进行宣传，使人们充分认识档案的重要性，强化人们的存档意识。同时，在管理程序上要增强信息归档工作和信息提档工作的便捷性，以便于档案贡献者对档案进行存取和查阅。

第二，将档案工作和其他工作同时进行规划、部署与落实。应保证档案资源的全面性和对不同载体形式的收集，增强档案归档的时效性和档案资源的完整性。同时，将档案的接收模式由被动化为主动，促进档案工作的有序化和专业化。

第三，更新存档技术。随着档案信息数量的骤然增加，以及档案载体形式的日益多样化，档案管理机构要加大经费投入，更新老旧设备，及时对操作人员进行技术培训。如引进密集架存放档案，对无序存放的档案实体实行档案数据的高效管理，既方便了前期的信息录入，也有利于后期的质量检查和数据更新。

2.重视人才培养与引进

一方面，要着力提高档案工作人员的专业素养。一直以来，档案管理机构的多数档案工作人员都不是科班出身，但是在常年的档案管理工作中积累了丰富的经验。针对这些人员，档案管理机构要专门制订培养计划，对其进行专业培训、继续教育等，提高其业务能力和知识水平，使其适应新形势下的档案工作。档案工作具有很强的专业性，载体形式在不断变化，知识结构也在不断更新，这些变化都要求档案工作人员及时进修学习，不断更新管理理念、知识、技术等。只有档案管理者的专业素养和业务能力跟上了时代发展，档案事业的发展才有保障。

另一方面，要适时引进具有多方面知识结构的复合型高水平人才。建设档案资源体系，对档案信息进行深层次的开发，对档案数据进行语义挖掘，对档案信息进行整合和共享等，涉及档案学知识、数据库知识、软件开发经验等。因此，政府机关等相关部门要加大经费投入，进行合理规划，重视引进高水平人才，建设档案工作人才队伍，以推进档案资源体系的建设，推动档案事业快速发展。

3.整合档案资源

（1）系统的整合

建设档案资源体系首先要利用计算机软件、硬件设备对档案信息进行管理。近些年，规模较大的档案部门一般都进行了档案信息化，配备了相应的软硬件设施，但地区之间、档案管理部门之间各自为政，独立建设，硬件设施型号各异，管理软件标准不统一，造成各地区间的信息无法传递，形成"信息孤岛"，不能达到共有共享。针对这些状况，各档案管理部门应相互支持和积极配合，构建一个统一的网络管理平台，实现档案资源的共有共享。

（2）信息的整合

不同的管理系统配备了不同的数据库，也就有了不同结构的档案数据。从系统角度来看，这些数据处于杂乱无序、分散孤立的状态。在档案系统整合后就要进行信息资源的整合，将各种结构类型的档案信息通过数据库间的关联整合在一起，实现档案数据的自由交换和流动，实现信息资源共享。

（3）管理的整合

档案信息资源整合的关键是管理上的整合，不同地区、不同档案管理机构的信息服务部门要统一观念、统一步调，进行合作，实现网络管理平台间的相互联结。要依靠先进的技术，创造与之相配套的管理环境，将档案的管理工作进行整合，以促进档案资源的整合。

（4）服务的整合

如今，许多档案机构为了自身的宣传，以及对外提供便捷的查询服务，开发了网站主页和信息门户，这对于档案事业的发展来说是不小的进步。但是，这些网站之间并没有建立联系，不能相互协作、联合工作，因此，档案管理部门整合的重点要放在为用户提供全方位和深层次的信息资源服务上，将档案信息服务进行有效整合，使用户在任何时刻、任何地点都可以获取自己所需的信息，并且在任何一个界面和检索入口都能检索到同一主题的完整信息。

三、档案信息安全保障体系构建

（一）档案信息安全的含义

1.信息安全

信息安全是指信息网络的硬件、软件及其系统中的数据受到保护，不受偶然的或者恶意的破坏、更改、泄露，系统连续可靠正常地运行，信息服务不中断等。

信息安全应当保障计算机及其相关的和配套的设施（含网络）的安全、运行环境的安全、数据的安全、计算机功能的正常发挥等，以维护计算机信息系统的安全运行。

信息安全在逻辑上包含信息系统安全和系统中数据安全2个递进的层次，其中信息系统安全是数据安全的前提，数据安全是信息系统安全的目的。

2.档案信息安全

档案信息安全是一个复杂的系统工程，属于复合范畴。从内容分析的视角看，档案信息安全大致可以分为以下几类：

（1）档案所包含的信息内容的安全

获取档案信息者希望得到的是档案所蕴含的信息内容，而非其载体。

（2）档案信息载体（存储介质）的安全

脱离档案载体的信息的可信度会大大降低。由于档案载体具有凭证功能，因此档案载体的安全也非常重要。数字档案的载体具有独特性，其安全管理完全不同于传统档案的安全管理，需要特别关注。

（3）档案信息系统的安全

广义的档案信息系统是指包括档案信息系统在内的涉及档案收集、管理、存储、利用的所有机制和体系，是人、物和信息的复合系统。狭义的档案信息系统是指档案信息管理应用系统，是管理信息系统的一种类型。无论是广义的档案信息系统,还是狭义的档案信息系统,都存在安全的需要。

(4)档案信息的网络安全

中国已经基本普及电子政务,电子文件和数字档案的网络化存储及传递成为档案业务的常态,局域网、内网和互联网的安全会对档案信息安全造成影响。因此,要重视档案信息的网络安全。

(二)档案信息安全涉及的要素

档案信息安全涉及硬件因素、软件因素、数据因素、人为因素、物理环境因素以及人文环境因素等。

1.硬件因素

硬件是信息系统的物质基础,硬件设施在运行过程中不可避免地存在物理性能的涨落和损耗,因而发生故障在所难免。避免硬件设施的损坏,维护硬件设备的正常运行,是系统安全运行的基础。

2.软件因素

软件是信息系统的灵魂,系统运行的各个层面都需要相应软件的支持。软件系统极其庞大,从硬件主板中的微程序、操作系统到应用软件系统,任何层面上软件的错误都可能导致整个系统的瘫痪。由于软件是人们编程设计的结果,绝对完善、可靠的软件并不存在。在特定情况下,每个软件都可能存在意想不到的缺陷。提高软件的安全可靠性,通过各种手段防止可能存在的软件"漏洞",是档案信息安全防护的一项重要内容。

3.数据因素

档案数据是数字档案的价值所在,因而也最易遭受安全威胁。软硬件正常运行并不意味着档案数据是安全的,系统的安全运行仅仅保证了系统服务的可用性,能否保证合法用户以授权形式操作信息系统,确保档案数据的安全可靠,则是档案信息安全维护的又一重要方面,需要更多地借助于管理等其他手段来实现。

4.人为因素

系统运行所涉及的人员也是档案信息安全维护必须考虑的因素。人们在重视系统软硬件安全的同时往往忽视人在保护信息安全中的重要作用。就系统内部来看，人为因素往往比其他因素更值得重视。

5.物理环境因素

信息系统在一定的物理环境中运行，这一时空环境的状态，如电磁干扰、光辐射、大气污染、温湿度、防盗体系等都会对档案数据和档案信息系统的安全运行产生影响，因此成为档案信息安全的关注对象。

6.人文环境因素

人文环境包括组织管理环境、法制标准环境、观念意识环境等。档案信息安全的人文环境是构建档案信息安全保障体系的保障，良好的人文环境对档案信息安全具有积极的促进作用，反之则起到阻碍、破坏作用。

（三）威胁档案信息安全的主要因素

根据安全威胁的来源，可将其分为内源威胁（源于单位内部的各种威胁因素）和外源威胁（如外来黑客对系统资源的非法占有）。

根据安全威胁的性质，可将其分为人为威胁和自然威胁、意外损害和蓄意破坏等。

根据安全威胁的对象，可将其分为对数据的安全威胁、对硬件设备的安全威胁和对软件系统的安全威胁。

根据安全威胁的层面，可将其分为来自物理层的威胁、来自操作系统层的威胁、来自应用平台层的威胁和来自档案应用软件系统层的威胁等。

归结起来，对档案信息安全构成威胁的主要因素如下：

1.载体损害

档案信息都必须储存于某种载体上，处于某种外部环境中，因而会受到各种物理因素的制约。造成数字档案载体损害的主要原因是：

（1）载体自身的损耗

电磁信号存储的不稳定性是损害数字档案安全的元凶，即使是存储性能最好的磁光介质，安全保存信息的寿命远不及纸张，难以担当起长久保管的重任。

（2）不良环境的影响

数字档案所处环境中的电磁干扰、光辐射、大气污染、温湿度等都可能对敏感的数字载体构成威胁。在传输过程中，数字档案以通信设施为临时性载体，更易受环境涨落的影响而发生信号的"跳变"，即便系统进行自动校验，也难免造成信息错乱现象。

（3）自然灾害的破坏

对数字档案载体构成威胁的还有来自然界的各种灾害，如水涝、风暴、地震等，都会给数字档案载体带来毁灭性破坏。

2.设备故障或破坏

存储和传输数字档案信息的环境是极其精密、复杂的电子、电气系统，在运行过程中任何设备都可能因质量、损耗和操作等原因发生故障，导致文件信息的丢失或破坏，造成不可挽回的损失。因各种动机而对设备的蓄意破坏，更是档案信息安全的一大威胁，这种威胁的可怕之处是其危害往往不易被察觉，会在不知不觉中泄露档案机密，给国家造成巨大损失。

3.操作失误

信息系统是人机交互系统，需要操作者给予指令，输入数据，因而存在误操作的可能。许多误操作是可以被系统校出并自动纠正的，但更多错误处理请求会造成系统运行错误，甚至导致系统瘫痪。造成误操作的主要原因是档案技术人员或管理人员安全观念淡薄、技术不熟练、责任心不强、不遵守操作规程等。误操作是安全威胁因素中的头号触发因素。

4.程序缺陷

无论是应用程序还是系统程序，都可能包含未被发现的缺陷或错误，这些缺陷或错误在运行过程中可能引起意外修改、泄露或使敏感的档案信息遭到破坏。

5.电子计算机病毒

电子计算机病毒利用软件完整性的缺陷在正常程序中附加了某种病毒程序代码，在系统程序或应用程序的运行过程中进行繁殖、传染，改写系统参数，最终导致系统瘫痪、数据丢失。病毒对网络系统的危害远大于单机系统：网络的任何组成部分受到病毒侵害都可能引发整个网络的运行故障；在网络中清除病毒比在单机环境下更加困难，如果不能同时将网络中所有节点上的各种病毒全部清除，它们还可能继续在网络中传播。

6.窃听与篡改

由于信息传输过程中存在电子信号的流动和相应的电磁辐射，窃听更成为对档案信息保密的重大威胁。在档案馆局域网（大多采用以太网）和档案站点接入的互联网上，信息传输采取的是广播型方式，任何一台机器通过调节接收模式都有可能接收其他主机发往别处的信息，被传送信息自信息源到信息宿要经过众多中间设备的转发，因此就存在信息被非法窃听和篡改的可能。终端显示器和线路工作时泄露的电磁辐射，也为非接触式窃听提供了可能。

7.黑客攻击

黑客可能利用系统配置与软件上的漏洞，或者通过圈套、猜测等手段获取口令，之后强行攻入档案网络，窃取机密信息，篡改档案内容，破坏网站运行。黑客侵入档案应用系统，无论是否是恶意攻击，都将给档案信息带来巨大威胁。攻击者可以窃听信息、窃取用户口令、改动档案数据库数据、伪造档案内容，更有甚者删除档案数据库内容、摧毁节点、释放计算机病毒。

8.技术淘汰

日新月异的计算机技术使软、硬件得以频繁升级，为保证数字档案的可用性，必须不断将馆藏的数字档案迁移，转换成新的格式，迁入新的技术环境。频繁地迁移不仅费时费力，而且增加了文件失真的风险。

（四）档案信息安全防护的基本策略

1.技术与管理并重

技术与管理是档案信息安全综合防护的基本手段，档案信息安全保障体系是由档案信息安全法规标准、安全管理体系和安全技术三部分组成的。而安全风险的评估、安全策略的确立、安全制度的制定、安全措施的组织实施等管理性内容，同样是档案信息安全保障体系构建的重要内容。档案信息安全必须技术和管理并重，从系统设计、人员管理、制度规范、技术手段等各个方面进行综合保障。

2.主动防御

主动防御的目的和意义在于提前防范和化解各种风险，因此安全体系的建立必须从风险分析的角度出发，及时预测和适应环境与技术的变化，并随环境与技术的变化主动采取各种防御措施，构建起整体的、动态的信息安全防御体系。只有预先分析各种安全风险，采取全面防范、主动防御的办法建立起预警、保护、检测、反应、恢复的闭环反馈，主动发现和及时消除安全隐患，才能有效保障档案信息的安全，将各种安全风险"拒之门外"。

3.分级防护

对档案信息安全性能的要求不是无限度的，必须以风险系数为依据，确定适宜的安全等级，设计相应的安全体系。

安全等级是为规范对计算机系统安全状况的认定而统一规定的计算机系统安全保护能力的等级标准。

《信息安全技术 网络安全等级保护定级指南》将等级保护对象的安全保护等级分为五级：第一级，等级保护对象受到破坏后，会对相关公民、法人和其他组织的合法权益造成一般损害，但不危害国家安全、社会秩序和公共利益；第二级，等级保护对象受到破坏后，会对相关公民、法人和其他组织的合法权益造成严重损害或特别严重损害，或者对社会秩序和公共利益造成危害，但不危害国家安全；第三级，等级保护对象受到破坏后，会对社会秩序和公共利益造成严重危害,或者对国家安全造成危害;第四级,等级保护对象受到破坏后,会对社会秩序和公共利益造成特别严重危害,或者对国家安全造成严重危害;第五级,等级保护对象受到破坏后,会对国家安全造成特别严重危害。

在构建档案信息系统时,应当根据档案的实际价值及其风险系数确定其体系和设备的安全等级。

4.长治久安

档案信息安全体系的构建在过程上可遵循 PDCA(Plan-Do-Check-Act)模式:先做规划,明确需求,制定应对方案;实施解决方案;通过检查,巩固成果,发现不足;采取后续措施,改进不足。档案信息安全目标的实现必须以整体考虑、长期规划和持续运作为基础,由此实现长治久安。

5.立足国内

国外的信息技术产品在设计初衷里可能已包含了政治、经济等目的,进口产品中可能存在嵌入式固件病毒、隐性通道等。档案信息系统的设计和信息安全产品的应用应尽可能采用国有技术,实现安全产品的国产化。

6.采用最新技术

在构筑档案信息安全保障体系时,应采用最先进的防护技术。安全威胁与安全防护是相互对抗的动态过程。随着技术的发展,危害安全的手段越来越高明,工具越来越先进,与之对峙的安全技术必须相应地发展。只有不断升级档案信息的安全防护技术,不断改善安全防护措施,才可能应对日趋严峻的信息安全问题。

7.重视内部安全

由于内部管理人员跟档案管理系统接触得最多,他们有意、无意造成安全事故的概率最大。一个能进入办公室打开电脑的普通员工对内网安全的潜在威胁要远远超过技术一流的网上黑客,因此信息安全的重点对象是内部人员。重视内部安全,加强内部管理十分关键。

（五）档案信息安全保障体系的构建

档案信息安全保障体系的构建应从档案信息安全法制建设、档案信息安全管理体系建设和档案信息安全技术实现3个方面进行。

1.档案信息安全法制建设

信息安全需要强有力的法规、制度和标准规范的支持，建立档案信息安全法规体系、加强档案信息安全的行政执法是有效实施安全技术方法和安全管理策略，保障档案信息安全的重要前提与手段。

应将档案信息安全纳入档案安全保障体系，加强对档案信息安全的行政执法，认真查处档案信息安全隐患和档案违法案件。另外，应将档案信息安全保管作为执法检查的一项重要内容，开展档案信息安全专项检查。

2.档案信息安全管理体系建设

档案信息安全是一项基于技术的管理工程，要在风险分析的基础上确立档案信息安全的策略、方针和目标，成立相应的管理机构，确立合理的管理机制，制订安全管理计划，分解安全管理职责，执行安全管理制度和管理标准，建立、实施并完善档案信息安全体系。档案信息安全管理应在参照国际和国家标准的基础上形成信息安全管理体系。

3.档案信息安全技术实现

档案信息安全在技术实现方面，主要采取信息加密技术、信息确认技术、访问控制技术、病毒防治技术、审计技术、防写技术、备份复制技术等。

第七章　移动互联网环境下档案信息资源的开发与利用

第一节　移动互联网概述

一、移动互联网的概念

移动互联网是互联网与移动通信各自独立发展后互相融合而产生的新兴领域。移动互联网的概念自 20 世纪末被提出后,业界纷纷给出了各自的定义。

中国信息通信研究院(原中国工信部电信研究院)在其发布的《移动互联网白皮书》中提出:移动互联网是以移动网络作为接入网络的互联网及服务,它包括移动终端、移动网络和应用服务三大要素。

中国电信认为,移动互联网是移动通信和互联网从终端技术到业务全面融合的产物,它可以从广义和狭义两个角度理解。广义的移动互联网是指用户使用手机、平板电脑、笔记本电脑等移动终端,通过移动或无线网络访问并使用互联网服务;狭义的移动互联网是指用户使用手机通过移动网络访问并使用互联网服务。

维基百科对移动互联网的定义为:移动互联网是指使用移动无线调制解调器,或者整合在手机或独立设备上的无线调制解调器接入的互联网。

尽管以上定义有不同的表述方式,但都体现了移动互联网的内涵。从技术层面看,移动互联网是以移动终端为用户设备,以无线移动方式接入,以宽带 IP 为技术核心的开放式基础电信网络。从内容层面看，移动互联网为用户提供各类包括语音、数据、多媒体在内的多样化、个性化的业务和应用。在以上两层内涵中，基础电信网络是实现应用的载体，而业务应用则是整个移动互联网的核心，它直接面向用户，是人们不断提高基础电信网络能力的驱动力。

二、移动互联网的产生背景

（一）移动互联网的出现

互联网起源于 1969 年美国国防部高级研究计划局（Defense Advanced Research Projects Agency, DARPA）建立的阿帕网（ARPANET）。最初的 ARPANET 只有 4 个节点，分别是加利福尼亚大学洛杉矶分校、斯坦福研究所、加利福尼亚大学圣塔芭芭拉分校和犹他大学，其后许多大学、研究所、政府机构开始接入，网络规模不断扩大。1983 年，出于军事安全的考虑，ARPANET 中的部分节点被分离形成了一个专门的军事网络（Military Network, MILNET），其余的部分作为民用网络。之后越来越多的机构、企业加入其民用网络，逐渐发展为今天的国际计算机互联网。

20 世纪 90 年代后期，随着互联网的普及与移动通信技术的发展，人们开始尝试使用移动设备接入互联网。1996 年，世界第一部能够连接互联网的手机诺基亚 9000 在芬兰发布，然而由于当时连接互联网的费用过于昂贵，手机上网业务并未普及。

1999 年，日本电信运营商 NTT DoCoMo 推出了 i-Mode 移动上网模式。用户通过 i-Mode 可以随时随地使用手机访问互联网，收发电子邮件甚至下载高品质音乐等。i-Mode 的出现，第一次将移动电话从"通话手机"进化为全方位的"信息手机"，被认为是全球移动互联网服务的开端。

i-Mode 模式的成功使日本成为当时世界互联网的焦点，包括韩国、欧洲、美国等在内的各国电信运营商纷纷开始效仿。我国的"移动梦网"也正是在借鉴 i-Mode 的基础上推出的。

（二）中国移动互联网的发展

中国移动互联网出现于 2000 年，其后的 20 年间迅速发展壮大，截至 2023 年底，我国移动互联网用户数达 15.17 亿。目前，业界将中国移动互联网的发展历程概括为以下四个阶段：

1.萌芽期（2000—2007 年）

受限于移动 2G 网速和手机智能化程度，无线应用协议（Wireless Application Protocol, WAP）应用是该阶段移动互联网应用的主要模式。WAP 应用把 Internet 上的 HTML 信息转换成用无线标记语言（Wireless Markup Language, WML）描述的信息，显示在移动电话的显示屏上。WAP 只要求移动电话和 WAP 代理服务器的支持，而不要求现有的移动通信网络协议做任何的改动，因而被广泛地应用于全球移动通信系统（Global System for Mobile Communications, GSM）、码分多址（Code Division Multiple Access, CDMA）、时分多址（Time Division Multiple Access, TDMA）等多种网络中。

2000 年 12 月，中国移动正式推出了移动互联网业务品牌"移动梦网 Monternet"，囊括了短信、彩信、手机上网（WAP）、百宝箱（手机游戏）等多元化信息服务，从而拉开了中国移动互联网的序幕。

2.成长培育期（2008—2011 年）

随着 3G 移动网络的部署和智能手机的出现，移动网速大幅提升，移动智能终端功能逐渐增强，中国移动互联网掀开了新的发展篇章。2009 年 1 月，工信部宣布，批准中国移动、中国电信、中国联通三大电信运营商增加第三代移动通信业务经营许可，中国 3G 网络大规模建设正式铺开，中国移动互联网全面进入 3G 时代。

各大互联网公司都在摸索如何抢占移动互联网入口,一方面纷纷推出手机浏览器,另一方面通过与手机制造商合作,将企业应用预安装在手机中。然而由于智能手机发展处在初期,使用人群主要局限于高端人群阶层,很多创新的移动互联网应用尽管已经上线,但并没有得到大规模应用。

3.高速成长期(2012—2013年)

在该阶段,具有触摸屏功能的智能手机大规模普及,传统手机被迅速取代,智能手机操作系统的普遍安装和手机应用程序商店的出现极大地丰富了手机上网功能,移动互联网应用呈现爆发式增长。

以微信为代表的手机即时通信应用开始呈现大规模增长,同时各大互联网公司都在推进业务向移动互联网转型。手机购物、移动支付等应用飞速发展;手机搜索、手机地图、手机新闻等各类手机应用不断推出。手机制造商与服务提供商的界限开始被打破,一些公司推出"智能手机+互联网服务"的创新商业模式,以智能手机为载体,加大公司互联网服务应用的推广力度,获得了巨大的成功。手机打车、信息推荐引擎等一大批基于移动互联网的应用服务创新和商业模式创新在此期间大量涌现,极大地激发了投资界对移动互联网应用的投资兴趣。

4.全面发展期(2014年至今)

此阶段,随着4G移动通信网络的部署,移动上网网速得到极大提高,移动应用场景得到极大丰富。2013年12月,工信部正式向中国移动、中国电信和中国联通三大运营商发放了TD-LTE(Time Division Long Term Evolution)4G牌照。2015年2月27日,工信部向中国电信和中国联通发放FDD-LTE(Frequency Division Duplexing-Long Term Evolution)牌照。中国4G网络正式大规模铺开,移动互联网应用开始全面发展。

桌面互联网时代,门户网站是企业开展业务的标配。移动互联网时代,手机App是企业开展业务的标配。4G网络促使许多公司利用移动互联网开展业务。4G网络性能的大幅提升促进了实时性要求高、流量需求大的移动应用的快速发展,涌现出一大批基于移动互联网的手机视频、直播应用。各互联网公司围绕已有的移动支付、打车应用、移动电子商务等领域展开了激烈竞争，出现了不同业务领域相互渗透的局面。

三、移动互联网的发展趋势

经过 20 多年的发展，移动互联网已经渗透到人们生活、工作的各个领域。未来 5G、工业互联网、人工智能等领域的发展将为移动互联网的发展注入新的动力，推动移动互联网的创新与变革。从总体上看，移动互联网具有以下发展趋势：

（一）5G 时代的到来将开启移动互联网的新阶段

5G 移动通信技术是最新一代蜂窝移动通信技术。2019 年 6 月 6 日，我国工信部正式向中国电信、中国移动、中国联通、中国广电发放 5G 商用牌照，中国正式进入 5G 商用元年。5G 网络具有高速率、低时延、海量连接等特征，其数据传输峰值速率可达每秒数十 Gbit，网络延迟低于 1 ms，连接密度可达到每平方千米 100 万连接。5G 网络性能的飞跃，将为移动互联网高速发展提供强大的支撑平台，带来深刻甚至是颠覆性的影响。

借助于 5G 的大带宽、低时延管道，能解决增强现实（Augmented Reality,AR）、虚拟现实（Virtual Reality, VR）、3D 视频等应用所需的超高速移动数据传输问题，为用户带来更加极致的应用体验。5G 将推动移动互联网向万物互联时代迈进，满足海量用户的通信要求，并保障数以亿计的设备安全接入网络。用户可以便捷地访问物联网、车联网等提供的众多非传统移动互联网业务的服务，形形色色的新型应用与服务将不断衍生。

（二）工业互联网的建设将加速移动互联网市场结构变化

随着互联网普及率的不断提升，人口红利逐渐消失，以个人用户的日常生活为应用场景的消费互联网的发展已经接近饱和状态，工业互联网的出现为互联网的发展赋予了巨大的动能。"工业互联网"的概念最早由通用电气于 2012 年提出，随后美国 5 家行业龙头企业联手组建了工业互联网联盟（Industrial Internet Consortium, IIC），将这一概念大力推广开来。按照 IIC 的定义，工业互联网是"一种物品、机器、计算机和人的互联网，它利用先进的数据分析法，辅助提供智能工业操作，改变商业产出。它包括了全球工业生态系统、先进计算和制造、普适感知、泛在网络连接的融合"。

工业互联网不仅包括企业内部的智能工厂或者企业之间的智能生产，还将和消费互联网乃至人类的社交网络进行更大范围的整合，形成包含人类互联网、物联网和服务互联网在内的超级网络。随着工业互联网的建设，移动互联网市场将呈现结构变化新特征。传统制造业企业采用移动互联网、云计算、大数据、物联网等信息通信技术，改造原有产品及研发生产方式。借助移动互联网技术，企业及厂商可以在各类工业产品上增加网络软硬件模块，实现用户远程操控、数据自动采集分析等功能，极大地改善工业产品的使用体验。运用物联网技术，工业和企业可以将机器等生产设施接入互联网，构建网络化物理设备系统，进而使各生产设备能够自动交换信息、触发动作和实施控制。

（三）人工智能技术与产业结合将推动移动互联网向纵深发展

当前，人工智能呈现深度学习、跨界融合、人机协同、群智开放、自主操控等新特征，正在对经济社会发展产生重大而深远的影响。在智能化引领发展的阶段中，人工智能技术正在越来越广泛地应用于移动互联网领域。

借助于人工智能技术，各运营商能够建立移动互联网用户行为分析系统，掌握用户的上网习惯以及偏好，从而准确定位用户对移动互联网的需求，为企业经营分析决策提供数据支撑。身份认证是保障移动互联网应用安全性的关键技术。基于生物识别（如指纹、人脸、虹膜、指静脉等）的身份认证方式是人工智能算法的一个重要应用方向,具有安全性高、使用方便等优势,将其与传统认证方式相结合而成的多因子身份认证方式能够极大地增强移动互联网的安全性。AR/VR 技术是基于人工智能技术的应用新拓展,此类应用需要收集用户周围的感知数据快速上传至服务器,并通过服务器计算将结果下发到用户的眼镜等输出设备上。人工智能算法实现了大数据量的瞬时计算,为 AR/VR 应用的发展奠定了强大的计算基础。此外,依托于人工智能的深度置信网、卷积神经网络、递归神经网络等技术,一大批新型应用正快速发展,如自动驾驶汽车、智能家居、智能语音搜索、图像搜索等。人工智能技术对移动互联网的每一个领域都可以产生巨大的影响。

四、移动互联网的组成与体系架构

(一)移动互联网的组成

从网络结构来看,移动互联网由移动互联网终端、移动无线接入网络及互联网核心部分组成。

1.*移动互联网终端*

移动互联网终端是指采用无线通信技术接入互联网的终端设备,其主要功能就是移动上网。移动终端的形态多种多样,包括手机、平板电脑、笔记本电脑、可穿戴设备、车载设备等。在总体上可将移动终端分为功能型和智能型 2 类:功能型终端通常采用封闭式操作系统,主要功能已经固化,可供用户配置和扩展的部分很少;智能型终端具备开放的操作系统,支持应用程序的灵活开发、安装及运行。在移动互联网时代,智能型终端将逐渐取代功能型终端占据移动终端市场的主导地位。

2.*移动无线接入网络*

移动无线接入网络负责将用户端的移动终端接入互联网。在广义的移动互联网定义中，接入网的范畴很大，包括多种类型。主要的移动无线接入网络包括：移动蜂窝网络（2G、3G、4G、5G等）、无线局域网（Wireless Local Area Network, WLAN）、无线城域网（Wireless Metropolitan Area Network, WMAN）、无线个域网（Wireless Personal Area Network, WPAN）、卫星网络等。

3.互联网核心部分

互联网的核心部分包括城域网和骨干网两层结构。城域网将位于同一城市内不同地点的主机、数据库以及局域网等互相连接起来，骨干网则是用来连接多个区域或地区的高速网络。各个商业互联网服务提供商（Internet Service Provider, ISP）的骨干网互联，形成了整个互联网的骨干网。城域网和骨干网中的关键网络层设备包括三层交换机、高性能路由器等。

需要说明的是，各类服务器包括分布式服务器、云服务器等通常是以有线方式接入互联网的，它们既可以为移动互联网用户提供服务，也可以为传统互联网用户提供服务，这里不再做详细介绍。

（二）移动互联网的技术体系架构

移动互联网的技术体系架构由"端""管""云"三个层次构成，包括移动互联网应用服务平台技术、面向移动互联网的网络平台技术、移动智能终端软件平台技术、移动智能终端硬件平台技术、移动智能终端原材料元器件技术、移动互联网安全控制技术六大领域。

1.移动智能终端软件平台技术

移动智能终端软件平台技术包括操作系统、中间件、应用平台、应用软件四部分。已有的移动智能终端操作系统包括Android、IOS、Windows phone、Symbian、BlackBerry OS等。随着移动互联网的发展，操作系统技术正从最初聚焦于对硬件资源的管理调度扩展到面向应用服务的延伸与整合，架构在内核系统上的中间件、应用平台等也成为其有机组成部分。

2.移动智能终端硬件平台技术

移动智能终端硬件平台的组成包括处理器、存储器、基带芯片、射频单元、电源系统、输入输出设备、传感设备等，各类硬件单元的功能不断增强，其中多模通信技术、新型传感技术（如 GPS 磁罗盘、陀螺仪、加速度计）、多点触控技术、高效电源技术等正推动移动互联网应用飞速发展。

3.移动智能终端原材料元器件技术

在移动智能终端原材料和元器件方面，芯片厂家一方面通过提高集成度，实现集成包括数字信号处理、模拟/射频、无源元件、传感器/执行器、光电子器件、生物芯片等在内的复杂封装；另一方面不断探索新材料和新结构，向着纳米、亚纳米以及多功能化器件方向发展。

4.面向移动互联网的网络平台技术

网络平台即网络基础设施。移动互联网的网络基础设施相比于传统互联网的差异主要体现在接入技术的不同，基于公众移动通信网络接入互联网是一种主要的接入方式。目前主流的移动通信系统为 4G、5G 系统。作为最新一代蜂窝移动通信技术，5G 将满足超高流量密度、超高连接数密度、超高移动性的需求，为用户提供高清视频、虚拟现实、增强现实、云桌面、在线游戏等极致体验。

5.移动互联网应用服务平台技术

应用平台为移动互联网业务应用的开发、部署、运行、管理等提供各种所需的能力。目前云计算与移动互联网应用平台的结合成为重要的发展趋势。一方面，相比于传统桌面终端，移动终端的计算与存储能力有限，云计算技术能够将计算过程从用户终端集中到"云端"，有效地克服移动终端的能力瓶颈，使得移动互联网应用的功能更加强大、丰富、广泛。另一方面，移动互联网促进了云计算的发展。目前，有大量的移动应用都部署在云计算平台上，成为支撑云计算平台发展的重要力量。

移动互联网规模的扩大，加快了互联网向大数据时代迈进的步伐。移动终端产生的海量用户数据已占据互联网数据的大部分，依赖于强大的云计算平台，通过大数据分析手段，能够发掘出各种具有价值的信息，对商业、教育、文化、医疗等各种社会民生领域的发展都将产生十分深远的影响。

6.移动互联网安全控制技术

在移动互联网环境下，传统互联网中的安全问题依然存在，同时还出现了一些新的安全问题。移动互联网的安全技术贯穿"端""管""云"三个层面。

移动终端上恶意软件的传播途径更多样化，隐蔽性也较强，移动终端"永远在线"的特性使得窃听、监视和攻击行为更加容易。移动终端安全机制包括硬件设备安全标准、通信入网认证等，终端操作系统安全机制包括防病毒、系统漏洞攻击，数据安全及隐私保护机制，数据授权访问、加密等。

网络安全机制包括网络设备的环境安全，操作系统、数据库等的访问控制及入侵防御机制，用户认证及数据加密机制等。

云计算的引入给移动互联网带来了新的安全风险，移动互联网应用架构下的云计算安全技术体系框架主要包括五个组成部分：数据安全和隐私保护、虚拟化运行环境安全、差异化移动云安全接入、基于SLA的动态云安全服务、风险评估及监管体系。

第二节 移动互联网环境下档案信息资源传播的特点与开发现状分析

一、移动互联网环境下档案信息资源传播的特点

移动互联网作为历史上最具成长性的信息传播技术，其对人类信息传播方式的改变已经清晰地呈现在我们面前。作为信息源头之一的档案馆（室），

其信息资源的传播方式也必然受到移动互联网的影响,产生最具挑战性的转变,出现一些档案信息资源传播的新特点。

(一)档案信息资源传播进入自媒体时代

传统的档案信息资源的利用方式是等待利用者上门,或者将整理编研过的档案信息资源通过图书、报刊、广播、电视等媒体或者以展览的形式向社会发布,呈现在利用者面前,这样的传播方式速度慢、成本高、不可控,很难满足社会利用者繁杂的利用需求。到了互联网时代,可以通过专业网站在线发布整理过的档案信息资源,这种传播方式虽然很快,但是就其本质而言,依然是等待档案信息资源利用者上门,具有极大的被动性和局限性。在这种模式下,利用者只有在必须利用档案信息资源的情况下才会主动搜集相关信息的利用途径,进而实现自己的利用目的,其利用效果有时还不尽如人意,即使通过网络、使用搜索工具,也不一定能找到切合自身需求的档案信息资源。相反,在移动互联网环境下,每一个档案馆(室)、每一位档案工作者都可以成为档案信息资源传播的主体。经过整理后的档案信息资源,在做好开放范围的界定后,以移动互联网为媒介,通过微博、微信等自媒体平台直接呈现在潜在的档案信息资源利用者面前,消除了档案信息资源和利用者之间的时空壁垒,将需求双方迅速地结合在一起,从而实现档案信息资源的传播。

(二)档案信息资源传播进入互动式传播时代

档案管理机构进行数字化、系统化和深度编辑过的档案信息在经过单位的官网、微博、潜在用户QQ群、微信朋友圈等发布后,必然在特定的受众群体中激起一定的反响。一方面,可以利用未来档案管理系统的大数据功能,对其好恶进行分析,针对档案信息资源利用者的兴奋点,开发出更多更深层次的档案信息,在特定的移动互联网平台上传播,从而最大限度地发挥档案信息资源的社会性功能,对社会大众起到宣传教育的作用。另一方面,这种反响也可能是以一种新的档案信息资源利用需求的形式出现的,将这种群体性的档案信息资源利用需求反馈到档案信息资源管理机构,会激发档案工作者的档案信息资源开发热情。这样就形成了档案信息资源管理部门、档案工作人员与档案利用者在移动互联网终端的互动,从而开发出更多的档案信息资源和利用者,并更广泛深入地满足利用者的碎片化需求。

(三)档案信息资源传播进入裂变式传播时代

移动互联网时代,信息传播自媒体平台具有强大的社会性优势,更利于推动传播信息的快速扩散,以微博、微信、QQ为典型代表的自媒体平台已经显露出不可限量的传播实力。档案信息资源必将走上通过自媒体平台传播的途径。在档案信息资源通过自媒体平台发布后,进入传播的过程中,信息量叠加的同时,转发的评论又与原有的文本信息整合在一起,实现意义再创作,信息的叠加与再传播形成了档案信息资源的裂变式效应,它颠覆了传统的档案信息资源传播模式,必将取得更好的档案信息资源利用效果。

二、移动互联网环境下档案信息资源开发的现状分析

(一)档案信息资源开发的优势分析

移动互联网时代,信息数量呈指数级增长,作为信息资源重要组成部分的档案信息,也受到移动互联网环境的影响,其数量与种类都发生了变化。档案信息作为档案信息资源开发的物质基础,丰富的信息资源内容无疑是档案信息资源开发工作的一大优势。所以,可以从档案信息资源的数量与种类两方面来分析移动互联网环境给档案信息资源开发带来的优势。

1.档案信息资源数量充实

档案信息资源数量的多少是一个档案馆(室)能否为档案信息使用者提

供优质服务的核心要素。随着信息化进程的不断加深，信息资源的数量迅速增长，信息技术的实时更新使得信息资源最大限度地得到了保存。首先，碎片化信息的大量产生，丰富了传统的馆藏档案资源，补充了传统档案信息所缺少的对事件的后续报道以及网络环境下的个人档案，而这部分档案信息资源主要是通过大数据、云计算技术进行收集、分类整理。其次，新技术的发展使得一些散失在外、流落民间的档案以复印件、影印版等其他形式再现在档案馆中，弥补了档案缺失的遗憾，增加了档案资源的数量。例如，为庆祝建党90周年，传播红色经典，在中国文学艺术界联合会、天津市梁斌文学艺术研究会等联合举办"大地之子襄阳情——梁斌文学艺术展"之际，一批与襄阳有关的珍贵档案影印件顺利征集进馆，并且《梁斌文集》以及全部展览的电子版也将捐赠给襄阳市档案馆保存。将这些见证中华人民共和国成立初期襄阳土地改革运动的档案资料接收进馆，丰富了馆藏，填补了空白，为人们研究中华人民共和国成立初期襄阳地区土地改革提供了宝贵的资料。

2.档案信息资源种类丰富

移动互联网时代的一大突出表现就是信息资源的海量增加，其增加不只是数量上的增加，更是内容上的充实。在这一环境下，档案信息资源的种类也得到了丰富。首先，移动互联网环境改变了原来档案信息资源以政府部门发布的文件、工业企业档案为主的档案格局，扩充了档案内容，在原有档案信息资源基础上增加了因网络化产生的对某一事件的跟踪报道、评论看法的相关档案。其次，移动互联网环境下，微媒体的发展使得全民的言论自由得到最大化的显现，这些内容反映了一定时期的社会现状，对于政府及相关工作部门了解民生具有一定的参考价值，也是档案信息的一部分。最后，一些流散在外的档案资源随着互联网的发展正在不断地被发现和挖掘，很多破损的档案得到了修复，一部分消失已久的档案也在新技术的支持下重见天日。

信息资源的海量增长及信息技术的不断进步，为档案信息资源种类的丰富提供了强有力的数据支撑和技术支持，使档案信息资源在传统的开发工作中有了新的发展，为档案信息资源开发工作奠定了坚实的内容基础。

（二）档案信息资源开发的劣势分析

1.档案信息资源良莠不齐

传统的信息发布者与信息使用者有着很明确的界限划分，社会大众作为信息的使用者，对信息只有使用的权利。移动互联网时代的到来，微媒体、自媒体的逐渐兴起，让社会大众的信息使用者身份发生了变化，开始由信息使用者身份转向信息生产者与信息使用者的双重身份。这一转变加大了信息量的产生，同时也影响了信息的质量。

从信息源的角度来看，移动互联网环境下的档案信息大致有 2 种来源：其一，来自传统正式的档案信息交流渠道的档案信息，如档案馆（室）中的馆藏档案信息。这些档案信息来自机关档案室或档案信息系统，经过专门的档案信息工作人员的整理加工，档案信息质量优良。其二，来自网络的信息，包括新闻、实时交互信息、电子邮件等。其中，以正规网站发布的信息（如新闻），由专职档案工作人员对其内容进行加工整理，可类比于传统档案馆（室）的档案信息，内容质量是经过审核的；而电子邮件、实时交互信息等一般没有经过专职人员的加工整理，档案信息的质量很难有所保障。从信息交流渠道来看，在移动互联网环境下，可以通过网络发布档案信息，通过网络搜索引擎搜索档案信息，通过电子邮件等交流档案信息。无论是哪一种方式，没有专职人员对信息内容的把控与加工整理，都无法保证档案信息资源内容的质量。

2.档案信息资源整合缺乏统一标准

无论是传统模式下的档案信息资源开发工作，还是移动互联网环境下的档案信资源开发工作，要想做好开发工作，首先要确保收集到的档案信息被有序整合，而要做到这一点就必须在档案信息收集整理过程中设立统一的标准。标准化是对档案信息资源各方面进行建设的前提与基础，也是亟待解决的实际问题。只有实现了标准化，才能实现档案信息资源共建共享。若标准不统一，则很难将各地区各档案馆的档案信息进行有效的整合，也就很难为档案信息开发提供信息支持。遵循统一的标准对于档案信息资源的开发十分重要。当前在档案信息资源开发中，档案管理部门缺乏一套统一的整合标准体系，制约了档案信息资源的开发。只有建立一套档案信息资源整合的标准体系，各地区档案馆在进行档案信息资源开发的时候才能有据可依。随着移动互联网环境的不断深化，构建一套统一的整合标准体系迫在眉睫。

3.档案信息资源开发人员观念较传统

自古以来，人们对档案工作的刻板印象就是单调、乏味。在以往的思维观念里，档案工作人员往往是因为档案馆（室）的相关要求，或是出于为学术研究提供资料的需求而进行信息资源的开发，开发工作是被动进行的。也就是说，如果没有档案部门的要求，档案工作人员很少主动对入馆的档案信息资源进行开发。在档案工作人员的固有理念中，开发档案只是为了完成任务。这种被动的信息资源开发观念，其一，不利于档案信息资源价值的实现；其二，无法满足档案利用者的利用需求；其三，不利于档案工作者形成积极的工作态度。

此外，在移动互联网兴起之后，档案信息资源的载体形式由传统的纸张向声像、图像、影像等多种载体形式转变，档案信息数量的增多也扩大了开发的范围，随着档案利用者对档案信息需求的不断提高，单靠档案馆（室）进行档案信息开发工作已无法满足档案利用者的需求。传统的档案工作者认为，由于档案具有保密性，档案信息开发工作应该由档案管理部门来完成。这种观念虽然确保了档案信息的安全，却无法适应移动互联网这一大环境。

所以说，在移动互联网环境下，被动、保守的信息资源开发观念在一定程度上影响了档案信息资源开发的效率与效果。

（三）档案信息资源开发的机遇

移动互联网给档案信息资源开发带来的最大机遇莫过于新技术的发展，这些新技术使档案工作者在开发档案信息资源过程中效率更高，能够更好地满足用户对档案信息的利用需求，同时也更能体现档案本身的价值。当然，国家政策的出台也为档案信息资源开发工作提供了政策支持。所以，可以从新技术的支持与国家政策的支持两方面来分析移动互联网环境给档案信息资源开发带来的机遇。

1.新技术的支持

大数据分析预测技术、云计算技术等新技术，为档案信息资源开发工作提供了强大的技术支持。在这些新技术的支持下，档案信息资源的查找更加方便，开发程度不断加深，逐步实现了档案信息资源开发的个性化。

其一，为档案信息资源开发工作提供了平台。传统的档案信息资源开发工作由于网络化和互联网技术仍处在初步发展阶段，馆际的档案整合与共享只是在同一区域的小范围内进行，并不能达到全国范围内的大范围共享，阻碍了档案信息资源的跨馆开发。而移动互联网为档案信息资源提供了一个互联互通、全网连接的环境，通过云计算技术将现有的、存在于各处的档案信息资源联系在一起，统一整合于档案云当中，促进了档案信息资源在不同区域、不同领域间的自由结合与交流，为档案信息资源的开发提供了一个广阔的、互相连接的网络环境。此外，档案云的管理系统将档案信息分类存储，实现了信息资源的追踪与数据的分析，根据信息使用者的使用情况对档案信息资源进行恰当的整合，促进了档案信息资源的开发工作。如上海市浦东新区档案馆依据云计算技术，构建了浦东新区的云服务器，将各职能局、村居委等部门的档案信息上传、汇总在服务器中，为机关部门分析、开发档案信息提供了便利。移动互联网环境为档案信息资源的开发提供了广阔的网络环境，也为档案信息资源的开发提供了最大限度的可能，使档案工作人员可以对更大范围内的档案信息资源进行开发，为档案信息资源开发工作提供了信息基础。

其二，提高了档案信息资源开发的效率。移动互联网的本质是选择，而非效率。所以，在移动互联网时期，数字世界如何与实体世界结合，实体世界如何与数字世界融合，是一个相互选择和融合的过程。在这个过程中，很多企业会发生改变，效率也会得到提升。同理，档案信息资源开发工作在实体与数字这 2 个世界相互融合的同时，也会为了更好地开发档案信息资源而提升开发效率。

互联网时代，信息的网络化传播使得人民群众可以足不出户便知天下事。档案信息资源开发可以充分利用互联网这一平台，通过网络连接为档案信息使用者提供更加便捷高效的服务。某机关每年移交的档案，通过数字档案馆（室）系统实现档案的在线归档、在线上传，极大地方便了各部门间文件的查找使用。这不仅为用户提供了便利，更提高了档案信息资源开发工作的效率。将原先需要实地去收集资料的工作，转为通过网络就可传送借阅，节省了档案工作人员查找档案的时间，减轻了工作量。同时，查询平台的开发，也让工作人员收集、浏览信息更方便，方便工作人员对档案信息需求内容进行了解与统计，提高了与利用者利用需求的契合度。

所以说，移动互联网环境给档案信息资源开发工作带来了更便捷的平台和网络连接空间，让档案工作者突破时空的限制快速查找到相应主题所需的档案信息，同时也使档案信息资源被最大限度地利用，达到了利用效率的提升。

2. 国家政策的支持

中共中央办公厅、国务院办公厅在印发的《关于加强和改进新形势下档案工作的意见》中提到："加大开发力度。各档案馆（室）要加强对档案信息的分析研究、综合加工、深度开发，提供深层次、高质量档案信息产品，不断挖掘档案的价值，努力把'死档案'变成'活信息'、把'档案库'变成'思想库'，更好为各级党委和政府决策、管理提供参考。""加快推进传统载体档案数字化。各地区各部门各单位要把数字档案馆（室）建设列入信息化建设整体规划，从人力、财力、物力上统筹安排，切实推进档案存储数字化和利用网络化。各档案馆（室）要大力开展传统载体档案数字化工作，及时以数字化档案代替原件提供利用，对已实现数字化的档案原件妥善保管，一般不再提供利用。采取措施严防数字化过程中信息丢失、外泄和秘密泄露，对涉密档案进行数字化要严格遵守保密规定。"由此不难发现，我国有关部门对档案信息资源开发在移动互联网环境下的发展十分重视，并提出了一系列支持政策。

（四）档案信息资源开发的挑战

移动互联网时代为档案信息资源的开发工作带来新的技术和新的观念，同时也带来了新的挑战。从开发主体来说，传统的以档案管理部门为中心的被动开发观念很难适应用户利用需求多变的新时期；从开发目的来说，开发最终是为了给档案利用者提供信息资源，新时期信息量的增多、利用者利用需求的变化都是档案信息资源开发工作所要应对的挑战；从开发过程来说，信息数据的增多无疑增加了开发难度，而信息格式的多样化及信息技术的发展，也是新时期档案信息资源开发工作所要面对的挑战。

所以说，移动互联网环境下档案信息资源开发主要面临着用户利用需求多样、开发难度增加、信息安全问题的挑战。

1.用户对档案信息资源的利用需求增加

虽然档案信息资源开发主要是对信息资源加工的过程，但用户的利用需求是档案信息开发的工作导向，充分了解档案利用者的利用需求，对开发档案信息资源有着极其重要的意义。在移动互联网环境下，档案信息利用者不仅提高了对档案信息内容的要求，对获取档案信息资源的便捷性的要求也有所提升。

其一，用户对档案信息内容的要求有所提高。随着移动互联网时代的发展，越来越多的信息涌现在档案利用者的面前，档案利用者的求知欲和对事情的知情权的要求也在不断提高。这就使得传统的馆藏资源难以满足用户的需求。加之，2017年短视频、直播等相关业务爆炸式发展，使用户不再满足于单一的纸质内容和音频内容，开始要求形式更加多样的信息传递方式。所以说，档案信息使用者对档案信息内容不仅在质与量的要求上有所提高，对其表现形式的要求也在不断提高。在移动互联网环境下，档案信息利用者对内容的需求直接影响着档案信息资源开发工作，只有加深对用户需求的了解，才能促进档案信息资源开发工作的顺利进行。

其二，用户利用便捷性要求的提高。从用户角度来看，移动互联网时代，用户更愿意运用新技术，在足不出户的情况下方便快捷地获取自己所需的档案信息资源，并期望档案部门的网络体系可以为用户建立一个属于自身独有的档案信息资源查询端，为自己日后查询搜集档案信息提供便利。从档案工作者角度来看，提供利用的方法越便捷，越可以提高他们的工作效率。《"十四五"全国档案事业发展规划》在发展目标中也提出："档案利用服务达到新水平。以人民为中心的档案服务理念深入人心，档案开放力度明显加大、共享程度显著提高、利用手段更加便捷，档案资政服务、公共服务、文化教育能力明显提升。"例如，湖北十堰创建的"百姓指尖上的档案馆"，让百姓可以足不出户，动动手指就查询到所需档案信息，切实实现了档案信息利用的便捷化，顺应了移动互联网环境的要求，加快了档案信息价值的实现和档案信息资源开发工作的实施。

因而，在档案信息资源开发过程中，不仅要考虑信息内容是否满足用户需求，还要考虑怎样开发可以减少利用者的查询时间。在移动互联网环境下，要想使档案信息资源开发成果更符合利用需求，就必须重视用户的利用需求。所以说，在移动互联网环境下，开发档案信息资源势必要面临用户利用需求增长带来的挑战。

2.档案信息资源开发难度提升

档案信息资源作为档案信息开发的重要物质保障，随着移动互联网的发展，数量与日俱增。虽然丰富的档案信息有利于档案信息资源开发工作的开展，但信息数量的增多在无形中增加了档案工作人员的工作量，也提高了对信息质量进行筛选的难度。此外，用户对档案开发成果形式的需求也需要更多专业技术来支持。因而，在移动互联网环境下，档案信息资源开发的难度明显提升。

其一，碎片化信息不断增多。近几年来，随着互联网的发展和微媒体的不断完善更新，我国的互联网用户数量与日俱增。用户数量的增多，势必会带来网络信息的增多。由于这些碎片化的信息都是随时随地产生的，没有完整的格式和统一的规范，虽然档案信息较为丰富，但在开发过程中，既要对信息内容的格式进行统一，又要对信息内容进行筛选，无疑增加了档案信息资源开发的工作量。

其二，技术要素不断增强。在移动互联网时代之前，档案信息资源多是以纸质载体进行保存，信息格式较简单，开发较方便。新时期，随着信息技术的发展，档案信息载体也由纸质形式发展为图片、声像、影像等多种形式并存，使档案信息更加生动形象。但是，在档案信息资源开发时，丰富的档案载体形式需要相应的技术来统一信息的格式，这就对开发技术有了更进一步的要求。就开发过程而言，信息数量的增多以及信息格式的多样化都对开发技术有着更高的要求。传统的以人工操作为主的开发技术，很难对庞杂的信息内容进行分析、处理，也很难对多样化的档案信息资源进行统一开发。且现阶段，档案馆（室）的工作人员仍是以档案工作者为主，虽然不少档案馆（室）已经意识到技术人员在档案信息资源开发工作中的重要性，并有一定的技术人员在编，但所占比例仍然较少。就开发成果而言，对于已经完成开发的档案信息资源开发成果来说，也需要用不同的形式向社会大众展示，这就需要有更为专业的编辑技术来支持。

所以说，在移动互联网环境下，档案信息资源开发工作对技术要素的需求增加，而档案工作人员又缺乏专业技术培训与指导，档案信息资源的开发势必要面临技术要素不断增强带来的挑战。

3.档案信息资源开发中的信息安全问题增多

移动互联网给档案信息资源开发工作带来了许多机遇，丰富了资源、促进了共享、提升了效率，但同时也带来了挑战——信息安全问题。移动互联网环境给档案信息资源带来的信息安全问题主要有两方面：

一方面，开放的网络环境容易造成网络信息泄密。特别是近年来，数字档案的网络开放性、共享性增强，受众范围进一步扩大，数字档案信息对社会的影响也越来越大。随着网络上各种新业务兴起，数字档案的应用范围进一步扩大，使得网络信息系统的安全与保密问题显得越来越重要。另一方面，随着网上查阅系统越来越普及，用户的查询权限变得模糊，一些机密、只允许少数人查阅的档案内容可能因为权限设置不当而被大部分人所知。所以说，在移动互联网环境下，有机遇更有挑战，我们不仅要注重它带给档案信息资源开发的有利条件，更要关注档案信息资源的安全问题。

面对移动互联网环境给档案信息资源开发工作带来的挑战，找到合适的开发策略，才能更好地适应移动互联网时代的变化。

第三节 移动互联网环境下档案信息资源开发的策略

移动互联网时代的档案信息资源开发工作，主要依据互联网思维，运用云计算、大数据等新技术，通过加强与其他领域的合作，对用户需求多样化、开发难度提升、信息安全问题增多等移动互联网环境带来的挑战提出解决策略。

一、转变档案信息资源开发观念

档案工作者的思维观念决定了档案工作者对档案开发工作的态度及开发方式。移动互联网时代，首先要做的是思维上的转变。为公共服务的档案工作者，如果无法认识到互联网思维的重要性，坚持用传统的思维方式进行档案开发工作，就会很难适应新环境下档案开发工作的变化。所以，在移动互联网环境下,档案信息资源开发观念要向"跨界融合""主动服务""个性化定制"转变。

(一)跨界融合

移动互联网时代的一个重要特征就是信息数据的指数级增长。信息数据的激增,使得档案管理部门需要收集、处理更多的档案信息。而这些档案信息的来源也由原先的机关档案室、档案部门、档案馆扩展为更为丰富的包括网络平台的来源。在这一环境下,档案信息资源数量庞大、内容复杂,信息利用者利用需求多变,如果可以转变传统的依靠档案馆(室)开发档案信息的观念,吸取跨界融合的理念,不仅可以节省成本、提高效率,还能充分体现档案信息自身价值,满足档案利用者的需求。

例如,英国国家档案馆在新时代与社交媒体相结合,为档案信息资源开发提供便利。因为形成于殖民时期的大量图片所涉及内容遍及世界各地,虽然档案部门曾尝试开发软件以自动确认图片信息,但是并没有实现。最终,英国国家档案馆将视线投向了社交媒体,它在 Flickr 开通了官方平台,针对 Flickr 上没有精准描述的档案对网民开放添加标签、描述以及评论权限,使浏览者将所掌握的信息充分展现出来,再由专业人员鉴定筛选后添加到档案信息数据库中。这为英国国家档案馆开发这部分图片档案提供了帮助。此外,网络的传播性也使更多的人了解并接触到了这些档案信息。从另一个角度来说,这也为档案关键词著录的全面性奠定了交流基础。由此可见,随着新技术的普及与发展,英国档案部门通过与媒体行业相融合,促进了档案信息资源的开发。我国档案馆也可以借鉴国外的这种与社交媒体相结合的形式,借助网络平台将档案馆中格式不统一、背景信息不完整的档案展示在广大网友与全国人民面前,增强群众参与档案信息开发的主动性,并通过与媒体领域的融合来改善档案信息资源开发工作。

所以说,要想做好档案信息资源开发工作,从思想上就应该注重跨界融合,与媒体领域融合。通常,档案信息资源开发都是以纸质载体的形式出现,如机关单位的年鉴、资料的汇编集等,形式单调,缺乏吸引力。档案部门可以与社交媒体合作,在为档案信息资源开发提供平台的同时,促使大众更好地了解档案信息。此外,还应加强与信息技术领域的融合。档案部门的工作人员大多缺乏专业的信息技术素养,与信息技术领域融合,可以弥补技术短板。档案部门可以将数据分析、数据整理等技术性较强的工作交与信息技术领域,借助技术手段来化繁为简、化难为易,在增强档案信息处理的精准性的同时,节省档案工作人员的时间,提高其工作效率。当然,跨界融合还要注重档案的保密性,注意其他领域开发权限的设置,在确保信息安全的基础上进行跨界融合。

(二)主动服务

首先,转变观念,主动开发已有档案信息资源。随着信息数量的增多,档案收集工作的范围也逐渐扩大,包括经审核的网络碎片化信息、遗失海外的档案信息、个人手中的档案资料等,进而丰富了档案信息资源的内容,充实了档案信息资源的数量。如果仍旧持被动的开发观念,将有大量的档案信息被束之高阁,难以发挥其价值。所以,档案工作者要积极主动地对入库档案信息进行开发,依据档案类型选择合适的开发方式与开发成果形式,让已有档案焕发生机,让档案利用者了解更多的档案内容。

其次,分析数据,主动开发高频档案信息资源。由于档案信息数量庞大,档案工作者的精力与对档案开发的资金投入也有限,档案工作人员不可能对所有档案都深入开发,所以在主动开发已有档案信息资源的基础上,要着重开发那些被多次查找的高频档案信息。也就是说,要主动对档案信息利用者的查找数据进行统计,分析档案馆中的哪些信息是大众所共同关注、多次查找的,并对这部分档案信息进行深入开发。主动开发高频档案信息资源,既可以为档案利用者提供方便,又可以了解该地区档案信息需求的大致方向,从而为档案信息资源建设提供方向。

例如，上海市档案馆在开发民生档案资源时谈到了"开发群众利用率高的档案"，从政策规范中提出了重视对利用率高的档案的开发，也就是说，要主动开发高频档案信息资源。在档案信息资源开发过程中，档案工作者积极主动的开发观念，不仅为档案信息资源价值的实现提供了条件，而且为档案利用者提供了便利。随着移动互联网时代的不断深入发展，唯有主动开发，才能适应新形势下的档案工作，才能满足档案利用者的利用需求。

（三）个性化定制

随着移动互联网时代的发展，社会大众对档案的认识程度逐渐加深，开始有意识地去了解档案、查找档案。因而，传统的以档案部门为中心开发的档案信息资源就很难满足新时期档案利用者的利用需求。

互联网思维的一大特点是"用户为王"，虽然我国早就提出了"以人为本"的思想，但两者仍有很大的不同。"用户为王"是针对用户的习惯、需求，为用户提供合适的服务，强调的是对用户的个性化服务，即个性化定制。移动互联网时代，档案信息资源开发工作同样需要重视个性化定制服务。档案工作者在主动进行档案信息开发工作的基础上，还应对档案信息利用者的利用需求进行分析，明确档案信息利用者信息需求的主要方向，进一步进行有针对性的信息开发。

例如，美国国家档案馆在创建 Twitter 账号的时候，除主账号以外，还特别推出了"国会档案""档案里的今天"等一系列针对不同人群、不同受众的，基于某一专题档案开发成果的账号。特别是"档案里的今天"，该账号是专门针对想要通过了解历史来消遣但又没有太多时间的普通民众设计的。这种账号分类设计充分体现了在开发档案信息资源时档案工作者对用户信息利用需求的重视程度。我们可以将这种分类设计方式应用在我们的档案馆微信公众号当中，具体可以从以下两方面入手：第一，增强档案信息资源开发的针对性。将档案利用者每次浏览的页面以及查询过的历史记录进行汇总，分析用户的信息需求与查询习惯，在对高频档案信息资源进行主动开发之后，对高频查询用户进行个性化开发，以方便档案利用者查找信息。第二，重视档案信息资源开发的个性化。随着档案知识的不断普及，人们开始关注对档案信息的获取与利用，而大多数档案利用者没有专业的档案知识，因而要想获得全面翔实的档案信息就需要档案工作人员的服务与引导。如果能够对档案利用者的信息需求进行量化分析，并对档案信息资源进行个性化开发，那么不仅可以满足档案利用者的利用需求，还可以提高档案利用效率，减少档案工作人员的工作量。

虽然档案信息资源开发的最终目的是为档案利用者提供便利，但与图书馆不同，档案馆（室）仍是以保存档案为主的机构，尽管个性化开发很重要，但不能为了个性化开发而把档案馆变成市场。

在移动互联网环境下，应从观念层面改变档案工作者保守、被动的工作思维，让档案工作人员带着跨界融合、主动开发、个性化开发的理念进行档案信息资源开发工作，化被动为主动，化保守为融合，使档案信息资源得到充分的开发。

二、应用档案信息资源开发新技术

信息技术水平决定了档案信息资源开发的过程与程度。先进的信息技术不仅可以提高档案信息资源开发工作的效率，还能在一定程度上降低开发成本。信息技术的发展无疑给档案信息资源开发工作带来了新的机遇。

（一）云计算技术

在移动互联网时代之前，档案信息资源的开发主要是依据档案管理部门及国家规定，对档案馆（室）的馆藏档案信息资源进行开发，开发范围大多是档案馆（室）内已有的档案资源，数量相对较少，且比较集中，开发主题明确。这一时期的档案信息资源开发工作主要是为了满足档案管理部门的宣传需要以及科研人员的资料使用需求，开发工作较为简单，难度不大。移动互联网时代到来之后，信息量增多，增加了档案信息开发工作的工作量。新媒体、微媒体的发展，使得档案信息资源开发范围不只局限于档案馆（室）。大量的碎片化信息的融入，使得开发范围变得分散。

在云计算档案信息资源开发平台中，档案工作人员通过应用软件，与各档案部门的数据库相连接，并设置碎片化信息筛选功能，对网络中有用、可靠的档案信息进行收集，在云端建立一个统一的档案信息处理平台，使云端可以接收到各类档案信息资源，成为档案信息开发的统一入口，缓解了因信息分散带来的开发不便的问题。对信息处理平台的全部信息进行分类，将同一类别的档案信息存储在同一个资源池中，将不同类别的档案信息存储在不同的资源池中，解决了档案种类多的问题。对不同资源池内的档案信息资源进行分析与开发，将开发后的档案信息发布到云端，方便与其他档案部门进行交流，避免档案信息资源的重复开发，提高档案开发的效率，节省开发成本。所以说，云计算技术在档案信息资源开发工作中的应用，缓解了由信息量剧增带来的档案信息存放问题和由档案信息分散带来的开发不便的问题。

云计算是一种能够通过网络以便利的、按需付费的方式获取计算资源（包括网络、服务器、存储、应用和服务等）并提高其可用性的模式，这些资源来自一个共享的、可配置的资源池，并能够以最省力和无人干预的方式获取和释放。简单来说，云计算是一种新的技术，它像 IP 技术一样，可以用在任何有信息传播需要的地方。它的服务模式主要有软件即服务（SaaS）、平台即服务（PaaS）、基础架构即服务（IaaS）3 种。

1.软件即服务（SaaS）

SaaS 是一种通过 Internet 向最终用户提供软件产品和服务（包括各种应用软件及应用软件的安装、管理和运营服务等）的模式。SaaS 服务提供商将应用软件统一部署在自己的服务器上，用户可以根据自己的实际需求，通过互

第七章 移动互联网环境下档案信息资源的开发与利用

联网向 SaaS 服务提供商订购所需的应用软件,按订购服务的多少和时间的长短向厂商支付费用,并通过互联网获得厂商提供的应用软件相关的服务。在 SaaS 模式下,用户由传统的购买软件或自行开发软件的方式转变为向 SaaS 服务提供商租用基于 Web 的软件来管理企业经营活动的方式,用户无须对软件进行维护,也无须考虑底层的基础架构及开发部署等问题,SaaS 服务提供商会全权管理和维护软件。SaaS 服务提供商在向用户提供互联网应用的同时,也提供软件的离线操作和本地数据存储服务,让用户随时随地都可以使用其订购的软件。

SaaS 是随着互联网技术的发展和应用软件的成熟,在 21 世纪开始兴起的一种完全创新的软件应用模式。它与按需软件（On-Demand Software）、应用服务提供商（Application Service Provider, ASP）和托管软件（Hosted Software）具有相似的含义。从厂商的角度来说,厂商提供的不仅是传统的应用软件,还包括和应用软件相关的管理和维护服务等;从用户的角度来说,用户不只是简单购买了传统意义上的实体应用软件,还购买了和应用软件相关的数据安全、免费升级等服务。

（1）SaaS 的优点

和传统的软件服务模式相比,SaaS 模式具备成本低、迭代快、种类丰富等诸多优点。对企业来说,SaaS 的优点如下:

①从技术方面来看,SaaS 是简单的部署,不需要购买任何硬件,刚开始只需要简单注册即可。企业无须配备 IT 方面的专业技术人员,同时又能得到最新的技术应用,满足企业对信息管理的需求。

②从投资方面来看,企业只以相对低廉的"月费"方式投资,不用一次性投资到位,不占用过多的营运资金,缓解了企业的资金压力;不用考虑成本折旧问题,并能及时获得最新硬件平台及最佳解决方案。

③从维护和管理方面来看,由于企业采取租用的方式来进行业务管理,不需要专门的维护和管理人员,也不需要为维护和管理人员支付额外费用,在很大程度上缓解了企业在人力、财力上的压力,使其能够集中资金对核心

业务展开有效的运营。

（2）SaaS 的缺点

SaaS 目前面临着安全性和标准化两大重要问题，这也是 SaaS 的不足之处：

①安全性：企业尤其是大型企业希望保护其核心数据，不希望商业机密维护由第三方来负责。

②标准化：近年来 SaaS 解决方案的标准化虽然取得了一些进展，但是标准化水平还有待进一步提高，而且还需要进一步平衡标准化与定制化的矛盾。

2.平台即服务（PaaS）

PaaS 是一种在云计算基础设施上把服务器平台、开发环境（开发工具、中间件、数据库软件等）和运行环境等以服务形式提供给用户（个人开发者或软件企业）的服务模式。PaaS 服务提供商通过基础架构平台或开发引擎为用户提供软件开发、部署和运行环境。用户基于 PaaS 提供商提供的开发平台可以快速开发并部署自己需要的应用和产品，缩短了应用程序的开发周期，降低了环境的配置和管理难度，节省了环境搭建和维护的成本。

PaaS 是在云计算基础设施上为用户提供快速开发和测试、应用集成部署、数据库中间件、商业智能分析等服务，PaaS 能够为应用程序的开发、部署和运行弹性地提供所需的资源和能力，并根据用户对实际资源的使用收取费用。PaaS 提供的是一种环境，用户程序可以运行在这个环境中，而且其生命周期也能够被该环境所控制。PaaS 为某类应用提供一致、易用且自动的运行管理平台及相关的通用服务，也为上层应用（SaaS）提供了共享的、按需使用的服务。以服务的形式提供给用户的环境也可以作为应用开发测试和运行管理的环境。

PaaS 为开发者提供了应用程序的开发环境和运行环境，将开发者从烦琐的 IT 环境管理中解放出来，自动实现应用程序的部署和运行，使开发者能够将精力集中于应用程序的开发，极大地提升了应用的开发效率。PaaS 允许用户创建个性化的应用，也允许独立软件厂商或者其他的第三方机构针对垂直细分行业创造新的解决方案。

PaaS 能将现有各种业务能力进行整合，具体可以归类为应用服务器、业务能力接入、业务引擎、业务开放平台，向下根据业务能力需要测算基础服务能力，通过 IaaS 提供的 API 调用硬件资源；向上提供业务调度中心服务，实时监控平台的各种资源，并将这些资源通过 API 开放给 SaaS 用户。

PaaS 主要具备以下 3 个特点：

（1）平台即服务

PaaS 所提供的服务与其他的服务最根本的区别是：PaaS 提供的是一个基础平台，而不是某种应用。在传统的观念中，平台是向外提供服务的基础。一般来说，平台作为应用系统部署的基础，是由应用服务提供商搭建和维护的，而 PaaS 颠覆了这种概念，由专门的平台服务提供商搭建和运营该基础平台，并将该平台以服务的方式提供给应用系统运营商。

（2）平台及服务

PaaS 运营商所提供的服务，不仅仅是单纯的基础平台，还包括针对该平台的技术支持服务，甚至针对该平台而进行的应用系统开发、优化等服务。PaaS 的运营商最了解他们所运营的基础平台，所以由 PaaS 运营商所提出的对应用系统进行优化和改进的建议也非常重要。而在新应用系统的开发过程中，PaaS 运营商的技术咨询和支持团队的介入，也是保证应用系统在以后的运营中得以长期、稳定运行的重要因素。

（3）平台级服务

PaaS 运营商对外提供的服务不同于其他的服务，这种服务的背后是强大而稳定的基础运营平台以及专业的技术支持队伍。这种"平台级"服务能够保证支撑 SaaS 或其他软件服务提供商各种应用系统长时间、稳定地运行。PaaS 的实质是将互联网的资源服务化为可编程接口，为第三方开发者提供有商业价值的资源和服务平台。有了 PaaS 平台的支撑，云计算的开发者就获得了大量的可编程元素。这些可编程元素有具体的业务逻辑，为开发带来了极大的方便，不但提高了开发效率，还节约了开发成本。有了 PaaS 平台的支持，Web 应用的开发变得更加敏捷，能够快速响应用户需求的开发能力，也为最终用户带来了实实在在的利益。

3.基础架构即服务（IaaS）

IaaS 是一种向用户提供计算基础设施服务的服务模式。IaaS 提供商利用自身行业背景和资源优势，借助于虚拟化技术、分布式处理技术等向用户（主要是企业用户）提供基础设施服务。用户通过 Internet 可以从 IaaS 提供商获得云主机、云存储、CDN 等服务。通过 IaaS 服务，用户能够部署和运行任意软件，包括操作系统和应用程序。用户不需要管理或控制任何云计算基础设施，但能控制操作系统的选择、储存空间的分配和应用部署，也可以控制部分网络组件（如防火墙、负载均衡器等）的应用。

IaaS 在企业内部能够进行资源整合和优化，提高资源利用率；对外则能够将 IT 资源作为一种互联网服务提供给终端用户，使用户能低成本、低门槛地实现信息化。

IaaS 主要功能如下：

①资源抽象。使用资源抽象的方法，能更好地调度和管理物理资源。

②负载管理。通过负载管理，不仅能使部署在基础设施上的应用更好地应对突发情况，而且能更好地利用系统资源。

③数据管理。对云计算而言，数据的完整性、可靠性和可管理性是对 IaaS 的基本要求。

④资源部署。将整个资源从创建到使用的流程自动化。

⑤安全管理。IaaS 的安全管理的主要目标是保证基础设施和其提供的资源被合法地访问和使用。

⑥计费管理。通过细致的计费管理能使用户更灵活地使用资源。

（二）大数据技术

移动互联网时代，以大数据技术为代表的核心技术正在迅速发展，它不仅便于海量档案信息数据的分析整理，更为档案工作开发利用提供了帮助。如果说云计算技术缓解了档案信息资源开发工作中信息量增多、信息内容多样、信息分散的问题,大数据技术则解决了档案信息资源开发工作中用户信息需求变化的问题。在移动互联网时代来临之前,信息利用者的利用需求是查找到自己所需的档案信息内容。而移动互联网时代下的档案信息利用者在利用档案信息时,不单是对查找内容有所需求,还对查找的方式、档案信息的表现形式以及查询所花费的时间、精力有所要求。简而言之,新时期,档案信息利用者想要用最短的时间,查找到最准确的、形式多样的档案信息资源。

档案信息资源开发的成果直接影响到档案利用者对档案信息资源的使用。所以说,如何高效开发档案信息,以及怎样开发可以适应档案利用者多样化的利用需求,就成为档案信息开发的一大问题。高效开发可以通过云计算技术实现,而对于怎样开发,则要考虑大数据技术。

大数据技术的一大特点是,可以发掘数据中的关联关系,而非因果关系,且具有强大的数据分析与预测功能。如果将大数据的分析预测功能运用到档案开发工作中,无疑会提高工作效率,满足利用需求。在确定档案用户的需求后,应该明确所要解决的问题属于哪种应用类型。应对现有档案资源,如已有的历史数据进行评估,确定是否能够通过数据挖掘技术来解决档案用户的需求,然后进一步确定数据挖掘的目标和制订数据挖掘的计划。针对单个档案利用者,档案工作者可以收集利用者在网页中的浏览信息和查询记录,并对收集到的数据进行统计,发掘数据间的关联关系,分析出用户的查询需求,针对利用需求进行档案开发工作。对一个地区而言,档案工作人员可以对该地区某一时期(如近半年)内人们的查询内容进行统计,分析这一时期该地区档案利用者的信息需求方向,预测下一时期的大致需求方向,选择其中有价值、有意义的主题进行开发,既节省了时间,又为档案利用者提供了便利。

当然,档案信息资源开发还是以档案部门、国家政策为主,虽然应该考虑档案利用者个人的个性化信息需求,但不能本末倒置,否则不但不能提高效率,还会增加档案工作者的负担。

1.大数据的概念

大数据是指无法在一定时间内用传统数据库软件工具对其内容进行抓取、管理和处理的数据集合。这个定义并不严谨,然而这是各种学术和应用领域最广泛引用的一个定义,如果以大数据的 4 个特征作为补充,就能得到一个较为清晰的大数据的概念。《促进大数据发展行动纲要》指出,大数据是以容量大、类型多、存取速度快、应用价值高为主要特征的数据集合。

2.大数据的特征

大数据有以下 4 个主要特征:

(1) 数据容量大

容量大是大数据区分于传统数据最显著的特征。通常关系型数据库处理的数据容量在 TB 级,大数据技术所处理的数据容量通常在 PB 级以上。

(2) 数据类型多

大数据技术所处理的计算机数据类型早已不是单一的文本形式或者结构化数据库中的表,它包括网络日志、音频、视频、机器数据等各种结构复杂的数据。

(3) 数据存取速度快

存取速度是大数据区分于传统数据的重要特征。在海量数据面前,需要快速实时存取和分析需要的信息,处理数据的效率就是组织的生命。

(4) 数据应用价值高

在商业应用领域,大数据的这个特征非常关键。如何通过强大的机器学习和高级分析更迅速地完成数据的价值"提纯",挖掘出大数据的应用价值,是目前大数据技术应用的发展重点。

3.大数据分析的基本原理

(1) 数据核心原理

数据核心原理,是指大数据时代,数据分析模式发生了转变,即从以"流程"为核心转变为以"数据"为核心。因为大数据产生的海量非结构化数据及分析需求已经改变了 IT 系统的升级方式:从简单增量到架构变化。Hadoop

体系的分布式计算框架,正是以"数据"为核心的范式。

科学进步越来越多地由数据来推动,海量数据给大数据分析既带来了新的机遇,也构成了新的挑战。大数据通常是利用众多技术和方法,综合源自多个渠道、不同时间的信息而获得的。为了应对新的挑战,需要新的统计思路和计算方法——用数据核心思维方式思考问题、解决问题。以数据为核心,反映了当下IT产业的变革,数据成为人工智能的基础,也成为智能化的基础,数据比流程更重要。

(2)数据价值原理

数据价值原理,是指大数据分析不强调具体的功能,而是强调数据产生价值。从功能体现价值转变为数据体现价值,说明数据和大数据的价值在增加,数据为"王"的时代出现了。数据被解释是信息,信息常识化是知识,所以说数据解释、大数据分析能产生价值。

数据分析能发现每一个客户的消费倾向,他们想要什么、喜欢什么,每个人的需求有哪些区别,哪些又可以被集合到一起来进行分类。大数据是数据数量上的增加,以至于能够实现从量变到质变的过程。

(3)预测原理

预测原理,是指大数据分析使得很多事情从不能预测转变为可以预测。大数据分析不是要教机器像人一样思考,而是把数学算法运用到海量的数据上来预测事情发生的可能性。

预测性数学模型几乎不算新事物,然而它们正变得越来越准确。在这个时代,大数据分析能力终于开始赶上数据收集能力,分析师不仅有比以往更多的信息可用于构建模型,也拥有在很短时间内通过计算机将信息转化为相关数据的技术。

(4)信息找人原理

信息找人原理,是指通过大数据分析,从人找信息转变为信息找人。过去是通过搜索引擎查询信息,现在是通过推荐引擎,将合适的信息以合适的方式直接传递给合适的人。大数据分析还改变了信息优势。

大数据分析的一个核心目标是要从体量巨大、结构复杂的数据中挖掘出隐藏在背后的规律，进而使数据发挥最大的价值。从人找信息到信息找人，是交互时代的一个转变，也是智能时代的要求。信息找人原理，本质上是要求大数据分析以人为本，由计算机代替人去挖掘信息、获取知识，从各种各样的数据（包括结构化、半结构化和非结构化数据）中快速获取有价值的信息，提供所需信息。

三、注重档案信息资源开发成果推广

对于档案的价值和凭证作用，大多数的老百姓都没有清晰的认识。只有当需要查询档案时，他们才会去了解档案信息。如今，随着移动互联网时代的快速发展，档案在人们的生活中起到的作用越来越大，人们对档案的求知欲也就变得更加强烈。加之，一些档案信息资源虽然已被开发，但由于缺乏宣传与推广，其开发成果鲜为人知，无法实现其自身的价值。为此，要充分运用移动互联网带来的便利，结合档案信息资源开发成果的具体情况，探索出有利于档案开发成果宣传、推广的道路，让档案信息资源开发成果为更多人所了解。

（一）加强跨界融合，增大宣传力度

跨界不是领地的跨界或者行业的延伸，而是组织系统的跨界重组，是打破自己的组织边界和系统结构，进行重新组合。档案的宣传工作可以充分利用跨界融合这一特征，将档案宣传工作与各级各类新闻媒体相结合，走近人民大众，通过各种形式进行生动形象的宣传。

江苏省在档案信息资源宣传方面，不仅巧妙利用软件、电影、书籍等类形象有趣的媒介让更多家庭认识到档案的重要性，提高人民群众对档案的重视程度，还注重资源融合与跨界合作，将档案宣传、传播工作与省委宣传部、文化艺术公司等相关平台相结合，通过网络信息手段来加强档案信息开发成果的传播，在丰富该地区档案信息资源内容的同时，做到"走出去"。凤凰卫视播放的专题纪录片《军旗飘飘——六十年国防进行式》，以档案资源的原始展现和凤凰卫视特有的传媒视角，向人们展现了中国军队风雨六十年的时代脚步。通过电视媒介将六十年的国防档案信息资源开发成果再现在社会大众面前，扩大了对档案信息资源开发成果的宣传，同时也让更多的人了解了我国国防事业的变迁。

（二）发展微媒体，拓宽推广范围

微信、微博、博客等微媒体的不断发展，是移动互联网时代的重要表现。在移动互联网环境下，大多数的老百姓都会使用社交媒体进行日常交流，尤其是20～50岁这个年龄段的手机用户，对微信等微媒体的使用频率和依赖程度明显高于其他年龄段，而这一年龄段也正是档案信息传播和宣传的主要对象。因此，档案工作人员可以充分利用这一特征，与时俱进，创办具有自身特色的微媒体平台，让档案信息资源通过微媒体的途径，以碎片化、新颖化的形式传播给用户。比如，以本馆的馆藏档案信息资源为基础，以历史上的今天为专题，每日向用户推送历史上的今天所发生的事件，以图片形式向用户展示相关的档案资料。

档案部门应该抓住这一时代机遇，运用微媒体，以大众喜闻乐见的形式，用更具吸引力、更便捷的方法推动档案信息资源的传播和宣传，促进档案信息资源建设工作在移动互联网环境下的发展。

四、重视档案信息资源开发安全问题

移动互联网时代给档案信息资源开发带来新技术、新观念的同时，也带来了新的问题——档案信息安全问题。在移动互联网之前，档案开发工作主要由档案工作者手工操作完成，从开发主体来说，以档案部门的工作人员为主，只有极少部分的非档案工作成员；从开发客体来说，以纸质载体为主，网络平台信息交流少；从开发方式来说，以人工开发为主，档案数字化程度较低，大多是对本档案馆馆藏的开发；从开发技术来说，以收集、分类、加工等传统的档案工作要求为主，对数据分析、数据存储等新技术的运用较少。虽然计算机等高新技术的运用可以减少由人工失误带来的信息数据错误等信息安全问题，但移动互联网时代的到来以及网络技术的发展，会使档案信息资源在开发过程中陷入信息安全问题之中。

（一）开发主客体注重安全问题

就开发主体而言，移动互联网环境下档案信息资源开发主体更为多样化。与以往开发由档案部门进行不同，如今个人、专业技术性人员都可以参与到档案信息资源开发过程中。开发主体的多样化，使得接触到档案信息资源的人数增多，这无形中增加了档案损毁和失泄密事件发生的概率。因此，在档案信息开发时，首先要明确不同开发主体的素质与身份，确保其能够在档案信息资源开发过程中严格遵守制度。其次要为每一位开发主体设置具体的开发权限，由档案工作人员进行权限的设置，对负责数据统计分析工作的技术人员只开放用户浏览、查询信息数据平台的权限，供其对已有数据进行分析。对个人，只开放留言、咨询平台的权限，供其反馈对档案信息开发选题的意见、建议。对开发成果的编辑技术人员只开放档案信息开发成果编辑平台，供其将已经加工好的档案信息开发成果编辑出不同的形式。根据不同的主体在开发过程中的职责为其设置不同的权限，既增强了档案信息内容的安全性，又有利于档案信息开发工作的顺利开展。

就开发客体而言，移动互联网环境下的档案信息资源开发客体更为多元化，不仅在档案信息开发选题方面更注重档案利用者的信息需求，在档案信息开发选材方面也由纸质载体向多种载体并存转变。随着网络化的加深，档案信息数字化程度大幅提高，人们可以足不出户，在家中查找自己所需的档案信息资源。所以，档案信息资源开发要格外注意网络信息安全问题。

（二）开发过程注重安全问题

就开发过程而言，移动互联网环境下的档案信息资源开发是多领域的联合开发，是运用网络平台的开发。因此，在搭建开发平台时，安全性就成为重中之重。例如，为确保平台安全运行，湖州市搭建了基于市政府外网的VPN专网，并在传输前和传输中对所有文件都进行加密处理，制定了平台档案数据管理办法，同时还在档案信息开发的各个工作环节都用不同的权限进行控制。

中共中央办公厅、国务院办公厅在印发的《关于加强和改进新形势下档案工作的意见》中也提到："保障档案信息安全。建立标准，采取措施，确保电子文件、电子档案长期保存和利用。按照国家规定建立档案信息管理系统安全保密防护体系，推进档案信息系统安全等级保护和分级保护工作。进一步完善数字档案馆测评标准，严格执行档案安全保密管理制度，对上网文件、档案进行严格审查，严防把涉密文件、档案传输到非涉密网络上。加强对涉密信息系统、涉密计算机和涉密载体的安全保密管理，按照涉及国家秘密的信息系统分级保护要求，严防文件、档案在传输过程中失泄密。对涉密档案、重要档案的存储介质进行检验和认证，确保长期可用。"由此可见，在档案信息开发过程中，档案信息安全问题至关重要。

移动互联网时代，在给档案信息资源开发带来观念上的转变、技术上的支持、方式上的变革、成果上的丰富的同时，信息安全问题也不容小视。档案工作者在把握移动互联网带来的机遇的同时，要重视对网络信息资源的把关，提高档案信息资源质量，注意对档案开发系统权限的设置，以确保档案信息的保密性与完整性。

第八章 新时代档案管理体制改革

第一节 档案管理体制的改革与发展

档案管理体制与我国档案事业发展紧密相关,要加快推进我国档案事业的现代化进程,就要在发展中不断创新档案管理体制。档案管理体制改革问题深刻影响着我国档案事业发展总目标的实现,影响着档案事业发展根本任务的实现,它是影响我国档案事业可持续发展和健康发展的重要问题。

自 20 世纪 50 年代初,我国档案工作的管理状态十分分散、混乱,档案工作发展停滞不前。70 年代后期,随着改革开放进程的加快,档案工作也逐步发展起来。在档案管理体制经过几次调整和变革后,逐步确立了我国档案工作的组织原则,即"统一领导、分级管理",管理体制则实行"局馆合一"。我国现行的档案管理体制改善了中华人民共和国成立初期档案保管的分散状态,克服了档案管理工作各自为政的不足,完善了我国档案事业行政管理体制,切实加强了档案保管和档案利用工作,对我国档案工作的发展产生了极为深刻和长远的影响。然而,在我国改革开放的进程中,社会主义市场经济体制不断发展与完善,政治体制改革也在不断推进,信息技术的迅猛发展使社会信息化进程加快,档案事业的发展却未能紧跟时代步伐,这使得新时代我国的档案工作面临着诸多挑战。

一、档案管理体制改革的内涵

早在中国古代,"体制"一词就已经开始使用,但并不用于指代社会体制。目前,"体制"一词广泛地运用于社会组织与制度等领域。可将体制的定义概括成:有关组织形式的制度,限于上下之间有层级关系的国家机关、企事业单位。体制作为基础性的概念,为制度和机制的形成奠定基础。制度与机制的运作及发展往往取决于体制。在一般情况下,体制通过组织系统的管理模式显现出来。管理体制,就是指权力的划分和职能的运行问题,通俗地讲,就是"谁大、谁小、谁管谁、谁又归谁管"的问题。全国的档案事业由国家档案行政管理部门主管,中央和县级以上各级各类档案馆集中管理档案,在组织性质上属于文化事业机构,这些内容在《档案法》中已经作出了明确规定。

早在奴隶社会时期,我国便开始施行档案管理,其体制由简至繁,内容由无至有,经历了相当长时间的演变。档案管理体制指的是档案管理的体系和组织制度,包括档案行政管理机构和档案实体管理机构的设置及其隶属关系、管理权限的划分、运行规则的规定。有学者指出,我们要着眼于基本国情,构建具有鲜明的中国特色的档案事业管理体制,为我国档案事业的健康和可持续发展提供有力保障。构建与完善档案管理体制对档案事业的健康发展将产生深远的影响。

改革,指改变旧制度、旧事物,局部或根本性地调整旧有的生产关系、上层建筑。改革是社会发展的强大动力,一般包括对政治、社会、文化、经济、宗教组织作出的改良革新。相较于革命以极端的方式推翻原有政权,以达到改变现状的目的,改革是指在现有的政治体制之内实行变革。体制改革指的是针对既有体制克服相应的弊端,使各种类型的体制与现代化建设的需求相适应。体制改革覆盖经济、政治以及科技文化等领域。加强体制改革,能够为社会主义事业的建设提供有力的保障。

档案管理体制改革指的是对现有档案行政管理的调整、管理模式的创新、管理内容的优化。从某种程度来说，管理活动取得的成效与质量取决于管理体制。自中华人民共和国成立，我国档案管理体制的变化均强烈地影响了档案管理活动的实施。目前急需解决的问题是怎样更好地适应不断改变的社会环境，探究出与档案管理活动的规律相适应的体制，在新时期推动档案事业的健康发展。

二、我国档案管理体制的形成与改革历程

（一）我国档案管理体制的形成

我国档案管理体制从中华人民共和国成立之后，历经由无至有，再到数次调节与改进，不断地完善，我国档案事业也因此得以发展壮大起来。而在中华人民共和国成立以前，发挥档案管理作用的档案室呈现出较为分散的管理状态。在中华人民共和国成立以后，随着社会的快速发展，我国的档案事业立足国情，在不断的摸索中逐步形成了集中式的档案管理体制，档案管理工作也从较为分散的状态转变为较为集中的状态。

改革开放至今，我国共历经了数次机构改革，历次机构改革都给档案管理体制的演变和档案管理机构的设立带来了深刻的影响。党的十一届三中全会后，档案管理体制的改革与政治、经济体制的改革基本上同步进行。基于上述时代背景，档案管理体制在原则上尽可能做到了"精简、统一、效能"，在历经数次调整后，逐渐形成了以"统一领导、分级管理"为组织原则和以"局馆合一"为领导体制相结合的具有中国特色的档案管理体制。

（二）中华人民共和国成立后档案管理体制的改革历程

档案管理体制与档案事业的可持续发展息息相关。在中华人民共和国成

立后,档案管理体制改革问题更是引起了党和国家的高度重视,党和国家对我国的档案事业领导体制先后进行了多次原则性的规定和调整,这些调整和变化都对我国档案事业的发展有着积极的影响。

我国档案事业管理体制的发展历经了长期而系统的演变过程。在中华人民共和国成立后,档案事业管理体制历经三次大改革而得以完善,目前已经形成了具有鲜明中国特色的科学完整的档案事业管理体制。可将档案事业管理体制演进的历程划分成以下4个发展阶段:

1. 体制形成阶段(1949—1958年)

1951年,中央人民政府政务院颁布了《公文处理暂行办法》,指出要分别管理党、政、军档案,集中管理党史档案,集中管理机关档案。1954年,国务院提请全国人大常委会批准,成立了国家档案局,管理国家档案事务。同年,成立了中央档案馆筹备处。1955年,国务院批准颁布《国家档案局组织简则》,规定了国家档案局的职责、权利和任务。1956年,国务院公布《国务院关于加强国家档案工作的决定》,指出:"档案工作的基本原则是集中统一地管理国家档案,维护档案的完整与安全,便于国家各项工作的利用。全国档案工作,都应该由国家档案管理机关统一地、分层负责地进行指导和监督。"《国务院关于加强国家档案工作的决定》的公布意味着我国档案管理体制的产生。

2. 基于中央领导的党政档案统一管理阶段(1959—1984年)

1959年,中共中央发布了《关于统一管理党政档案工作的通知》,确立了我国党政档案工作统一管理原则和体制,阐明了党政档案工作统一管理的必要性,指出"党的档案和政府、军队、群众团体以及各企业、事业单位的档案都有不可分割的联系,而且各机关的档案都必须以党的方针政策为纲才好整理。因此,把党的档案工作和政府的档案工作统一起来是完全必要的。在档案工作统一管理之后,各级档案管理机构既是党的机构,又是政府机构""各级档案管理机构在中央由中央办公厅主任直接领导,在地方由各级党委秘书长直接领导(不设秘书长的县委由办公厅主任直接领导)"。1959年,中共中央和国务院直属档案馆——中央档案馆建成，它是中华人民共和国成立后建立的第一个规模较大的档案馆，主要任务是收集、保管中共中央和国家中央机关具有永久保存价值的重要档案及中华人民共和国成立前中共中央机关的革命历史档案，对馆藏档案进行整理、研究、宣传和向社会各界提供利用，为中共中央和国务院的各项工作服务。到1965年10月为止，除台湾之外，各省、自治区、直辖市均设置档案馆与档案局，相当于档案管理体制中的首次伟大变革。1979年，中央办公厅、国务院办公厅印发《关于恢复中央档案馆名称和国家档案局的通知》。1980年，国家在《中共中央、国务院批转国家档案局关于全国档案工作会议的报告》中明确定位了档案管理体制，各层级档案管理组织既属党组织，同时也属政府组织，在中央通过办公厅的主任进行直接领导，在地方通过各层级党委的秘书长予以领导，假如县委没有设置秘书长一职，将由办公厅主任进行领导。

3. 基于国务院领导的党政档案统一管理阶段（1985—1991年）

1985年，中共中央、国务院批转《关于调整我国档案工作领导体制的请示》的通知，明确表示要做到以下几点：第一，遵循统一管理党政档案原则，与我国的国情相适应，各级的档案组织既是党组织，同时也是政府组织，充当双重身份，在政府的编制中纳入。第二，由国务院直接领导国家档案局，在国务院的编制中纳入，通过秘书长对于日常的工作加以领导。档案局管理第一、第二历史档案馆，其管理属归口性质；中央档案馆作为中央与国务院直接下辖的事业单位，由中央办公厅直接管理日常事务，在业务办理方面接受档案局的直接指导。第三，地方各层级档案局是通过人民政府直接管理的机构，领导的关系进行有效的调整与否，通过省、自治区、直辖市的党委及政府立足于实际加以明确。各层级档案局管理各层级的档案馆，其管理属归口性质。以上是中华人民共和国成立后第二次有关档案管理体制方面的改革。1987年，第六届全国人民代表大会常务委员会第二十二次会议通过《中华人民共和国档案法》，并规定：坚持中国共产党对档案工作的领导。各级人民政府应当加强档案工作，把档案事业纳入国民经济和社会发展规划，将档案事业发展经费列入政府预算，确保档案事业发展与国民经济和社会发展水平相适应。档案工作实行统一领导、分级管理的原则，维护档案完整与安全，便于社会各方面的利用。国家档案主管部门主管全国的档案工作，负责全国档案事业的统筹规划和组织协调，建立统一制度，实行监督和指导。县级以上地方档案主管部门主管本行政区域内的档案工作，对本行政区域内机关、团体、企业事业单位和其他组织的档案工作实行监督和指导。乡镇人民政府应当指定人员负责管理本机关的档案，并对所属单位、基层群众性自治组织等的档案工作实行监督和指导。机关、团体、企业事业单位和其他组织应当确定档案机构或者档案工作人员负责管理本单位的档案，并对所属单位的档案工作实行监督和指导。

4.中共中央领导下的局馆合一阶段（1992—2018年）

1992年，我国进一步加快改革的进程，邓小平的南方谈话标志着改革开放开始书写新的历史篇章。中国共产党第十四次全国代表大会（简称党的十四大）提出构建且完善市场经济体制的伟大目标。十四大之后，我国通过三年时间针对较为宏大规模的机构实施改革，旨在使政府管理与市场经济体制的需求相适应。十四大明确了机构改革的目标，即切实转变政府的职能，使其由管理者向服务者转变，逐步地理顺关系，以提高效率与质量为目标，尽可能地做到精兵简政。1993年，中国共产党第十四届二中全会一致通过《关于党政机构改革的方案》，并在第八届全国人民代表大会上一致通过《国务院机构改革方案》，中央联合国务院共同出台《关于印发中央档案馆、国家档案局职能配置、内设机构、人员编制方案的通知》，明确指出有效地合并中央档案馆和国家档案局这两个部门，这也就意味着虽然机构是一个，但是挂着上述两套牌子，同时履行两种职能，即保管与运用档案的职能、行政管理档案事业的职能，属中央与国务院所直属，机构的级别是副部级。各层级地方借鉴中央模式改革档案机构。以上为档案管理体制的第三次改革，其特征是切实转变职能，也就是说，合并档案馆与档案局。此次改革之后，迄今为止我国依然沿袭管理档案体制。

此次档案管理体制改革，在档案管理机构改革上基本完成了由传统行政管理向现代公共管理的政府组织转型。多年来，全国各级档案管理机构按照"统一领导、分级管理"的原则，对档案进行了卓有成效的管理，取得了很大成绩。

（三）中国特色社会主义进入新时代

2017年10月，中国共产党第十九次全国代表大会（简称党的十九大）胜利召开，习近平同志代表第十八届中央委员会作题为《决胜全面建成小康社会夺取新时代中国特色社会主义伟大胜利》的报告。大会在分析了我国社会主要矛盾转化为"人民日益增长的美好生活需要和不平衡不充分的发展之间的矛盾"的基础上，作出了中国特色社会主义进入新时代的重大政治论断，开启了社会主义现代化建设的新征程。党的十九大报告进一步指明了党和国家事业的前进方向，是我们党团结带领全国各族人民在新时代坚持和发展中国特色社会主义的政治宣言和行动纲领。学习贯彻党的十九大精神，尤其要深刻学习领会中国特色社会主义进入新时代的新论断。

就档案工作而言，新时代的主要矛盾是人民群众对档案信息的日益迫切需求与档案信息资源建设不充分、创新服务能力不强之间的矛盾。了解和把握新时代人民群众对档案信息的需求取向，深刻认识档案工作服务人民群众的供需矛盾，积极采取切实有效的对策予以解决，是新时代档案工作的重中之重。

三、新时代档案管理体制的主要内容及特点

从我国档案管理体制的发展历程来看，档案管理体制受到国情和国家体制的影响。我国现行的档案行政管理逐步形成了"统一领导、分级管理"体制，这既是我国档案工作的基本原则，也是建设我国档案体制最根本的组织

第八章 新时代档案管理体制改革

制度,具有中央统一领导、地方分级管理的灵活、科学、民主等现代特色。

(一)集中统一的档案管理体制

我国集中统一的档案管理体制实际上是在国家档案局成立之后,党和国家为了改善国家机关的工作,建立合理规范的档案管理制度,根据既有利于加强中央的统一领导,又能适应地方实际工作需要而制定的,其主要内容包括:一是国家档案行政管理部门主管全国档案事业,县级以上地方各级人民政府的档案行政管理部门主管本行政区域内的档案事业;二是各级综合档案馆负责集中统一管理本级党、政、群及其直属机构形成的需要永久保存的档案资料,并负责提供利用;三是机关、团体、企事业单位和其他组织的档案机构,应统一管理本单位的档案,负责建立健全本单位档案工作的各项规章制度,指导本单位文件材料的收集、整理和归档工作,监督指导所属机构的档案工作;四是中央和地方各级党委及政府档案工作机构,既是党的机构,又是政府机构,具有双重性。这种管理体制体现了我党的民主集中制原则,是国家实行管理活动和机构正常运转的组织保证。

从国家层面来看,作为国家最高档案行政管理部门,中共中央、国务院的直属机构,国家档案局的设立、撤销或者合并,须符合《国务院组织法》的要求,并严格按照《档案法》的规定,对全国的档案事业实行统筹规划、组织协调,建立统一制度,实行监督和指导。也就是说,法律赋予了国家档案局行政主体的资格,在档案行政管理活动中享有国家行政权力,能独立实施行政行为,并承担由此产生的法律责任,实现责权统一。尤其在依法治国的背景下,依法治档、依法管档在档案行政行为活动中意义更大。在我国现行的档案管理体制下,为克服档案分散保管和避免政出多门的弊端,减少行政层级、精简机构和提高档案部门的行政效率是十分必要的,也更有利于维护国家档案资源的完整与安全,方便社会各方面利用,发挥档案史料的价值。

从地方层面来看,地方各级档案行政管理部门实行的是由地方人民政府领导下的分级管理的具体模式。也就是说，地方档案行政管理部门接受国家档案局统一领导，主管本行政区域内的档案事务，并对本行政区域内机关、企事业单位、各团体或其他组织的档案工作实行监督和指导。《档案法》第八条第二、三款明确规定："县级以上地方档案主管部门主管本行政区域内的档案工作，对本行政区域内机关、团体、企业事业单位和其他组织的档案工作实行监督和指导。乡镇人民政府应当指定人员负责管理本机关的档案，并对所属单位、基层群众性自治组织等的档案工作实行监督和指导。"第九条也指出："机关、团体、企业事业单位和其他组织应当确定档案机构或者档案工作人员负责管理本单位的档案，并对所属单位的档案工作实行监督和指导。"这种分级负责的管理体制，是党中央、国务院领导下的分权分责制度在档案管理体制上的具体化，既符合我国的国情和政体，又有利于分级管理，便于档案事业的科学发展。

需要指出的是，部分地方人民政府的档案行政管理部门并没有单独设立档案局，而是与其他部门合并，例如与地方志办公室或党史研究室合并办公，则不再是行政主体，有的地方档案行政管理部门为事业编制，其行政主体资格受到限制，但大部分档案行政管理部门为参照《中华人民共和国公务员法》（以下简称《公务员法》）管理的事业单位。

（二）条块结合的档案管理体制

将档案管理的"条"与"块"有机结合，有利于克服档案分散保存和档案管理活动各行其是、各自为政所带来的各种弊端，有效地维护档案的完整与安全，便于社会各方面利用。我国的社会主义制度为这种体制的确立和推行提供了非常有利的条件，"条""块"结合更符合中国特色的社会主义政体，具有重要的现实意义。所谓"条"，是指有关行业、专业体系，如电力、水利、铁路、气象、民航、国土、邮电等部门。按"条"管理就是按照行业部门专业工作体系的隶属关系，由行业主管部门对所属系统内各单位的档案工作实行管理。所谓"块",是指各地各级行政区域,如省、市、县等。按"块"管理就是各级档案行政管理部门按照各级行政区域划分的界线,对本行政区域范围内各机关、团体、企事业单位以及其他社会组织的档案工作进行指导、监督和检查。"条""块"结合的档案管理体制,就是把"条"与"块"分别管理的制度或模式有机地结合起来,两者兼顾,扬长避短,形成档案工作纵横管理格局,具有鲜明的中国特色。

按"条"管理,实际上就是一种纵向的分权分责,它打破了区域限制,把各级同类机关、单位的档案工作联系起来,进行同系统、同行业、同专业体系的管理。这种管理体制有着自然的联系。一方面,从行政领导关系上看,有着上下级领导与被领导的关系;一方面,从专业上看,档案的性质和内容相同或相近。因此,在档案管理标准、规范等方面容易形成一个共同点,管理和交流都比较方便。1983年,中共中央办公厅、国务院办公厅印发的《机关档案工作条例》指出:"中央和地方专业主管机关的档案部门,应根据本专业的管理体制,负责对本系统和直属单位的档案工作进行指导、监督和检查。"这里的"条"管理实际上就是"统一领导"下的"分级管理"的另一种表现形式。相对于"条"管理的"块"管理,实际上是一种横向的从上到下划分行政区域和领导关系的管理模式。不同层级行政区域就是一块,每一划定的行政区域内的档案工作由该区域的档案行政管理部门管理,也是一种分级负责的管理方式。

在"条""块"管理的结合方面,《机关档案工作条例》中明确规定,"各机关档案部门的业务工作受同级和上级档案业务管理机关的指导、监督和检查。对驻在地方的上级直属单位的档案工作,实行以专业主管机关为主、地方档案管理机关为辅的管理体制"。对于驻地档案工作,就实行以"条"为主、"条""块"结合的档案管理方式。

"条""块"结合的档案管理体制主要在政府管理的大型企业和科技事业单位以及垂直管理的部门实行。一方面,从我国的经济体制来看,按专业(行业)自上而下进行管理,便于档案资料组织管理和系统完整,更适合"条"

"块"结合、以"条"为主的管理体制。另一方面,从科学技术档案自身形成与生产联系的实际情况来看,实行按专业系统管理,符合科学技术档案当时的发展规律。因此,实现"条""块"结合的管理体制,更有利于科学技术档案管理。随着国家行政体制的深化改革,档案体制也随之变化,以"条"为主或以"块"为主、"条""块"结合的方式在当今成了我国档案管理体制的一大亮点。

(三)"局馆合一"的管理体制

1993年机构改革时,在坚持党、政档案一体化管理的基础上,各级档案管理部门重新归口党委领导,同时根据实际需要,由一个机构行使两种职能。从全国来说,在各级党委、政府领导下,遵循国家政治体制改革总体目标和"精简、统一、效能"的基本原则,从档案部门的实际出发,大部分档案机构普遍应用"一个机构两个牌子,行使两种职能"的模式。自1993年国家档案局与中央档案馆合并后,档案机构从上到下都实行了"局馆合一"的管理体制。所谓"局馆合一",是指一个机构两块牌子,履行档案事业行政管理和档案实体保管利用两种职能。至此,"局馆合一"档案管理体制得以形成与确立。这种"局馆合一"与"一个机构两块牌子,行使两种职能"模式相结合的档案管理体制,也正是我国社会主义档案管理体制的特色。

但"局馆合一"与"一个机构两个牌子,行使两种职能",绝不仅仅是形式上的组合,从本质上讲是一种制度创新,是档案工作管理体制的重大调整;这也不是原来两个机构的简单相加,而是形成一种新型的组织形式,使两者有机地统一起来,全面协调发展,从而形成统一、科学、高效的管理体制和运行机制。

目前,我国大部分地方档案行政管理部门都归口政府序列管理,但也有些地方实行的是归口党委系列管理。四川省在1996年实行机构改革,省档案局、省档案馆合署办公,成立一套班子两块牌子,履行全省档案事业行政管理和档案资料保管利用两种职能,为省政府直属事业单位。这为各市(州)、区(县)档案局与档案馆合并奠定了基础,同样各地各级档案局(馆)也归为政府直属事业单位。2006年颁布实施《公务员法》后,全国相继实行公务员管理体制改革,于是四川省各级档案局(馆)又纳入了政府序列依照《公务员法》进行管理的直属事业单位。

四、档案行政管理机构的设置及功能

依据《档案法》以及我国档案工作实行"统一领导,分级管理"的原则,不论是党政机关还是企事业单位和其他团体组织,都必须建有自己的档案管理机构。各级各类档案行政管理部门根据管理范围和机构设置的不同,履行各自不同的管理职责。

(一)档案行政管理机构的设置

1956年4月16日,国务院《关于加强国家档案工作的决定》明确指出:我国档案工作的基本原则是集中统一管理国家档案,维护档案的完整与安全,便于国家各项工作的利用。全国档案工作,都应该由国家档案管理机关统一地、分层负责地进行指导和监督。各级机关的档案材料,均应该由机关的档案业务机构——档案室集中管理,不得由承办单位或个人分散保存;各机关的档案和代管的档案,非依规定的批准手续,不得任意转移、分散或销毁,其中需要永久保存的部分,应当按照统一的规定,分别集中到国家的中央档案馆或地方档案馆保管。这一行政法规明确规定,我国设立3种档案机构,即国家档案行政部门、机关档案室和各级各类档案馆。其中国家档案行政部门是国家档案事业的行政机关,在中央设立国家档案局;各省(自治区、直辖市)、市(地、州、盟)、县(旗、区)人民政府设立档案局;中央和地方专业主管机关的档案部门(处、科、室)既是本单位档案的管理机构,又是本专业系统的档案行政部门。

（二）档案行政体制的功能及影响因素

档案行政体制的功能是指有关组织制度系统及其行政机构对其环境客体发挥作用的能力。档案行政能否具有良好的运行机制，其中关键性的因素之一，就是其行政体制本身是否具备优良的功能。不同类型的行政体制，具有的功能及表现出来的作用形式也不尽相同。但是，较为科学合理的档案行政体制具有同其社会发展相协调的基本特征。

1.档案行政体制的功能

（1）规范功能

档案行政体制的基本功能之一就是规范功能。科学的档案行政体制，具有明确档案行政机构及其行政人员的行政职责，规范行政行为，并合理划分的特征。所以，这种体制本身的功能之一就是规范和制约各级各类档案行政机构的职权和义务。我国1987年颁布的《档案法》明确规定，国家档案行政管理部门主管全国档案事业，对全国的档案事业实行统筹规划、组织协调，建立统一制度，实行监督和指导。同时，《档案法》还对各级人民政府的档案行政部门的职责作出相应的规定。我国的其他档案行政法规，如《中国人民解放军档案工作条例》《科学技术档案工作条例》《企业档案工作规范》等，均对有关系统行业的档案行政机构的组织职责作出明确的规定。

（2）促进功能

科学的档案行政体制具有促进国家档案事业发展的作用。在科学的档案行政体制的推动下，可以实现各级各类档案行政机构的合理配置，政令畅通，标准一致，并保证它们能够有机协调、规范管理、高效运转。当然，不科学的档案行政体制只能给整个国家档案事业的顺利发展带来阻碍，其运行的结果可能为：档案行政机构职责不明，死板僵化，机构臃肿，缺乏效率，人浮于事。

（3）保障功能

科学的档案行政体制具有确保各级各类档案行政机构顺利实现各自组织宗旨的能力。不同级别、不同类型的档案行政机构都有法定的职能，但这些职能要得到科学落实，必须有一种与之相适应的组织制度、机制体制作为保证。建立科学的档案行政体制也是有效实现国家宏观与微观的档案行政职能的必要保障条件之一。科学的档案行政体制能够使各级各类档案行政机构各司其职、协调配合，并保证国家有关档案行政法律法规的有效实施。

（4）人才培养功能

科学的档案行政体制有助于为档案部门造就更多更好的行政人才。这是因为这种体制的主要内容之一就是对档案行政人员进行科学的管理，这就为新时期档案行政人才的培养和选拔提供了良好的组织制度条件。要实现档案行政体制配置的科学性与合理化，档案干部职工的队伍建设至关重要，复合型的行政人才是必不可少的。可以说，档案行政人员的素质直接影响档案事业的科学发展。

2.影响档案行政体制功能实现的因素

档案行政体制作为国家行政体制的一个必要组成部分，既受制于大的社会环境因素，诸如国家的现行行政体制、政治制度、经济体制、文化传统等，又受制于档案工作系统自身内部因素，例如档案机构发展的历史、人才和思想观念等因素。要想建立科学的档案行政体制，就必须认真研究、科学分析和认识影响档案行政体制的各种主观客观因素。

（1）社会大环境因素对档案行政体制的影响

其主要表现在以下几个方面：

①国家现行行政体制的影响。档案行政体制是整个国家行政体制的一个组成部分，因此它无疑要受到一个国家现行的行政体制的制约，要同其他方面的行政体制保持协调一致。行政体制作为一个国家政治体制的必要组成部分，与一个国家的基本国情紧密相连。而我国是社会主义国家，在建立和完善我国社会主义的档案行政体制时，有关部门和人员必须首先弄清我国的基

本行政体制，了解我国的基本国情，特别是相关部门、机构、组织的设置及职权分工情况，以便使档案行政机关（机构）的设立和职责分工同其他相关部门、机关保持一定的协调性。

②社会经济体制的影响。一个国家的经济制度，一般是指其所有制结构、国民经济决策体制及调节结构、经济利益的分配方式、经济组织体系等的总和。档案行政体制作为国家行政体制的重要组成部分，必然会随着社会经济的发展，与我国社会主义市场经济体制相适应，遵循经济发展规律，服务社会经济发展。

③国家政治体制的影响。所谓政治体制，简言之，就是一个国家政权的组织和结构形式、管理制度及其运行机制。政治体制决定着档案行政体制的性质和基本的发展方向。档案行政体制同国家的政治体制密切联系，即有什么样的社会政治体制就必然有同其相适应的、基本性质相同的档案行政体制。在实际工作中，应该注意整个国家政治体制的发展变革，尤其是新时期新形势下，及时调整和完善与周围环境不一致、不协调的某些档案行政体制的内容，使其更加科学合理。

④传统文化的影响。传统文化通常对一个国家的档案行政体制有着潜在的、无形的、长久的影响，其中优良的民族文化传统对档案行政体制的确立和完善往往会起到积极的作用；相反，不良的文化传统，诸如"大一统""官本位""小农意识"等，对我国档案行政体制的科学化进程往往会产生消极的影响，阻碍我国档案行政体制的发展和完善。

（2）档案管理系统的自身因素对档案行政体制的影响

其主要表现为以下几个方面：

①档案管理机构建设的历史因素的影响。在中华人民共和国成立后，我国社会主义档案行政体制才得到发展和完善。从我国档案行政管理机构的发展历程可以清晰地看出这一点。

②干部人才因素的影响。在档案机构中，人才的素质直接关系到国家档案事业的存在与发展，同时也影响着档案行政体制所确定的各级各类档案机

构的职能实现。从某种意义上讲，这个方面的因素对整个国家的档案行政体制有着决定性的影响作用。高素质档案人员是实现社会主义现代化档案管理事业的根本保证之一，也是档案机构的制度、规定得到顺利实施的可靠保障。缺少这个条件，无论多么科学的档案行政体制，都难以发挥应有的作用。

③思想观念因素的影响。思想是行动的先导。档案工作者的思想观念对档案行政体制的形成和发展具有不可忽视的作用。由于中华人民共和国成立后的档案事业发展经历了较为复杂的历史过程，所以广大档案工作者对档案行政活动的认识也不尽相同。其中，有些认识是积极的、现实的、科学的，即那些真正把握住档案行政内涵及其功能的观念性认识。这种认识无疑会推动和促进我国档案行政及其体制的发展与完善。但是，我们也应该注意到，在一些人的思想观念中，至今仍然存在着对档案行政的不正确的认识，影响和制约着整个档案事业的发展。作为新时期新形势下的档案行政工作者，应当充分意识到档案行政体制对档案事业发展的决定性作用，积极采取措施，努力消除各种不利思想观念的影响。

五、档案管理体制的创新方向

（一）目标

我国现行档案管理体制使我国档案事业在行政管理和档案保管利用方面得到了实实在在的加强，有力地推动了我国档案事业的全面发展。但我们要清醒地认识到：我们正处在一个改革和发展的年代，随着我国社会主义市场经济体制的不断完善和社会现代化进程的加快，档案工作中"条块分割"问题、"局馆合一，政事合一"问题、文件与档案管理割裂以及非公企业、私人档案管理等问题已成为制约我国档案事业发展的体制障碍，我们只有不断地进行体制调整与改革，才能适应我国档案事业发展的需要。我国档案管理体制改革的目标就是建立与社会主义市场经济体制相适应的档案管理体制。

(二) 基本方向

1.市场化

市场化是当今世界各国行政改革的大方向，同时也是我国行政改革的基本方向。市场化的改革方向是我们改革开放多年来的基本经验，是经过我们反复艰苦的探索得出来的结论，同时也是我们今后改革的方向。我国档案管理体制改革同样也要以市场化为目标，积极探索建立与社会主义市场经济体制相适应的档案管理体制。

2.法制化

中国是世界文明古国之一，历代统治者对档案和档案工作都很重视，但是几千年来都是依靠行政手段对档案和档案工作进行管理。由于这一历史原因，人们的档案法制观念比较淡薄，旧的传统习惯影响了档案工作的发展。依法治档一直以来都是我国档案工作中的薄弱环节。近年来，虽然我国也出台了一系列档案法律法规及规范性文件，但由于我国的档案法规原则性条款多，可操作性条款少，依法治档仍停留在表面上，停留在宣传和文件上。档案工作中存在着无法可依、有规难依、执法不严和监督乏力的局面。法制化，就是一切活动要以法律法规为准绳，在法制的框架内寻求解决问题的途径。为推动我国档案事业健康发展，迫切需要适应政府职能转变，实行依法管理，加强法制化建设。

3.现代化

现代社会发展日新月异，因此要求信息部门以较高的信息存储、处理和输出速度，高质量地为社会服务。档案部门是信息部门的组成部分，应以崭新的面貌服务于这个时代。现代信息技术广泛应用于文件与档案工作领域，档案管理对象的数字化、管理手段的现代化、管理模式的多样化是档案管理活动面临的新的机遇和挑战。档案工作如不能卓有成效地为社会服务，就很难获得社会应有的重视和支持，档案工作的发展就会受到一定的影响。过去，人们的档案意识不强，档案工作发展速度不快，与此有密切的关系。现在，档案工作已由封闭状态向开放状态转变，档案工作水平与质量将对社会产生很大的影响。只有通过现代化，使档案工作充分发挥它特有的作用，提高它的社会地位，才能推动档案事业迅猛发展。

（三）具体思路与建议

虽然我国现行档案管理体制在推动我国档案事业发展方面取得了一些成绩，但其带来的一系列问题也不容忽视。为进一步推动我国档案事业健康发展，我们有必要对现行的档案管理体制进行调整与改革。

现行档案管理体制改革是一项全面系统的工作，它不是对传统档案管理体制完全推倒、重新构建，而是要在国家行政管理体制改革的总体框架内，逐步探索、逐步完善和逐步实现。

1.完善我国现行档案管理体制改革的思路

从适应现代公共行政改革的需要出发，我国档案管理体制改革将朝以下3个方向发展：第一，适应政府职能和角色的转变。传统的计划经济体制下的政府全能角色作用逐渐减弱，政府独享的管理职能已部分被市场和社会分割，政府要逐步退出部分应该属于企事业单位或社会管理的权力。第二，适应现代公共行政运作方式的转变。传统的行政管理方式是不断地扩张行政功能，通过行政系统直接行使管理职能，而现代公共行政方式则趋向于间接运作和分权运作。第三，适应政府观念的变化。市场经济产生纳税人的意识，政府用纳税人的钱来进行国家管理，要有效率观念、服务观念等。

2.完善我国现行档案管理体制改革的建议

（1）集中统一管理、整合档案资源，建设"大档案"

集中统一管理是我国档案工作指导思想。实践证明，集中统一管理的指导思想克服了我国特定历史条件下档案分散保管和档案工作各自为政的弊端，对推动我国国家规模档案事业的建设有着积极的意义。我们将继续坚持集中统一管理的指导思想，继续加强我国档案事业的统一领导、统一规划和统一制度；继续加强党和政府对档案事业的领导，保证党和国家档案的完整与安全；继续加强对档案信息资源的管理和开发利用，维护党政档案的历史的有机联系。集中统一的档案管理体制是同我国经济基础相适应的，符合我国现行国家制度、传统文化观念，符合宏观管理原则。

在坚持统一领导的基础上，有效整合档案资源，建设"大档案"，就是要打破档案接收和利用中的时间、区域、全宗界限，广泛整合全部档案资源。在区、县级甚至市（地）级科学整合档案资源，建设"大档案"，体现规模效益，构建真正意义上的综合档案馆。通过科学整合档案资源，实现机构设置"精简、统一、效能"的目标，从根本上打破机构设置"上下一般粗"的状况。建设"大档案"可以实现国家档案资源的有效配置，以适应档案资源社会共享的需要。

（2）管理体制多样化

市场化带来了档案所有权的多元化，档案所有权的多元化带来档案管理体制的多样化。对于各种非国有企业以及外商投资企业档案的管理，必须具体问题具体分析。允许企业在遵守国家相关法律、法规和制度的前提下，对其档案的管理享有充分的自主权。因单位而异，选择合适的管理方式，可以采取集中统一管理，也可以实行分布管理（分部门、分档案门类相对集中管理），还可以实施集中与分布相结合式管理等。

面对非国有企业、外商投资企业档案大量涌现的现实，各级档案行政管理部门应当将工作的重心放在对这些档案中"对国家和社会有保存价值"的部分进行合理监管上来，按照以服务和引导为主，保护对国家和社会有保存价值的档案的思路和原则开展工作，通过服务来实施适度的监督、检查、引导和管理。

（3）政事分开，局馆分立

政企分开、政事分开是我国机构改革的方向。根据机构改革"政事分开"

的要求，档案行政管理部门和档案馆要从职能上将二者分开，通过借鉴其他国家档案管理机构设置的做法，将档案行政管理部门与档案馆在机构、人事、财务上彻底分开，档案行政管理部门实行"条条管理"，而档案馆则作为文化事业单位实行"块块管理"，按照社会分工的原则，充分发挥各自的职能特点，各归其位，各司其职。

档案行政管理部门作为国家行政体系有机组成部分，主要履行其统筹规划、组织协调、统一制度、监督和指导的管理职责。通过贯彻法律法规、制定规章、执法检查等手段，管理各单位的档案工作。档案馆是集中管理档案的文化事业机构，负责接收、收集、整理、保管和提供利用各分管范围内的档案。档案馆作为事业单位，在管理方式和运行机制上，也不应再照搬政府机关的模式，而应在国家法律法规指引下，勇敢地走向社会，面对市场。

（4）文档管理一体化

文档管理一体化既是业务上的问题，也是体制上的问题。文书工作是档案工作的基础，档案工作是文书工作的延伸和发展。从发展的观点看，我们有必要把文件管理和档案管理看作一个统一的系统工程，采取统一的工作制度和方法来控制前后各有特点但又互相连续、衔接的工作程序。这样不仅可以加强档案部门对文件管理的超前控制，保证进馆档案的质量，还能够减少档案部门的工作压力，避免重复劳动。因此，一方面在单位内部建立文件实时归档制度，将文书部门和档案部门合二为一，在单位内部构筑文档管理一体化平台；另一方面结合各地实际情况建立文件中心、档案管理中心，发挥集约优势，降低运行成本，为档案管理机构的设置提供新的思路。

总之，必须在继承原有体制与理念的基础上进行创新与开拓，这是适应社会主义市场经济体制，不断完善和发展的理性选择。

第二节 典型国家的档案管理体制

一、法国的档案管理体制

法国是世界上具有近代意义的档案事业的开创者,首创了集中式档案管理体制。1789年,法国在进行资产阶级大革命的同时,也进行了档案工作的一系列重大改革:一是建立了国民议会档案馆,首先解决保护革命政权机关档案的问题;二是颁布了成立行政区档案馆的法令,开始形成地方档案馆体系;三是着手处理和集中旧政权机关的档案、被没收的教会档案和逃亡贵族的档案;四是颁布了世界上第一部档案法,规定了国家档案馆作为中央一级的档案馆负责接收中央级各机关的文件;五是建立了省档案馆,使法国的档案工作开始发展为国家的一项独立的专门事业,不仅对法国档案工作的发展具有决定性的意义,而且对世界各国,特别是欧洲一些国家有很大影响。

(一)法国档案管理体制概述

在法国大革命前夕,法国档案工作是相当分散和落后的。档案机构数量和类型众多,既有教会档案馆、城市档案馆,也有中央机关档案馆、地方档案馆,还有军事档案馆、大学档案馆、私人档案馆等。这些档案馆分布分散而且彼此之间没有任何的联系,既没有纵向的隶属关系,也没有横向的业务协作。各个档案馆各自为政,缺乏统一的领导和管理。此外,档案的保存也相当分散,各保管机构都各自采用自己认为合适的管理制度和方法,并没有建立全国统一的档案工作规章制度或制定统一的档案法规。这种分散与落后的状况在法国资产阶级革命爆发仅仅半个月后的档案工作改革中得到了彻底改观。

根据1789年7月29日颁布的《国民议会组织条例》，法国建立了国民议会档案馆，负责保存国民议会的文件。1790年9月12日，法国颁布了《国家档案馆条例》，将国民议会档案馆改名为国家档案馆，建立了世界上第一个真正具有国家意义的综合性档案馆，作为法兰西共和国中央级档案馆，负责保存历史档案和历届国民议会、中央各机构的档案文件。1790年11月5日，法国颁布了《关于成立行政区档案馆的法令》，建立地方档案馆体系。该法令规定各行政区设立档案馆。地方档案馆作为国家档案馆的分馆，接受地方政府和国家档案馆的双重领导。1794年6月25日，法国国民议会颁布了国家档案工作的第一部根本大法，也是世界上第一部专门的档案法——《穑月七日档案法》，将行政管理权授予国家档案馆，使家档案馆不仅是档案的保管机构，而且担负起对所有地方档案馆的领导、业务指导和监督之职。因此，国家档案馆履行着档案保管和业务指导的双重职能。后来随着档案工作的逐步发展壮大，法国越来越感到设立专门档案行政管理机关的必要性。为此，1884年法国颁布了关于建立法国档案局的法令，规定档案局是法国档案事业最高行政管理中心，负责掌管全法国的档案事务。从此以后，法国国家档案馆不再行使行政管理的职权，仅作为档案局的直属机构，负责收集和保管中央机关的档案和历史档案。

到目前为止，法国只在中央设立了一个档案事业行政管理中心——法国档案局，负责指导、监督中央和地方国家档案馆的工作。这说明法国集中式的档案管理体制具有单一型的特点。

（二）法国档案机构的设置及其职能

法国目前形成的完整档案机构体系是由国家档案机构系统和非国家档案机构系统共同组成的。

法国国家档案机构系统是指由国家各级政府拨发经费、接受法国档案局统一领导的各级各类档案馆组成的网络。具体而言，该系统由法国档案局、国家档案馆、各省档案馆、市镇档案馆、社区档案馆、慈善机构档案馆、中间档案保管中心和主管机关档案馆等组成。

法国档案局是全国唯一的档案事业行政领导中心，于1884年成立。它最早隶属于教育部，后一度改归内政部领导，1959年以后成为文化部的下属机构。1897年至今，档案局局长兼任国家档案馆馆长，是全法国档案工作的最高领导人。在集中式档案管理体制下，法国档案局负责领导国家档案馆、各省和市镇档案馆，对各机关的档案工作实行监督和指导。法国档案局与国家档案馆设在同一座大楼内，合署办公，除内部职能机构外，档案局还设有5个下属机构：一是最高档案委员会，属咨议性机构，由各档案馆、中央各部和学术机构的代表组成，负责审议和研究档案工作的重大问题，协助起草档案工作计划、条例、办法等；二是档案监察委员会，负责监督地方档案馆的工作；三是总检查处，协助局长检查局属各档案机构的工作；四是技术评判委员会，负责研究和报送关于机构设置和人员状况的材料；五是行政评判委员会，负责研究和报送关于职员的任命、提升、调动、解职等方面的材料。档案局为了对档案移交机关档案整理情况进行监督，还设有档案视察监督员。法国档案局是法国档案外事活动的主管机构，对法国档案事业发展和档案界的国际交往起着重大作用。

法国国家档案馆是世界上第一个具有近现代意义的综合性国家档案馆，其内部机构设置十分健全，由4个部、6个处和若干分馆组成。4个部分别是古代档案部（保存1790年之前的档案），近代档案部（保存1790年至第二次世界大战之前的档案），现代档案部（保存第二次世界大战以来的档案），科学、文化、技术活动部。6个处分别是历史研究与资料处、照片与缩微胶卷处、信息处、书刊档案与地名处、培训处以及出版处。若干分馆主要是海外档案中心（保管着有关阿尔及利亚和原殖民地的所有档案，包括原殖民地部的档案）、枫丹白露现代档案城（又名部际档案城或当代档案中心，主要负责接收中央政府各部的半现行文件，它只对移交文件的政府各部开放，不向公众开放）、埃斯佩朗微缩胶片保管中心（储存为了以防万一而复制的法国档案缩微胶片)、国家档案馆接待与查阅中心和劳工(劳动界)档案中心(1993年开馆,负责保管经济与企业档案)等。

地方档案馆是法国档案工作改革的一项重要成果。1796年废行政区改设省之后,行政区档案馆更名为省档案馆,形成地方档案馆体系,意味着法国从中央到地方有了两级建制的国家档案馆网。到目前为止,法国各省都建立了地方档案馆,共有近百个。此外,各省还建立了隶属于省档案馆的文件中心,负责保管各省机关尚不能销毁或暂时不能向档案馆移交的文件。

法国市镇档案馆负责保管市镇成立以来的档案。根据1970年颁发的法国市镇档案法,居民不足2 000人的市镇,其档案馆必须将馆藏150年前的户籍档案和100年前的其他档案移交给省档案馆,但市镇对其移交档案的所有权不变。

以上各类档案机构构成了法国国家档案机构系统,除此之外,法国一些重要机关如国防部、外交部、铁道部等都设有自己的档案馆,它们都是永久保管档案的机构,还有大量的私人档案馆、教会档案馆、大学或科研机关档案馆等。这些机构与国家、省档案馆之间没有上下隶属关系,也不受国家档案局的统一领导,彼此之间是分散独立的。这些机构共同组成了非国家档案机构系统。

二、美国的档案管理体制

美国是一个联邦制国家,其立国基础是英国建在北美洲大西洋沿岸的13块殖民地。这些殖民地分属于同一宗主国的不同统治集团,在政治和行政管理上虽有一定联系,却各自为政、互不统属,实际上是独立的政治实体,导致美国各州均有自己的立法。但得益于美国联邦政府对文化遗产的保护和重视,以及高度发达的现代化市场经济,尽管建国的历史不长,美国仍是世界上档案事业发展水平最高的国家之一。

（一）美国档案管理体制概述

美国实行分散式档案管理体制，其总体特点是全局分散、中央集中。联邦政府档案机构只负责联邦政府各机关的档案和档案工作，对地方档案机构及事务没有指导、监督和管理权。各类档案馆既无纵向的隶属关系，也无横向的业务联系。因此，各州档案机构设立与否，由各州自行决定。各州的档案管理体制情况也不尽一致。有些州的州档案馆是独立的机关（如新墨西哥州等）；有些州的州档案馆是州图书馆的一个组成部分（如亚利桑那州、康涅狄格州、新泽西州、得克萨斯州等）；有些州的州档案馆直属州长领导（如佐治亚州、加利福尼亚州等）；有些州的州档案馆则隶属于该州政府的某一个部（如科罗拉多州的州档案馆隶属于该州政府的行政管理部，纽约州的州档案馆属于州政府的教育部，犹他州的州档案馆属于州政府的财政部等）。此外，在美国的法权观念中，各种集团和私人的档案均属私有财产，拥有者有权自行进行处理，任何政府等其他组织不得予以不合理的搜查和扣押。

但是，美国也借鉴了集中式档案管理体制的一些优点，在联邦政府系统内部，对档案工作实行高度集中统一的管理，这具体表现在3个方面：第一，国家档案与文件署是联邦政府档案工作行政管理的领导中心和最高管理机构，不仅直接领导和管辖国家档案馆及地区分馆、联邦文件中心和总统图书馆，而且依法制定并组织实施国家档案文件管理的规定和有关标准，对联邦政府机关及派出机构的档案文件管理进行指导和监督。值得一提的是，美国国家档案与文件署特别重视档案价值鉴定工作，为此专门设立了一个由14人组成的专门鉴定小组（其成员都是业务熟练的档案专家），负责制定与修改档案鉴定标准和鉴定指南、审批文件形成机关报送的文件处置申请表，指导文件中心的鉴定工作。第二，国家档案馆及其地区分馆组成了一个联邦档案馆网，集中保管着全国所有联邦政府机关的各种类型和载体的档案。第三，15个联邦文件中心集中保存了各个联邦机构的所有半现行文件。通过国家档案与文件署对国家档案馆和联邦文件中心的统一控制和管理，联邦政府机构的文件从产生到进馆的保存都可以得到有效的集中统一的管理。这种高度集中性在一定程度上弥补了分散式档案管理体制的不足。

（二）美国档案机构的设置及其职能

美国档案机构主要有联邦档案机构和非联邦档案机构 2 类。联邦档案机构是指由联邦政府拨款设立的，为联邦政府服务的非营利性档案机构。这些机构主要有国家档案与文件署、国家档案馆及其地区分馆、联邦文件中心和总统图书馆。

美国国家档案与文件署是美国政府行政机构中较重要的 60 多个独立局（署）之一，其职责主要有：制定管理联邦政府文件的方针和工作程序，指导并监督各机构的文件管理；制定标准文件保管期限表，督促机关向联邦文件中心移交半现行文件；指导和检查具有永久价值和历史价值的文件进馆保存，由国家档案馆负责整理、编目和保管工作，并向公众提供利用；出版法律、法令、总统文件等。该署下设 10 个内部职能机构，分别是署长办公室、行政事务办公室、联邦文件中心部、联邦登录部、文件管理部、国家档案馆、总统图书馆部、公共计划部、文件保护部、国家历史出版物与文件委员会。

美国国家档案馆是根据 1934 年罗斯福签署的《关于建立国家档案馆的法令》成立的，其任务是管理联邦政府各机关的档案。根据法令的规定，国家档案馆最初是联邦政府系统中的一个独立机构，直至 1949 年美国国会通过决议成立了国家档案与文件局（1984 年改名为国家档案与文件署）后，国家档案馆成为其内部机构之一，由国家档案馆司负责领导，包括国家档案馆总馆（分为老馆和新馆）和 12 个地区分馆。

联邦文件中心是为联邦机构服务的半现行文件保管机构。全美共有 15 个联邦文件中心，其中有 2 个是全国性的，即设在马里兰州苏特兰市的华盛顿国家文件中心和设在密苏里州的圣路易斯国家人事文件中心。另外 13 个地区性联邦文件中心分别设在波士顿、纽约、费城、芝加哥等城市。联邦文件中心为联邦机构提供了经济实用的文件保管场所和高效便利的利用服务，具有保管费用低廉、服务方式快捷和处置措施有效等特点。

总统图书馆是集档案馆、图书馆与博物馆功能于一体的特殊类型的档案机构，专门用来收藏总统任期内形成和往来的档案文件、文物礼品和其他文献资料以及总统的工作和生活用品、卸任后形成的涉及总统的评述、传记性报刊资料等。

美国的非联邦档案机构不受国家档案与文件署的领导和管辖，《联邦文件管理法》对它们也无法定约束力，它们自成体系，档案管理各具特色。美国的非联邦档案机构主要包括各州和地方政府（市、县等）设立的档案馆和文件中心，还有大学、教会、私人企业等设立的档案馆和文件中心。其中，州档案馆和大学档案馆具有一定的代表性。美国共有 50 个州，由于各州形成的时间和历史背景差异很大，加上它们都制定了自己的宪法，因此各州档案机构的性质、隶属关系和职能都不相同。美国的大学大多设立档案馆，其馆藏档案各有侧重，各为其用。

此外，美国还有一些商业性档案机构，包括商业性档案馆（公司）和商业性文件中心，主要是为私人创办的营利性公司、工商企业或个人提供现代化的文件和档案存储设施与管理服务。目前，较著名的美国商业性档案机构有国内必要文件中心、南方必要文件中心、底特律文件中心等。

三、俄罗斯的档案管理体制

1991 年底，苏联作为一个政治实体宣告解体，俄罗斯联邦作为独立国家登上了世界舞台。

目前，俄罗斯联邦的档案管理体制既保留了苏联档案管理体制传统的一面，同时也出现了一些新的变化。

（一）俄罗斯档案管理体制概述

俄罗斯实行的是集中式档案管理体制，通过行政和法律手段，在中央和地方各级政府下设立等级制的档案行政管理机关，形成一个有层次结构的档案行政管理系统，分级掌管中央和地方的档案事业，领导各级国家档案馆以及档案科研和档案教育机构，把所有档案机构组成一个独立的遵循集中统一管理原则的国家档案部门。应当说，俄罗斯的这种档案管理体制是从苏联延续下来的。

但是，与苏联的档案管理体制相比，俄罗斯的档案管理体制还是发生了一些变化，这主要表现在以下两方面：一是它的集中管理与苏联的集中管理在内涵上有所不同。苏联实行相对的集中管理，其党、政档案分属两个平行系统管理，国家档案管理总局管辖的只是国家档案系统，而党的档案系统存在于国家档案系统之外。现在的俄罗斯虽然也实行集中式档案管理体制，却不再以党、政档案分属两个平行系统管理为前提，而是把包括苏联各政党档案在内的联邦档案全部归入国家档案系统中进行管理。二是苏联所有的档案都是国家档案，公民个人对档案没有所有权。俄罗斯的《档案法》承认公民个人对档案拥有个人所有权，对于非国家所有的档案，即私营企业、集团和个人的档案，档案部门可以与其所有者建立联系，帮助他们对档案进行管理和保护。在取得档案所有者同意的情况下，档案局可以对私人所有的重要档案进行登记，被登记的档案未经允许，不得随意带出国境。

（二）俄罗斯档案机构的设置及其职能

俄罗斯的档案机构主要是在苏联档案机构改组和更名的基础上设置的，主要包括3种类型：

第一种是档案行政管理机关。俄罗斯联邦下辖16个自治共和国、5个自治州、10个自治区、6个边疆区和49个州，都分别建立了上下隶属的档案行政管理机关，从而形成了一个完整的档案行政管理机关体系。

1990年成立的俄罗斯联邦政府档案事务委员会是最高层次的档案行政管理机关。它在苏联解体后成为独立主权国家的档案首脑机关，对外可代表联邦出席国际档案会议，与各国档案界交往；对内负责掌管俄罗斯联邦国家所拥有的一切档案，并负责接管苏共中央的档案和档案馆以及在俄罗斯版图上苏共组织的档案、共青团和工会等组织的档案等。根据1992年发布的《俄罗斯联邦政府档案事务委员会条例》的规定，该委员会直属于俄罗斯联邦政府。它的任务是对全俄罗斯的档案事业进行监督、指导；负责制定和实施档案事业发展的国家计划；组织开发利用俄罗斯联邦档案全宗的档案信息资源；加强机构建设，完善档案管理体制；负责研究和制定在档案工作中应用现代技术的政策，组织建立自动化信息网络和数据库；采取措施提高全俄档案人员和文件管理人员的业务水平；促进各档案机构的学术合作和经验交流，重视国家档案部门的对外交往，参加国际档案活动。档案事务委员会的直属机关包括俄罗斯联邦中央级国家档案馆、文件保管中心和档案科研机关，以及加入俄罗斯联邦的各共和国、边疆区、州、自治州、区及市的档案工作管理机关。另外，档案事务委员会还下设3个咨议性和权力性的机构：一是联席会议，由国家档案局局长任主席，副局长和其他按职务必须参加的领导人为成员，对国家各项档案事务作出重大决策；二是档案学术委员会，负责审查档案学术问题；三是档案鉴定中央评审委员会，负责审查和决定与俄罗斯联邦档案全宗文件成分和档案价值鉴定有关的问题。

1992年，俄罗斯联邦政府档案事务委员会更名为俄罗斯国家档案局。从1994年起，国家档案局由总统直接领导，表明该局的地位得到进一步提高。

除了俄罗斯国家档案局作为一级档案行政管理机关，还存在加入联邦的自治共和国档案局的二级机关和边疆区、州、市、自治州档案处的三级档案行政管理机关，它们在行政上受当地政府领导，在业务上接受国家档案局的领导和监督。

第二种是档案保管机构。在苏联解体后，俄罗斯政府发布了一系列命令和决定，对苏联共产党系统的档案和档案馆进行了迅速的接管，对苏联中央国家档案馆和科研机关进行了改组和更名,从而组成了全新的俄罗斯联邦中央国家档案馆网。当时,俄罗斯共有 15 个中央级国家档案馆和 89 个地方级档案馆,它们的前身大多是苏联中央国家档案馆和苏共中央档案馆,还包括原苏共组织在俄罗斯设立的档案馆,以及俄罗斯各自治共和国、自治州、边疆区、州和市原有的档案馆。

1999 年,俄罗斯将原来部分文件中心更名为档案馆,如将"俄罗斯当代史保管和研究中心"更名为"俄罗斯国家社会政治历史档案馆";将"俄罗斯现代文件保管中心"更名为"俄罗斯国家当代史档案馆"。此外,莫斯科市、圣彼得堡市以及俄罗斯文化部下属的一些博物馆和图书馆珍藏了大量的档案文献,俄罗斯科学院档案馆和国家重要部门档案馆也保存了部分重要的档案文献。

第三种是档案科研和教育机构。俄罗斯档案科研机构包括全俄文件学和档案工作科研所、档案保护与修复实验室、全俄航天文件科研中心等。其中规模最大的是全俄文件学和档案工作科研所。该所承担了苏联档案学绝大部分的基础理论和应用方法的研究任务。苏联档案系统的规章制度均由该所起草,被俄罗斯接管后其就成为俄罗斯的科研基地。

俄罗斯的档案教育基地是 1989 年成立的俄罗斯国家人文大学档案学院,其前身是 1930 年建立的莫斯科历史档案学院,该学院的创立曾是社会主义档案高等教育的开端。

四、英国的档案管理体制

受英国国家制度和历史传统影响,英国的档案管理体制是典型的分散式体制。在英国没有全国统一的档案工作领导、指导机构。公共档案馆作为全国唯一的国家档案馆,与 130 多个区、郡档案馆并无上下隶属关系。公共档案系统之外的档案机构更是不受国家档案馆的统辖和领导,各类档案馆之间也没有档案工作业务协作与联系。

（一）英国档案管理体制概述

在英国资产阶级革命后，档案工作长期处于停滞状态。1836年，国会的档案委员会建议成立一个中央国家公共档案馆，在1838年8月14日英国议会通过的《公共档案法》中规定，由司法主管机关的最高官员之一管卷大臣领导，负责把存放在各地的档案集中起来保存，并在征求女王同意后指定一名议员担任公共档案馆馆长。19世纪60年代初，公共档案馆已把伦敦各撤销机关和国家公文馆的档案集中起来，但只有中世纪各机关的档案和司法主管机关的档案交于公共档案馆全权保管，而现行主管机关的档案仅仅是交公共档案馆代为"保管和保护"，其所有权和支配权仍归各机关所有。对于未向公共档案馆移交档案的主管机关的档案馆，公共档案馆只能在它们鉴定文件价值时行使监督权。也有许多主管机关的档案馆，以及地方档案馆、教会档案馆和私人档案馆等，根本不受公共档案馆的领导。所以，英国不称"国家档案馆"，也不设国家档案局。

另外，英国通过成立档案协会、档案工作者协会、全国档案理事会、企业档案理事会等，协调和鼓励人们保护和利用档案文件，加强档案学术交流与业务联系，定期召开专业会议和出版专业期刊，增进档案人员的相互了解和交流，促进档案法规的贯彻和实施，对档案教育和档案管理的现代化等起到了国家档案馆无法发挥的作用。

（二）英国档案机构的设置及其职能

英国的档案机构从所有权角度主要分为3种类型：

第一种是官方档案机构。官方档案机构主要是指政府拨款成立的从中央到各郡市的公共档案馆，受同级议会领导，分别保存同级议会和政府机关的档案。根据《公共档案法》，英国所谓公共档案是指英国政府各部和其他机关的档案，以及英格兰和威尔士各法院的档案，但不包括苏格兰及地方政府的档案，由公共档案馆设立的档案管理部负责对政府部门的档案工作进行指导和检查，并指派官员协调地方议会档案馆的活动，对其保管条件和服务状况提出意见和建议。

英国公共档案馆的馆址在伦敦市内的法院街。1973年，英国在郊区建造了丘园新馆，该馆是英国最高层次的官方档案机构。老馆主要保管司法档案和19世纪之前的政府档案；新馆主要负责保管19世纪之后的政府档案及军队档案，并于1993年进行了扩建。公共档案馆内设3个部：其一是建制与财务部，负责行政管理与财务工作，掌管政府下拨的经费；其二是档案管理部，负责与150个中央政府机关保持联系，指导档案整理和移交工作，该部还下设海斯文件中心，介于公共档案馆与政府机关之间；其三是档案业务与出版部，负责馆藏档案的整理、保管、保护、借阅和编辑出版工作。

第二种是半官方档案机构。半官方档案机构是指由政府拨款或给予补助的，但又保持各自相对独立性的档案机构，如皇家历史手稿委员会和不列颠图书馆所属的印度事务部图书档案馆等。其中的皇家历史手稿委员会是对全英公共和私人收藏的档案、手稿进行调查、登记、编目、咨询和服务的全国性档案目录中心，国家档案登记局作为其下属机构，委员由女王亲自任命，经费由政府提供，主要履行3项职能：一是收集散存在全国各地各部门的档案目录；二是编辑出版档案、手稿目录信息和档案馆指南等；三是为公众提供咨询服务和向政府及档案所有者提出有关建议，帮助利用者利用档案。

第三种是非官方档案机构。在英国，这种机构的类型有很多，如机关档案馆、党政档案馆、大学档案馆、教会档案馆、企业档案馆和私人档案馆等。英国的一些大学（不是所有大学）也设有档案馆，而且具有比较悠久的历史。例如，牛津大学档案馆保存有该大学1214年的第一份特许状，以及此后的各种档案文件；利物浦大学档案馆收藏了该大学1881年成立以来的档案；格拉斯哥大学档案馆收藏有该大学1451年创办以来的包括行政、财务、教学、科研等方面的档案文件和许多造船档案，即19世纪30年代至20世纪70年代末与克莱德造船业发展有关的文书档案和技术档案等。其他教会、企业和私人档案馆中收藏的档案，也有不少是价值极高的珍品。这些档案机构各自管理，馆藏和管理方法各有特色。

第三节 档案管理体制改革的实践探索

一、地方档案馆档案管理体制改革的实践

档案管理体制改革的目的之一，是通过对国家和社会档案资源的有效配置，适应经济全球化时代增强区域综合竞争力的需要。为整合档案资源，近年来我国一些地方综合档案馆针对档案馆功能"弱化"现象，按照"精简、统一、效能"的改革原则，对创新档案管理体制进行了有益尝试，提升了管理理念，转变了管理模式，拓展了管理范围，调整了管理手段，节省了人力、物力、财力，变档案资源的分散化为档案资源的集约化，达到了便于档案资源综合利用的目的，也取得了丰富的经验，应当及时加以总结和完善。

（一）浦东新区档案管理体制改革的实践

1990年4月18日，党中央、国务院宣布开发开放浦东。1993年1月1日，上海市浦东新区党工委、管委会经中央和上海市委批准正式成立。在成立初期，新区暂时未设人大、政协，机构极其精简，充分体现了"小政府，大社会"的机构管理模式。1998年后始设人大、政协，机构设置与全国其他

市区机构设置有所趋同，但仍然十分精简有序，具有以下特点：第一，采用大系统管理模式，机构设置简洁而整齐，职能交叉重叠的部门较少，是机构设置上的一个创举。第二，重视培育、监督社会中介组织和事业单位，并大力发挥其作用，如文化广播电视管理局下设文化市场管理办公室、文化稽查队、电影管理站、文物保护管理所4个中介机构，在主管部门的监督下，发挥重要的社会自我管理、自我服务的作用。时至今日，浦东已经成为"中国改革开放的窗口"和"上海现代化建设的缩影"。浦东新区档案部门紧密配合浦东的开发开放，始终站在记录和服务浦东开发开放的前沿，在档案管理体制改革实践中也是成绩斐然、名列前茅。

浦东新区档案局的前身是成立于1959年5月的川沙县档案馆和成立于1993年4月的浦东新区城建档案信息管理中心。1986年6月，川沙县档案局成立，与档案馆实行"两块牌子，一套班子"的管理体制，至1992年底，随着开发开放的深入推进、浦东地区行政管理体制的变化，川沙撤销县级建制，并入新成立的浦东新区，川沙县档案局（馆）随即撤销。1993年6月，浦东新区档案馆成立。2000年11月，随着浦东新区正式建政，在区委办公室增挂了浦东新区档案局牌子，直至2001年7月20日，浦东新区区委、区政府作出了浦东新区档案管理体制整合的战略决策，成立浦东新区档案局、浦东新区档案馆，为区直属事业单位，归口区委办公室管理；浦东新区城建档案信息管理中心从浦东新区发展计划局划归浦东新区档案局。经过"两馆分设、独立运作""逐步理顺、逐步规范、原则领导、分体运作"和"一套班子、三块牌子、统一管理"3个整合阶段，2002年11月，浦东新区档案管理体制、档案工作职能和档案信息资源正式实现了实质性整合，区档案局、档案馆和城建档案信息管理中心实行"三块牌子，一套班子"，隶属区委办公室领导，主管浦东新区档案事业，对全区档案事业实行统筹规划、组织协调、统一制度、执法监督和业务指导，是集中保存、管理浦东新区永久保管档案的基地和利用档案的服务中心，业务上受上海市档案局、上海市城建档案管理办公室的指导、监督和检查，走出了一条综合档案与城建档案统一管理、资源共享的新路，显著提高了新区档案事业的创新能力和服务水平。2006年4月，浦东新区档案新馆在新区行政办公中心的黄金地块建成开馆，作为实施大文化战略、促进档案事业和公共文化事业发展的重大工程，成为新区档案事业创新发展的崭新起点和广阔舞台。机构内设10个主要行政业务科室，分别为党政办公室（含展览办公室）、业务督导科（与政策法规教育科合署办公）、接待利用科、档案征集编研室、档案学会办公室、档案干部教育培训中心、档案保护技术科、档案管理科、缩微影像技术部和信息技术开发中心。

上海浦东开发开放作为国家战略，既是经济发展战略，也是社会和文化发展战略。浦东新区档案管理体制改革秉承了浦东新区政府机构改革所要求的"小政府，大社会"的管理模式，以最小的行政成本向社会提供最大限度的服务，在全国范围内率先创新了区档案局、档案馆和城建档案部门"一套班子、三块牌子、统一管理"的档案管理体制，避免了过去常常容易出现的职能交叉、多头管理问题，对原有的制度进行了梳理、增删，实现了"五个一"的成效：业务指导的"一个口径"，接待查阅的"一个窗口"，岗位培训和继续教育的"一张证书"，安全保护和影像技术服务的"一支队伍"，为人民群众提供"一门式"服务。浦东新区档案管理体制改革运用现代化技术手段，建立了目录中心、政府电子文件服务中心、现行文件和信息公开中心、档案资料全文数字化服务中心以及城建档案GIS地理信息系统和浦东新区档案信息网站，构建了由"四个中心、一个系统、一个网站"组成的现代化的应用系统，涵盖了浦东新区档案管理和服务的各个方面，使档案资源实现了集中管理，推进了机制重塑，优化了资源配置，提升了服务实力，方便了社会利用。

（二）深圳特区档案管理体制改革的实践

深圳自1980年建立经济特区以来，先后进行了多次行政改革。1992年党的十四大提出建立社会主义市场经济体制，深圳随即又一次进行政府行政管理体制改革，重点是定政府职能、定机构、定编制；实行政企分开；把一些属于社会性、公益性、服务性的事务，从政府部门中转移出去，交给中介组织承担，实行政社分开、政事分开，调整和完善大系统管理体系，通过下放、平移、转向、合并等方式，实现政府职能的真正转变。2004年，深圳市为了进一步将政府职能范围转向公共领域，根据政府职能范围，再一次进行了政府机构整合。一是加强宏观调节，削弱管制行政部门；二是加强监管部门的监管，清理、规范现有执法机构，不再设立行政执法队伍；三是完善公共服务部门，包括建立应急指挥机构，统筹各方面的应急救援资源；四是规范部门内设机构，归并市直机关中规模偏小的处室，对垂直部门的派出机构则尽可能打破行政区域界线设置，取消政府部门"三总师"（总经济师、总会计师、总工程师）的职位设置。

在此次深化政府行政管理体制改革中，根据深圳市政府批准的《深圳市档案局（深圳市档案馆、深圳市城建档案馆）职能配置内设机构和人员编制规定》，深圳市城建档案馆（市城建档案管理处）的职能由原隶属市建设局划入市档案局（市档案馆），这标志着深圳市的城建档案单独管理体制发生了重大变革。据了解，在全国直辖市、副省级及计划单列市中，将城建档案馆并入档案局的，深圳是第一家。

1984年2月，深圳市城建档案馆成立，科级建制，隶属深圳经济特区建设公司，主要负责接收、保管需要集中管理的城市基本建设档案，为全市各项基本建设服务，并对全市各单位与城市有关的基建档案工作进行业务指导。1985年2月，城建档案馆划归市政府基本建设办公室领导。1988年9月，市基建办公室撤销，市建设局组建，市城建档案馆划归市建设局管理。1989年9月，城建档案馆加挂"深圳市城市建设档案管理处"牌子，实行"两个牌子，一套人员"的体制，行使对城市基建档案的管理、检查和监督的职能。1996年1月，成立深圳建设信息中心，与城建档案馆、城建档案管理处"三块牌子，一套人员"，中心任务是建立深圳市建设信息网，并为全国建设信息网提供信息；利用全国建设信息网的资源，开展信息咨询、服务等工作；采用新方法、新技术，在深层次上开发深圳市城建档案，加速实现城建档案信息的数字化、网络化。2004年6月，深圳市城建档案馆并入深圳市档案局。

1979年11月，深圳市档案馆正式成立，科级建制，隶属市委办公厅领导。1983年5月，市档案馆升为处级单位，对外称市档案馆，对内称档案处。1985年1月，市政府办公厅档案处改为深圳市档案局（对外仍挂市档案馆牌子），实行"两块牌子，一套人员"体制。1986年6月，遵照中共中央、国务院关于"把档案工作作为一项事业列入国民经济和社会发展规划"的指示，将市档案局列为市政府直属局，归口市政府办公厅管理，主要负责市委、市政府各机关单位文件材料的整理立卷工作。1987年，在市级行政机构改革中，市档案局被定为二级局，实行"局馆合一"的体制，内设办公室（副处级）、业务指导科、档案管理科、档案史料编辑研究科、档案技术科。1993年10月，市政府授权市档案局主管全市档案工作，为副局级事业性机构，内设办公室、监督指导处、档案管理处（均为正处级）。1998年10月，为了适应市场经济条件下企业转制的需要，档案管理处加挂"深圳市档案寄存中心"牌子，为全国首家档案寄存中心，专门为不属市、区档案馆接收范围的或不具备档案安全保管条件的各类企业、社会团体提供有关文书、技术、财务管理等方面档案的寄存服务。2000年3月，为做好深圳市重要政务活动、外事接待和重大突发事件的拍摄工作，办公室加挂"深圳市档案管理技术中心"牌子，统一负责全市重要政务活动、外事接待和重大突发事件形成的声像档案以及光盘、缩微胶片等特殊载体档案的管理。同年4月，市档案局（馆）试办文档服务中心，为社会公众提供非涉密的政策、法规及各类现行、半现行文件的查询阅览服务。

2004年6月7日，深圳市城建档案馆并入市档案局。深圳市档案大厦门前挂上了"深圳市档案局""深圳市档案馆""深圳市城市建设档案馆""深圳市文档服务中心"4块牌子，标志着深圳市城市档案管理新格局的正式形成。深圳市档案局受市政府授权，主管全市档案管理工作，是市政府办公厅管理的副局级行政事务机构，内设办公室、监督指导处、档案管理处、信息技术处等 4 个职能处室；下设文档服务中心，主要负责市直机关、事业单位处理完毕应归档的纸质和电子文件的接收、整理、鉴定和保管；面向企业和社会开展档案代理、代管、加工、整理、缩微复制和数字化处理等相关技术服务；向社会各类组织提供档案业务咨询服务；承担档案信息化建设及开发、利用工作；负责组织档案从业人员的培训。

深圳市档案管理体制的这次改革，具有三大特色：一是将市城建档案馆并入市档案局（馆），市档案局局长同时又是市档案馆馆长、市城建档案馆馆长，便于协调档案行政管理部门和综合档案馆与城建档案馆之间的关系，在行政体制上实现了对城市档案实行统一管理的格局；二是市档案局的管理职能、人员编制和领导职数等均有所增加，馆藏量、资产等也有相应增加，有利于合理整合档案资源，实现档案信息的综合利用，提升档案部门服务社会的综合实力；三是市档案局设立经费自给的下属事业单位——文档服务中心，包容了原档案寄存中心、文件管理中心，还进一步具体赋予了其服务企业、服务市民、服务政府的职能，并在服务的同时使档案部门自身得到发展壮大。

深圳市城市档案管理的行政体制、职能范围、管理形式所展现的新变化，不仅有利于整合城市的档案资源，提升服务社会的综合实力，而且有利于理顺关系，统一政策、统一步调，消除在旧体制下不可避免的部分职能交叉、行政执法主体不明确、城市档案被分割保存等现象，有利于树立档案部门的新形象，提高档案部门的社会地位。这些举措进一步理顺了档案工作的管理体制和运行机制，克服了政出多门、多头管理的弊端，有利于提高档案部门的管理和服务水平；进一步整合了市档案馆和市城建档案馆的信息资源，实现了档案信息资源共享，也便于全市档案的统一建设和管理，节约了档案管理成本，可以更好地发挥档案的社会效益和经济效益。

2004 年 6 月，国家档案局、建设部肯定了深圳市城建档案管理体制改革经验，指出深圳的档案管理体制改革整合了资源，扩充了队伍，增强了实力，避免了多头管理和重复建设，有效地促进了深圳档案事业的全面、协调和可持续发展，是城建档案管理体制的大胆创新和有益尝试。2005年8月26日，时任中共中央政治局候补委员、中央书记处书记、中央办公厅主任的王刚专门作出重要批示，充分肯定深圳档案工作所取得的成绩，指出深圳市建立特区的25年来，档案工作坚持以创新求发展，以发展促服务，紧紧围绕特区建设的需要，创造性地走出了一条有特区特色的档案工作之路，在档案管理体制建设、利用档案服务社会、档案基础业务建设、档案信息化建设等方面不断取得新的突破，为全国档案工作起到了很好的示范作用。当时，深圳市档案管理体制改革基本完成，深圳市档案局在新的体制架构下，在一定程度上发挥了全市档案行政管理部门的协调作用，初步理顺了与建设、规划、城管、燃气等部门的工作关系，促进了深圳市城建档案工作的开展。

（三）安徽和县档案管理体制改革的实践

2004年5月，安徽省档案局决定在巢湖市和县进行档案资源整合管理模式改革试点。当时和县的档案资源虽然丰富，但计划经济体制下档案管理的弊病丛生：一是条块分割，造成档案资源极度分散；二是档案管理混乱，档案灭失现象严重；三是查找利用困难，难以服务社会；四是重复建设，财力、物力浪费严重；五是国家综合档案馆馆藏结构单一，服务功能弱化。

2004年9月，安徽省档案局在报经省委、省政府同意后，发出《关于开展国家档案资源整合试点工作的通知》，明确了和县为开展国家档案资源整合工作试点县，要求其承担起"创新体制、理顺关系、集中管理、统一利用、科技兴档、强化服务"的任务，并建立起"归属明晰、运转协调、门类齐全、结构合理、管理科学、服务高效"的档案管理新体制，以强化档案行政管理部门的职能，突出国家综合档案馆的主体地位和增强档案工作的服务功能。为推动档案管理体制改革试点工作的进行，和县县委、县政府高度重视，出台了《关于整合全县档案资源的实施意见》，印发了《和县国家档案资源整合工作实施方案》，成立了以县委常委、常务副县长为组长，县档案局、建设局、国土资源局、交通局等单位主要负责人为成员的档案资源整合领导小组，在相关单位也成立了相应的工作小组，形成了"县委总揽、政府领导、档案部门实施、专业部门支持"的整合工作格局，先将县房管局、城建局、交通局、国土局和规划局等单位的档案进行了集约化的统一管理，随后县水利、广播电视、劳动保障等部门保管的科技、专业档案也陆续向县档案馆移交。对不配合改革的责任人，和县党政领导敢于真抓实干，用"不动就换人"显示出改革的诚心、决心和魄力。经过一年的改革，据统计，和县档案馆馆藏量由 3.82 万卷猛增到 11.8 万卷；专业档案占整个馆藏比例从 17.6% 增加到 74.9%，与文书档案的结构比例由 21∶100 上升为 104∶100；仅 2005 年档案利用人次达到 3 000 多人次，比 2004 年增长二十多倍，利用档案的数量达到 9 000 卷件，比 2004 年增长近 10 倍。改革试点初步确立了以档案部门为主体、各专业主管部门配合的国家档案资源管理模式，具有"一家主管、集中保管、及时移交、'一站式'服务"的特点，为全国档案管理体制改革提供了成功的经验，体现了适应社会主义市场经济要求的档案管理体制的三个"创新"：其一，在档案行政管理方面，变过去的条块分治为现在的一家主管；其二，在档案的归属和流向上，变试点前的条块分割为目前的集中统一管理；其三，在建设工程档案的移交时间上，规定竣工后立即向县档案馆移交。

2005 年 12 月 25 日，王刚专门就安徽省改革国家档案管理利用模式的做法作出重要批示，指出整合档案信息资源、创新档案服务机制是推动档案工作更好地为党和国家工作大局服务的重要举措。安徽省档案部门探索建立国家档案管理利用模式的做法值得肯定。各级档案部门要从实际出发借鉴这些经验，要坚持以科学的发展观统领档案工作全局，解放思想，实事求是，与时俱进，科学整合并合理开发档案信息资源，进一步发挥档案工作在全面建设小康社会中的特殊作用。

2007 年 5 月 11 日至 14 日，中国档案学会在合肥召开安徽学术研讨会，从国家战略发展的高度、现实需要的角度和制度建设的层面，围绕安徽档案管理模式改革，重点就国家档案资源管理中存在的亟待解决的问题、安徽档案管理模式改革的理论和实践意义、安徽档案管理模式改革的推广和深化等问题进行了全面研讨，对安徽省档案局在全国率先开展的国家档案资源管理与利用模式改革予以充分肯定。

以上浦东新区、深圳特区、安徽和县档案管理体制改革的实践，是地方综合档案馆整合档案资源，进行档案管理模式改革的突出代表，虽然改革的形式和具体内容不尽相同，但其共性是，区县级综合档案馆在党和政府的直接领导下，将一个地区分散在多个部门、多处保管的城建档案、房地产档案、土地档案、规划档案等专门档案实行集中整合，实现资源共享，以突破传统档案管理体制带来的瓶颈束缚，有效地解决档案资源存在的分散性、孤立性与社会对档案资源获取要求之间的现实矛盾。

（四）广东顺德档案管理体制改革的实践

广东顺德是珠江三角洲上的一个县级市，现为佛山市的顺德区。作为我国改革开放的前沿阵地，顺德经济得到迅猛发展，社会迅速从农业文明向工业文明过渡。1992年，顺德被广东省确定为综合改革试验地区，开展了以政治、经济、文化三大体制改革为主要内容的综合改革，2001年被列为全国行政体制改革和机构改革5个试点地区之一，为全国新一轮改革探路。

1992年开始进行的顺德政府机构改革，力求转变政府职能，建立与市场经济相适应的政府管理新体制，采取了一系列改革措施。第一，根据市场经济需要，将政府职能转变到宏观管理、公共服务和社会监督上来。第二，根据政府公共职能的要求，精简机构和人员，建立与市场经济相适应的行政管理体制。首先，改革了领导体制，建立了"一个决策中心（市委常委会）、四位一体（市委、市政府、市人大、市政协）"式的决策体制。其次，实行精干的大系统管理模式，按照一件事一个部门负责的原则和大工业、大农业、大贸易、大文化的要求设置机构，撤销委办等中间层次，合并同类机构，如市委办、政府办合并，不搞归口管理机构。最后，一些政企、政事不分的单位转为事业单位或经济实体,将行政职能划归政府有关部门。第三,大力改革政府的管理方式,使政府公共服务职能落到实处。

与此相应,顺德档案工作管理模式也处于动态变革之中。2000年,顺德区委、区政府在推进事业单位机构改革中,把档案管理体制改革问题也提上议事日程。经过广泛的酝酿、讨论,并在党政、人大、政协和各部门达成共识的基础上,2001年11月,由编委下文,将原规划国土局主管的城建档案室并入区档案馆;2002年7月,区委、区政府又同意将房地产档案工作并入区档案馆,区编委下文设立房地产档案室,作为档案馆的内设机构。这样,通过渐进式的连续改革,顺德在全国率先实行了城建档案、房地产档案与地方综合档案馆统一管理的"三档合一"的新体制、新模式,实现了档案管理体制的创新,极大地丰富了档案馆馆藏,使档案工作更紧密地融入了当地经济和社会发展的各个领域,给档案馆工作注入了新的活力。其改革的主要内容包括:

第一,调整机构,变专业管理为集中领导。在改革前,顺德区规划国土局为该区城建档案工作的行政主管部门,负责该地区包括房地产档案、竣工档案在内的城建档案的收集、保管、开发利用工作,实行城建专业档案的专业化管理。在机构调整后,规划国土局主管的城建档案工作由综合档案馆集中统一领导。

第二,档案实行统一管理、分散存放。原规划国土局管理的城建档案、房地产档案并入综合档案馆后,综合档案馆管理文书档案、城建档案、房地产档案,但档案分两处存放,房地产档案集中存放于原规划国土局,文书档案、城建档案等存放于档案馆。

佛山市顺德区档案局、档案馆、区地方志办公室为一个机构、三块牌子,是区人民政府主管全区档案工作的事业单位,内设机构有监督指导股、管理股、党史股(史志股)、城建档案股和房地产档案室,主要职能是履行全区档案事业的行政管理和档案保管利用(包括接收、保管区级机关、团体、企事业单位和镇、街道的永久、长期档案及城市建设档案、房地产档案等)及地方志、党史资料的征集、整理、编纂和开发利用工作。

顺德改革打破了原有的档案管理体制，首开"三档合一"档案管理体制创新之先河，引起了新闻媒体的广泛注意，在档案界产生了重大影响，调动了各方面的积极性，产生了五"大"效果：一是市档案馆的规模大了；二是档案管理的范围大了；三是管理人员队伍大了；四是社会影响大了；五是档案馆的职责大了。改革实践证明，长期形成的传统档案管理体制不是一块铁板，是可以被打破的。政府、各有关部门和档案部门，在创立新的档案管理体制的过程中，完全可以达成共识、协调一致，取得档案馆对多种档案实体合一统管的可能性，并对一个地区内的机构（尤其是国家机构）形成的档案资源进行整合，解决一些重要专门档案的流向问题，为当地经济建设和各项事业服务，成为当地社会公益事业的一部分。

二、地方机关档案管理体制改革的实践

（一）机关联合档案室的改革实践

档案综合管理的改革模式在地县级以下机关的推行并不尽如人意，主要原因是受行政编制、财政经费等影响，综合档案室涉及的人、财、物等基础性、条件性问题得不到很好的解决，一些中小机关的档案工作长期处于若有若无、名存实亡的境地，在很大程度上影响到机关档案工作的进一步开展。在这种条件和背景下，一种新型的机关档案管理组织形式——联合档案室应运而生，在相同的行业系统或区域，将一些规模小、人员少、文件不多、管理负荷小、驻地比较集中的地县级机关、市区级机关及乡镇级机关，以横向或纵向的方式联合起来，组织成为一个综合性的档案管理机构，实行统一领导、统一制度、整体开发、综合利用。这种新型机关档案工作组织形式，以某机关为牵头单位，并纳入其行政编制，由该机关办公部门领导，对各参联

单位的档案工作进行监督、指导，在业务上受上级档案行政管理部门指导、监督和检查。

1980年，为实现县直部门档案的集中、统一、有效管理与服务，我国甘肃省永靖县建立了由县委16个部门组成的横向联合档案室，由县商业局机关及7个下属公司组成的纵向联合档案室，不仅精简了人员，节约了经费，还提高了档案保管的质量和服务水平，有利于实现档案管理的科学化、规范化和标准化。但联合档案室是一种自发行为，随着改革的深入，该模式渐渐暴露出一些问题和矛盾。首先，档案数量的不断增长，给牵头单位在人员、经费、库房、设备等方面带来巨大压力和负担；其次，体制不顺，各单位仍要自行立卷归档，而联合档案室的监督又只能是一种"弱控制"，不具有强制性；最后，各参联单位的利益和利用要求不一，契约很容易被打破，且服务面狭窄，适应不了信息化、现代化的要求。因此，联合档案室这种群体性档案管理组织形式实际上是机关档案室的发展，由于体制等方面的缺陷，在全国并未形成燎原之势，之后逐步改革转向文件中心发展。

（二）机关文件中心的改革实践

文件中心最先是在20世纪40年代的美国出现，是第二次世界大战期间，美国军事机关为了保管数量庞大又不经常使用的文件而设立的临时性库房，由于适应了第二次世界大战后美国的经济形势和管理半现行文件的需要，很快取得了法律地位。后来，在世界上建立文件中心或类似机构的国家越来越多，它们基本是在档案行政机关的管理之下，对半现行文件进行经济的保管和提供利用，并在这些文件被销毁或移交到档案馆之前进行系统的处置。联合国教科文组织将"文件中心"定义为"在档案行政管理机关领导下，对各种不同行政机构的半现行文件进行经济保管和提供利用，并在文件被销毁、处理之前进行系统鉴定的机构"。

1988年4月，在总结机关联合档案室工作经验基础上，我国甘肃省永靖县建立了国内第一个群体性机关档案管理实体——永靖县文件中心，隶属于永靖县档案局，是介于机关文书处理部门和档案馆之间的一种过渡性文件档案一体化管理的事业单位。其特点：一是参联机关驻地比较集中，但不属于同一系统；二是有稳定的专职人员管理档案，有专用库房和档案柜架，有统一的规章制度，直接面对机关服务，直接接受监督。至1999年，共有24个县级参联机关单位，配备5名专职人员，设置24套档案柜和300平方米档案库房，有效地增强了对全县档案管理的宏观调控能力，提高了案卷质量，为档案馆接收优质档案奠定了坚实基础，为全县各行各业、广大群众查阅档案提供了集中、快捷、方便的服务，促进了政务公开，密切了党群干群关系。据统计，永靖县文件中心建立15年后，共接收参联单位8 197卷6 148件档案文件，节约档案用房330 m^2，精简人员20名，节省相关费用323.8万元。按当地价格计算，等于省下了4个库房面积1 000 m^2的档案馆，充分体现了档案机构设置的"精简、统一、效能"原则。文件中心与联合档案室虽然存在许多方面的共同之处，但最大的区别在于二者隶属关系的定位不同。联合档案室大多归属牵头机关领导，文件中心则大多归属档案行政管理部门直接领导。

文件中心与当前普遍存在的基层档案室的功能基本相同，它们同为半现行文件的管理机构，都处于机关现行文件与档案馆档案管理的中间环节。虽然在长期的档案工作实践中，基层档案室也被证明是一种适合我国国情、符合我国传统档案管理体制和档案学理论的管理方式，有效地保证了国家档案的完整与安全，但是随着国家经济体制、政治体制改革的进一步发展，在历次国家机构改革中，作为机构改革的一部分，基层档案机构和人员也相应进行了精简。比如1999年的国家机构改革中，原有158个中央、国家机关中，有相当一部分档案处与其他机构合并，或改为档案科、档案室；23个中央级部门档案馆中许多都改为事业单位管理，给档案工作带来了新的课题，原有基层档案管理体制的弊端在新形势下日渐显露。

一是不管单位大小、形成档案多少，档案室一律分设，造成各种资源的分散和浪费。长期以来，各机关单位档案库房和办公用房、档案工作设施设备配备不到位的问题十分突出。因为办公用房紧张，往往档案库房与办公室合用，档案得不到专业的保护。一些通用的档案设施存在重复购置的情况，导致没有足够的资金购买档次较高的保管设施。二是档案工作人员已出现非专职性和非专业性趋势，从事档案专业工作的时间和精力得不到保证，档案业务水平得不到提高，加之档案工作清贫、烦琐且不能在短时期内体现工作成效，档案从业人员往往不能安心工作，无法对档案进行科学有效的管理。三是现行档案室以方便本机关利用为目的，大量的普发性、事务性文件等不应归档的文件也被纳入了归档范围，致使各级综合档案馆重复件比例居高不下，给有限的档案管理资源（包括人力、财力和物力资源等）带来巨大压力，无法形成规模效益。所以，基层档案室既有其存在的合理性，又有着明显的不足之处，全盘地肯定或否定档案室的做法是不现实的，在它现有体系上重建一套文件中心也是不必要的。文件中心应作为档案室的一种共存和补充形式，结合实际，灵活设置。文件中心一般在部分人员编制较少的省、市级机关和原本规模就比较小的地、县级机关及一些国有小型企事业单位中运用的成效相对较好。近年来，北京西城区及深圳等地纷纷建立文件中心进行改革实践，充分体现了本土化档案文件中心强大的生命力。

这些本土化的文件中心不仅能为机关提供相对廉价的档案库房和专职管理人员，而且能为机关管理和利用档案提供专业化的服务，是对原机关档案管理体制的创新，反映了我国基层机关精简机构、厉行节约的管理需要，也更有利于优化档案馆藏，发挥文件的社会功能。特别是在信息时代，由于无纸化办公的推行和大量特殊载体文件材料的产生，对存储的硬件及技术的要求是一般档案室无法达到的。作为一种经济高效的半现行文件保管机构，文件中心具有广阔的发展前景。

当然，机关档案资源集中管理模式的改革，也不能只局限在文件中心这一种模式上，随着改革的进一步深入，各地基层单位将会有更适合于本单位实际情况的各种形式出现。

(三) 乡镇机关档案管理体制的改革实践

乡镇是我国最基层的行政区划和政权组织，掌管一个行政区域内的政治、经济、教育、文化、卫生等各项工作。随着以农业为基础的思想不断深入人心，乡镇档案工作逐渐得到重视和加强。《档案法》第八条规定："乡镇人民政府应当指定人员负责管理本机关的档案，并对所属单位、基层群众性自治组织等的档案工作实行监督和指导。"乡镇作为一级政权，大大小小的机关单位一般也有两三百个，形成的档案除日常的工作行文外，还包括政府管理的各个方面，是一个乡镇的政权建设、生产发展、科技文化进步的历史记录，还反映了乡镇企业、农村工作改革发展的足迹。按照国家规定，乡镇机关基本实行乡镇政府负责人分管、乡镇秘书具体负责的乡镇档案工作管理体制，作为乡镇政权建设的一部分。目前，乡镇各部门的档案多由本部门自己管理，各自为政，造成案卷质量不规范、归档文件不齐全等现象，而且查阅、利用起来也很不方便。因此，有些地方建立了综合档案室，将乡镇各门类档案收集整理后，全部集中到综合档案室进行统一管理，使档案的管理工作进一步规范化。还有的建立了联合档案室，集中配置档案用房和基础设施，负责统一管理乡镇党委、政府及其内部机构形成的全部档案。各部门、各村的档案由各部门和各村的兼职档案人员整理，待整理完毕后交乡镇联合档案室统一保管，这样不但有利于档案的安全保管，还可避免各部门都设档案室、都配备基础设施等造成的浪费。

随着农村经济的不断发展，许多乡镇盖起了现代化的办公大楼，乡镇机构职能和管理体制也不断发生变化，逐步从管理型政府向服务型政府转变，从以行政工作为主向以经济工作为主转变，乡镇档案管理体制也随之有了新的突破和发展。2007年11月29日，广东省首家镇级档案馆——东莞市大朗镇档案馆正式揭牌，同时挂东莞市档案馆分馆的牌子，实行一套人员两块牌子，开创了全国乡镇档案管理体制改革的新实践。大朗镇政府将投资250万元新建的大楼作为镇档案馆的库房、办公室和档案利用、展示中心，规定镇档案馆负责接收、保存镇党委、政府各办公室、镇属各单位及各社区、村的档案资料，并对全镇各单位、社区和村的档案工作实行监督指导。镇档案馆归镇党政办管理，业务上接受市档案局的指导，人员和经费由镇统筹解决。东莞市档案局以大朗镇档案馆为试点，按照广东省档案局和东莞市政府的要求，把东莞市档案事业建设成为以市档案馆为总馆，以各镇档案馆为分馆，以各综合档案室为补充的馆网群体，实现档案信息资源共享。这是我国镇级档案资源整合的新尝试，符合机构精简高效的原则，是基层单位档案管理体制改革创新的新发展。

以上列举的几种机关档案资源集中管理模式的改革实践说明，随着机构改革、人员分流、计算机的普及、网络技术的发展、信息存储技术的应用和无纸办公的推广，过去几十年来一贯制的"一个机关一个档案室"的单一档案管理体制正在被改变。各机关档案工作为适应社会发展对档案工作的新要求，正按照"小机关，大服务"的运行机制，朝着"联合"的方向发展。通过多种形式的"联合"，将各个单位"小而全"的分散档案室改革成一个综合性的精简、高效的档案管理机构，在档案行政部门的统一管理下，统一制度，统一规范，整体开发，综合利用，代表了今后一段时间我国机关档案管理体制发展的方向。

三、现代企业内部微观档案管理体制改革的实践

我国"企业档案"的概念是在1986年全国第三次科技档案工作会议上首次正式提出的。由于长期以来，人们一直把科技档案作为企业档案的主体，因此企业档案管理体制在1986年前主要指企业科技档案管理体制。1964年，中共中央、国务院批转国家档案局《关于进一步加强技术档案工作的报告》，确立按专业统一管理的体制为国家层面对企业档案工作的宏观管理要求，但随着专业主管机关的职能转变或部分专业主管机关的撤销，其已渐渐失去存

在的组织基础，不再具有普遍指导意义。而在作为社会主义市场经济体制基础的现代企业制度的建立过程中，由于企业规模形态的变化，对各个企业内部档案工作机构的设置与运行机制的设计提出了新的要求。为适应企业经营机制转换，使企业真正成为自主经营、自负盈亏、自我发展、自我约束的法人实体和市场竞争主体，越来越多的企业选择改革企业内部的微观档案管理体制，使企业档案工作与企业管理体制相适应，以促进企业的自主发展。

（一）企业内部微观档案管理体制的形成

1987年，国家档案局、国家经委、国家计委根据国务院关于加强企业管理的要求，为使企业档案工作适应企业"抓管理、上等级、全面提高素质"的需要，印发了《国营企业档案管理暂行规定》（以下简称《规定》）。这一文件的发布和实施，标志着我国企业档案统一管理的内部管理体制的确立。《规定》专门设置了"档案管理体制"一章，明确规定了企业档案管理应由一位副厂长（副经理）分工领导，并且列入企业领导议事日程，作为考核企业领导政绩的一部分，并且提出要加强和充实企业档案管理机构，集中统一管理企业档案工作，有条件的大型企业要建立企业档案馆或企业档案资料信息中心。为此，根据各企业不同情况，企业微观档案管理体制主要有以下几种形式：

1.集中式

集中统一管理，仍是目前大部分国有企业档案管理体制的模式之一。在集中统一管理原则指导下，企业根据自身的管理特点和实际需要，选择了适应本企业的具体管理类型：

一是成立综合档案室。这是基层单位档案机构的主要形式，是指由企业成立专门的档案管理机构，负责统一管理本企业形成的各种门类档案，各职能部门根据归档制度定期将档案材料移交给综合档案室管理。二是建立企事业档案馆。在特大型企业中，企业内部二级机构对总厂（总公司）来说有相对的独立性和相当大的自主权。鉴于这些情况，企业成立档案馆，负责企业档案事务，而在分厂（分公司）成立档案室，具体负责基层的档案工作。三是趋向图、情、档一体化管理模式。企业成立档案信息中心，或者成立以档案管理为主、兼管图书资料和情报的机构，共属同一行政单位领导，组成企业信息管理网络，特别是一些大型企业已开始使用计算机网络管理，形成了一个快速准确地为企业发展提供信息服务的高效管理形式。目前，专门设置科技档案室的企业不多，有些单位在档案室下设置科技档案分室的形式也是一种选择。

2. 分散式

企业未成立专门的档案管理机构，各类档案相对集中在相应的职能部门管理。例如：文书档案主要集中在厂办；人事档案主要集中在人事部门或组织部门；会计档案主要集中在财务科；产品档案主要集中在技术科；设备档案主要集中在设备科；等等。有的档案分散在各部门或个人手中，极易随着人员的流动而散失，是一种极不可取的管理形式，这种情况在一些新建的民营企业中颇多出现。

总的来说，中小型企业规模较小，内部档案工作机构的设置也较为简单，微观档案管理体制问题主要在一些现代企业集团中比较突出。这些企业规模庞大，地域分布广，内部结构复杂，在档案管理上具有特殊要求。

（二）企业内部微观档案管理体制的发展

大型企业集团或控股（集团）公司规模大，下属单位多，确定企业内部微观档案管理体制的依据要与企业自身的管理体制相适应，如果企业集团本身是一级管理，档案工作也应该是一级管理，如上海宝钢集团。如果企业集团内部实行多级管理，则在企业内部实行统一领导、分级管理的"母体代管制"是一种合理的选择。母体公司是企业集团的核心，也是企业集团的决策中心，理应成为集团的档案管理中心，通过建立企业集团档案馆，对整个企业集团的档案工作进行统一管理。"母体代管制",即由总公司档案机构负责总公司与核心层企业的档案工作,紧密层、松散层企业的档案机构负责本企业的档案工作,在公司内部实行统一领导、分级管理。所谓代管,一是在原专业主管机关撤销后,总公司可以在一定程度或范围内代替原来"条"的职能;二是在一定程度上,可以作为档案行政管理部门进行宏观调控的中介。为此,在企业集团微观档案管理体制改革中,可以鼓励总公司档案部门制定档案管理的制度与标准,有意识强化这种代管关系,并强调公司内以法人为单位对档案实行集中统一管理。上海纺织控股(集团)公司的微观档案管理体制可以视为实行"母体代管制"的一个成功实例。上海纺织工业局在改制后由过去的专业主管机关的行政管理者变为资产经营者。改革之初,面对档案机构撤并、人员锐减、经费无保障的困境,总公司档案人员坚守岗位,经过几年的努力初步理顺了公司内部的管理体制。

1.建立公司内部管理体制

总公司制定了《档案管理办法》《档案管理工作岗位确定的暂行规定》,确定实行"统一领导、分级管理"的原则,强调每个具备独立建档条件的单位必须建立档案,设置档案工作岗位。

2.实行网络化管理

根据企业改革的实际,总公司下属各单位不强调设立专职档案人员,要求配备专(兼)职档案干部,要求档案工作岗位培训不可空缺,档案人员的流动必须先配后调;在企业和企业内部各层次组建档案协作组,作为沟通公司、企业之间的桥梁,努力构筑自上而下的管理网络。

3.贯彻抓"大"放"小"的方针

一是抓依法治档,除开展档案法规宣传工作外,公司内部每年都要进行执法检查,重点检查档案管理工作基本原则的执行情况,但不干涉企业档案具体管理细节;二是抓优势、特色企业、重大技术改造、新产品、科研项目的建档;三是抓典型,以点带面,如老企业档案的鉴定、破产企业档案的流向、兼并企业档案的移交等工作。

上海纺织控股（集团）公司档案管理实践证明，统一领导、分级管理式的"母体代管制"是企业集团内部一个行之有效的微观管理体制，但现代企业制度的建立对企业档案工作来说更是一场严峻的考验。从目前情况来看，我国企业档案工作长期以来遵循的集中统一管理的思想理念根深蒂固，缺乏改革所需的灵活性和方便性，统一管理与分级（散）管理的矛盾很难妥善解决，造成企业微观档案管理体制改革的进程十分缓慢，在不同程度上滞后于整个企业组织体系和管理模式的改革，与市场经济发展对档案管理提出的社会化、产业化、信息化的要求相去甚远。在新的经济时代，如何以最少的投入求得最大的产出，使得内部机构设置合理，以符合现代企业制度的规范要求，是企业档案工作者面临的新挑战。

目前，我国改革开放和经济建设的许多领域已进入攻坚阶段和决战时期，效益已经成为企业的第一生命。在深化经济体制改革中，宏观经济管理部门进行着体制转换，国有企业为建立现代企业制度在改革中不断地改组、联合、兼并等；行业性、跨行业、跨地区、跨所有制企业集团正在不断地组建；"三资"企业、股份制企业、股份合作制企业大量创办；非公有制经济形式日趋活跃。企业类型的多元化使得各个企业的外部环境和内部条件都存在相当大的差异，档案工作自然也是千差万别，相应产生了多元化的管理需求，这在经济特区表现尤为明显。以深圳市为例，该市探索出了一种由地方档案部门代管企业档案的管理模式，成为全国最早建立档案寄存中心的地区。1996年以来，深圳市档案馆就接收和代管了一些破产国有企业的档案，有效地避免了企业档案的流失。为了进一步适应企业以及其他单位或个人的档案管理需求，深圳市档案局（馆）于1998年专门设立了档案寄存中心，用于为该市不具备档案安全保管条件或有需要的企业、社会团体和个人提供档案寄存的有偿服务。这一举措是档案部门适应市场经济需求的大胆改革，是向档案社会化管理的积极迈进。在深圳市的带动下，我国一些市县级档案馆或其他有关部门也都设立了档案寄存机构或开展了档案寄存等业务。

随着市场经济的发展，政府职能的进一步转变，原来许多由档案行政管理部门实施的职能，都需要放权给市场运作。党的十五大提出，要鼓励和引导第三产业加快发展，培育和发展社会中介组织，档案中介组织应运而生。我国档案中介机构分布广泛、种类繁多、形式多样，有些地方以行政管理为手段，要求本地区有条件的各级档案部门全面开展此项工作，也有的是自发进行的。从所有制结构上看，有国家所有的企业、事业单位，也有民营企业；从服务内容上看，有的相对单一，有的开展综合性的咨询服务。目前全国档案中介服务的主要形式有：档案寄存中心、档案咨询服务机构、档案事务所、档案托管中心、档案缩微技术服务中心、档案信息开发服务中心、档案培训管理中心和商业性文件中心等。事实证明，档案中介机构作为市场经济体制下解决档案信息资源社会化配置和社会化服务的一种重要形式，从一定程度上看，可以改变有关机构或组织仍然沿用的"大一统"的传统档案管理体制，而要求档案工作适应新形势、跟上新发展，由档案行政管理部门组织建立中间性的档案机构，发挥多元化、多功能化、市场化、规范化和规模化的优势，既促进了档案工作的发展，充分体现了档案行政管理部门宏观管理的职能，又发挥了档案部门的人员优势，创造了经济效益。

第九章 档案人才队伍建设

第一节 档案人才培育的基本方略

纵观人类文明历史，不同时期、不同阶段的发展都离不开人才，立国兴邦需要人才，干事创业需要人才，方方面面的建设和发展都离不开人才。档案事业作为一项基础性事业，更需要人才，其生机与活力需要人才去创造，其持续进步与发展需要人才去推动。没有一支素质高、力量强、攻坚克难的创新型档案人才队伍作保障，就谈不上档案事业的振兴和健康发展。长期以来，人才难得、管理缺失、疏于监管、队伍不稳定等现象一直阻碍着基层档案工作的开展。因此，在新时代，立足档案事业实际，树立档案人才培育新观念，创立档案人才培育新机制，营造档案人才培育新环境，努力吸引人才、培养人才、锻造人才、发展人才已成为档案事业发展的突出任务和重要课题。档案人才培育基本方略包括以下3个：

一、树立人才培育大局意识

人才是重要的战略资源，创造美丽愿景需要靠人才来实现。没有人才的参与，各项事业建设就会没有生机和活力，科技创新就会失去动力。档案主管部门与用人单位应站在档案事业发展全局的高度，谋划档案人才培育之策，谋求人才兴档之机。当前，要牢固树立3个意识：一是树立人才优先发展意识。社会发展以人为本，干事创业人才先行，人才是第一战略资源。档案工作者虽然默默工作，却肩负着传承文明、维护历史真实面貌的责任。通过培育档案工作人才建档、人才兴档、人才强档意识，全面树立档案人才优先培育、优先选拔和优先管理观念，时刻为组建一支专业性强、认真负责、勇于担当、热心服务的档案人才队伍做好充分的思想准备，真正把人才资源当作档案事业发展的第一重要战略资源。树立档案人才优先发展意识，可提高人才在档案事业建设中的核心地位，提升档案人才工作的积极性、主动性和创造性，并不断发现人才、培育人才、广纳人才、凝聚人才。二是树立人才全面发展意识。档案资源种类繁多，内容包罗万象，加之档案学是一门边缘学科，涉及的知识也非常广泛，档案人才应该是掌握多学科知识的复合型人才，不仅要掌握档案专业知识，还要具有较高的政治理论素养和科学文化素养，更要精通现代信息技术。三是树立人才竞争意识。档案人才培育要紧跟时代脉搏，强化竞争意识，不仅档案人才自身要不断学习知识，树立忧患意识和竞争意识，档案主管部门与用人单位的领导更要宣传培育竞争意识，鼓励档案人才竞争上岗、平等竞争、优胜劣汰，不断增强档案人才队伍活力。要通过自我发展和相互促进，加快档案人才队伍更新换代。

二、健全人才培育工作机制

科学的档案人才培育机制应该立足档案工作实际，面向档案事业未来发展。要确保其永远充满生机和活力，就要准确把握以下 3 点：一是档案人才管理。档案主管部门与用人单位要构建科学的选人用人工作机制，努力拓展档案人才选人用人领域和空间，在更广泛的范围内择优择能、选取人才；要努力完善档案人才队伍各层次监管体制，强化档案知识、工作能力和综合业绩评定，注重实践检验；要坚持德才兼备原则，并不断优化完善管理工作机制。二是档案人才教育培训。档案行政管理部门及用人单位要同人才教育培训机构保持密切沟通和联系，随时了解和掌握档案人才队伍发展变化情况，并围绕档案事业发展需求，及时研究制定档案人才教育培训计划及标准。通过适时适势适量进行切实可行的教育培训活动，不断提升档案人才的工作能力和档案人才队伍的整体水平。三是档案人才竞争机制建设。档案人才竞争不仅是同社会其他行业的人才竞争，也是行业内部人才之间的竞争，建立公平公正的人才竞争机制是大势所趋。档案工作内部应全面实施岗位目标责任制度，并通过激励竞争增强档案人才队伍的生机和活力，提升档案人才的创造力。要坚持平等竞争、竞争上岗、优胜劣汰，不断加大考核评定力度，促进收益分配向优秀人才倾斜，让一流人才与干事创业者得到一流待遇，一流贡献者得到一流报酬，形成竞争的良性循环。要通过竞争机制努力锻造档案专才、良才和英才。

三、营造人才培育良好环境

科学的人才培育管理机制是人才成长的可靠保证，良好的人才成长环境则是人才顺利成长、安心工作、健康生活的必要条件。档案主管部门与用人单位应积极营造档案人才成长的良好氛围和环境，努力为档案人才生活、学习与工作提供和创造便利条件。一是营造良好的政策舆论环境。档案主管部门与用人单位要根据党和国家人才建设政策标准，及时研究落实相关优惠政策与福利待遇，解决档案人才的后顾之忧。同时，通过新闻舆论和网络媒体积极宣传人才建设的优惠政策和福利待遇，打造爱才、惜才、用才的良好的政策舆论导向，营造吸引人才、尊重人才、重视人才及有利于档案人才健康成长的良好氛围。二是营造优质的工作和生活环境。优质的工作和生活环境既可以吸引人才、聚集人才，又可以调动人才干事创业的积极性，激发人才的工作热情，使档案人才能够集中精力创业兴档。档案主管部门与用人单位的领导要主动了解、掌握档案人才学习、工作、生活的基本状况，关心人才生活，鼓励人才干事，支持人才创新，坚持营造宽松、友爱、团结、互助的工作和生活环境。三是营造人才竞争环境。竞争贯穿于人才建设工作始终，通过有序竞争营造良好的人才竞争环境有利于人才竞争机制的形成和人才的健康成长，这也是人才培育的务实之举。以坐等上门的方式招揽人才是不可取的，用人单位要打破常规、明确目标，通过市场竞争、奖励激励等多种手段招揽人才，大力营造激励竞争氛围，加快档案人才队伍建设。要突出档案工作自身的特点及优势，努力吸引爱岗敬业、忠于职守、淡泊名利、乐于奉献的博学之士加入档案人才队伍，打造爱业、懂业、敬业的人才建设环境。

第二节　实现档案人才队伍现代化

党的二十大报告指出，教育、科技、人才是全面建设社会主义现代化国家的基础性、战略性支撑。必须坚持科技是第一生产力、人才是第一资源、创新是第一动力，深入实施科教兴国战略、人才强国战略、创新驱动发展战略，开辟发展新领域新赛道，不断塑造发展新动能新优势。档案专业人才承担着资料征集接收、编目整理、鉴定保管和资源开发利用等具体任务，是档案管理的直接参与者，也是档案工作扎实开展的中坚力量。加快实现档案人才队伍现代化，重视档案专业人才培养，是新时代档案事业高质量发展的迫切需要。

一、档案人才队伍现代化的基本内涵

推进档案事业现代化，人才队伍建设是关键。一支专业化高素质的档案人才队伍是档案事业现代化的重要保障。

（一）专业化是档案人才队伍现代化的基本要求

档案工作专业性强、技术要求高，需要一支坚守"为党管档、为国守史、为民服务"神圣使命，坚持"艰苦奋斗、皓首穷经"奉献精神和具有完成"存史资政育人"根本任务的专业知识及"依法治档"专业能力的高素质人才队伍。

（二）标准化是档案人才队伍现代化的现实要求

档案人才队伍现代化的前提是按照档案岗位配置、行业标准建立一支专业化档案人才队伍。只有经过专业培训，符合专业学历和技能要求的人员才能胜任档案管理岗位。

（三）均衡化是档案人才队伍现代化的发展需要

档案人才队伍均衡化的内在核心是区域、城乡乃至馆与馆间的均衡配置，人员数量、结构组成和质量达标程度在城乡、区域、馆与馆间实现平衡。

（四）信息化是档案人才队伍现代化的不竭动力

档案专业现代化人才应具备应用人工智能、"互联网＋"等技术革新思想，具有开展管理方式探究、方法实践和水平提高创新理念，促进信息技术、全媒体技术与档案管理深度融合的素质能力。

（五）国际化是档案人才队伍现代化的重要表征

档案人才队伍国际化水平体现为具备一定国际视野，能有效借鉴国外先进管理理念、方式方法，开展档案管理、编研、资源开发和档案学管理研究。

二、档案人才队伍现代化面临的现实问题

培养和造就大批德才兼备的高素质人才,是国家和民族长远发展的大计。但与日新月异的社会发展变化相比,档案人才队伍建设在体制机制方面还存在一系列问题,不能满足档案事业高质量发展的需要。

(一)专业人才培养体系不健全

档案工作是党和国家工作中不可缺少的基础性、支撑性工作,有些单位和部门对其重要性认识不足,对档案事业发展的新时代要求认识不够,对档案业务人员素质提高的必要性认识不到位,忽略了对档案专业人才的储备和培养,尚未建立全方位的人才培养体系,弱化了档案工作专业性要求,严重影响档案管理水平的提升。基本表现为:档案岗位空缺、人员频繁更换、非专业人员兼职等。

(二)档案人才培养机制不完善

一是档案工作弱势现象由来已久,档案专业人员被边缘化的情况依然存在,参与教育培训的机会少,学习要求只是个人意愿,制约了档案工作人员专业素质的提高。二是档案专业教育培训工作涉及单位多、牵扯面广、行业领域部门间差异大,相关部门间协调配合机制不够健全,针对档案专业人员培训需求的调查研究、调研实训、综合评价、质量评估、督促检查等制度有待进一步完善。三是档案专业人才职位上升空间小,个人发展前景窄,薪酬待遇不佳,无法吸引优秀人才。

(三)档案人才资源分布不均衡

从总体来看,档案人才资源在东中西部分布方面存在明显差距,城乡二元

结构明显，各级各类档案工作在理念、投入、条件、标准等方面差距较大，区域、城乡、馆际人才队伍发展水平不均衡。同时，缺少专业的档案人才队伍建设制度和政策建构体系，档案从业资格制度有待健全，从事档案工作的专业学历标准与其他行业领域相比有差距，与世界发达国家档案行业存在距离。

（四）档案人才自身动能不充足

部分档案专业人员对素质提高的必要性没有足够的认知，缺乏对社会、科技发展的危机意识和紧迫感，对时代要求反应不够迅速，学习理念淡化，与时俱进、继续提升业务素质的观念淡薄。有些档案专业人员兼职其他事务，专业学习停留于文件和口头，在繁忙的事务中疏忽了对档案专业知识的探索研究，工作中存在畏难、应付心理，知识储备缺乏、知识更新不及时，构建创新型、专家型档案知识结构无从谈起。

三、推进档案人才队伍现代化的基本思路

（一）着眼全局，统筹做好档案人才队伍总体规划

深化人才发展体制机制改革，按照中央要求，加强统筹领导，做好顶层设计，规划档案人才队伍建设现代化布局，抓紧完善档案专业人员现代化能力提升教育规划。一是把握整体与局部的关系，在国家总体设计规划框架内，各地因地制宜研究本地区档案人才队伍现代化路径，构建中央统领、地方支撑的制度体系，开通档案人才队伍建设"绿色通道"。二是着眼当前与长远的关系，实施与档案事业现代化相配套的政策举措，健全档案专业人才培训体系、管理体制、保障机制。三是正视内部与外部的关系，加快构建现代化档案专业人才队伍建设指标体系，完善专业晋级制度，对档案人才队伍建设由档案系统的内部治理逐步走向编制、人事、财政与教育部门统筹合作，同

时明确相关部门的具体职能和权力边界。

（二）把握关键，精准推进档案队伍专业化建设

完善人才战略布局，加强需求调研，坚持分级分类，根据档案专业人才承担的职责任务和具体工作精准施训，增强专业培训的针对性和有效性。一是推动作风建设长效化。以加强党的领导为先导，保证档案人才队伍建设正确的政治方向。培养具有特色的档案行业作风，突出全员、全方位、全过程养成。二是推动区域建设协调化。分区域施策，引导发达地区率先发展，加大对中西部经济欠发达地区的政策支持力度，补齐乡村档案人才队伍建设短板，重培养、扩补充、造机会、推交流、促发展，建设留得住、有发展的档案队伍。三是推动专业建设一流化。完善档案骨干教师库，吸引具有良好职业道德、丰富实践经验、较高理论水平的档案人才投身档案教育；综合运用多种教学方法，结合互联网等信息技术，建设开放式的档案专业培训网络平台；组织编写教育培训教材，打造精品课程，为提高档案专业培训质量提供保障。

（三）分类指导，培育优化档案人才成长环境

优化档案专业人员结构组成，进一步突出重点、改进方式、提高成效。加强源头培养，把培养档案专业人才作为重要渠道，完善国家机关和省级机关档案人员招录办法，优选大专院校档案专业毕业生充实档案队伍。强化跟踪培养，加强档案人员政治教育、专业训练和实践锻炼，确保专项岗位有专人。坚持系统培养，对重要岗位人选要高标准，要做到早发现、早培养，将教育培训表现结果纳入年终考核，并作为职称评定的必要条件。注重领军人才培养，加快建设档案顶尖人才中心和创新高地，促进人才国际交流，着力形成档案人才国际竞争比较优势。

（四）加强培训，不断提升档案人才能力水平

加强组织领导、统筹协调，在相关部门的密切配合下，形成素质教育培训合力。明确档案专业人才学习经费来源，建立专项经费定期增长机制，加大对特殊地区档案专业教育培训支持力度，推动优质培训资源适当向经济发展较缓地区、乡村振兴任务县区以及基层延伸倾斜。着手档案专业人才继续教育培训基地建设，将其作为档案专业人员素质提升的重要补充和主要渠道。成立档案事业研究发展中心，建设与档案专业相关联的智库，支持综合性高校设置档案类、信息管理类专业课程，深入开展档案业务技术和培养实践问题研究，更好把握成长规律和教育培训规律。

新时代档案工作处在信息化高速发展时代节点，面临重新定位、转型升级的压力，需要进一步强机制、补短板，加快实现档案人才队伍现代化。在党的二十大精神指引下，按照规模适当、结构合理、素质优良的总体要求，努力建设一支爱党报国、敬业奉献、服务人民的创新型现代化档案人才队伍，推动档案事业高质量发展。

第三节　电子档案管理人才的培养

由于电子档案收集、维护、管理、利用的特殊性和复杂性，因此培养一支合格的电子文件、电子档案管理人才队伍就显得特别重要。

一、电子文件及电子档案人员必须具备的知识和技能

（一）档案管理基础知识

1.档案学概论

了解档案的起源与发展，特别是中国档案产生与发展的历史过程，明确档案的基本含义、本质属性和档案种类的划分等。

2.档案管理学

了解和掌握以档案收集为重点的档案馆（室）的馆藏建设方法与途径；掌握档案利用的需求和提供利用的原则、方式和方法；掌握档案管理和利用中有关信息的反馈技术和方法等。

3.档案保护技术学

了解纸质档案耐久性的检测指标及方法，掌握造纸原料质量、纤维质量、造纸工艺与纸质耐久性的关系；了解各种纸质档案字迹材料的主要成分及其作用；掌握影响字迹材料耐久性的因素；掌握一般声像档案制成材料的耐久性和保护条件；了解档案馆库温湿度控制的依据；掌握档案馆库内外温湿度变化的一般规律；了解微生物、昆虫、鼠类的基本知识及危害档案的情况；掌握防治它们的措施、技术和方法等。

4.文件学（文书学）

了解文件的概念，明确文件及公务文件的特点、功能及其表现；划分公文立卷范围和编制立卷类目等。

（二）电子计算机应用知识

1.自然科学基础学科

学习高等数学、普通物理学、普通化学、电子学、自动化技术等，了解自然科学的基础知识和物质运动规律，掌握工程技术的设计方法、材料的物

理化学性质、电子及电路原理等。

2.微电子技术

微电子技术是微小型电子元器件和电路的研制、生产以及用它们实现电子系统功能的技术专业学科。在这项技术学科领域内最主要的是集成电路技术。微电子技术是随着集成电路技术，特别是大规模集成电路技术的发展而兴起的电子学方面的分支学科。这门学科是电子计算机技术、通信技术的基础。认真学习微电子技术，就是要了解和掌握电子技术原理，特别是集成电路方面的基础知识，为学习电子计算机和通信技术打好基础。

3.电子计算机技术

电子计算机是21世纪最伟大的发明之一，对人类社会发展有极其深远的影响。电子计算机实际上是一种能自动完成信息处理的机器。认真学习电子计算机技术，目的是了解电子计算机技术的发展过程、分类及发展趋势，了解电子计算机的算术基础、数理逻辑、脉冲及逻辑电路、运算方法及运算器、控制器、内存储器及外部设备等，牢固地掌握电子计算机的基础知识和工作原理。

4.电子计算机软件技术

电子计算机软件是指为了完成电子计算机本身的管理或针对不同的信息处理任务而编制的程序及文档。电子计算机在人们把事先编好的程序装进计算机内之后才能工作，而程序是由程序员编写和调试的。程序员根据实际需要提出问题，然后确定计算方法，构造数据模型，写出流程图，选择适用的语言，编写出程序并上机反复调试，直到满足实际需要为止。认真学习电子计算机软件技术，就是要熟悉电子计算机使用的二进制和其他数制的转换关系、机器语言、汇编语言及各种高级计算机语言等，掌握程序编制的基本原则和方法。

5.现代通信及电子计算机网络技术

在现代社会中，人类活动所需的各种信息都是依靠以现代通信技术为基础的通信设备来处理、存储和传输的。如果说建立在微电子技术及软件技术基础上的电子计算机是现代社会的"大脑",那么由程控交换机、光缆、通信卫星及其他现代化通信设备和电子计算机网络设备交织而成的覆盖全球的电信网络,就是现代社会的"神经系统"。认真学习现代通信技术,就是要了解现代通信的工作原理及所需设备的作用、性能及发展趋势,掌握信息存储、传输的方法和技术,为管理电子文件、电子档案打好技术基础。直接管理电子档案的人员,应掌握网络操作技能,要达到国家规定的中级以上水平。

6.设备维护知识

电子文件、电子档案的管理,涉及很多设备,如电子计算机及外部设备、数字通信设备、电源设备、调控设备等。了解这些设备的工作原理并对这些设备进行保养、维修是极其重要的,要掌握一些保养、维修设备的实际操作技能。

二、电子档案管理人员培养途径

国际档案理事会编著的《电子文件管理指南》明确指出,档案馆应确定所有参与电子文件管理的人员的基本技能,还应制订专门的教育培训计划,保证有关的主要人员掌握有效管理电子文件的手段。要制订人员招聘计划,聘用能满足技能和知识方面要求的人员。电子档案管理在我国、在世界都是一个新生事物,档案管理人员在社会上没有储备。培养和造就一批电子档案管理人员是当务之急,必须引起档案界、教育界等的高度重视。

(一)由各高等院校档案专业培养电子档案管理人员

电子档案管理完全不同于纸质档案管理。各高等院校应按上述电子档案管理人员必备的知识和技能要求,拟订教学大纲,组织教材编写。要按要求招收新生,并对他们进行系统的培养,尽快造就一批电子档案管理人员,以适应电子档案迅猛发展的需要。

（二）对有关工程技术人员进行档案专业方面的培训

可从社会上广泛招聘具有本科以上学历，懂得电子计算机软硬件技术或数字通信技术的工程技术人员，由档案教学部门进行短期集中培训，就档案学概论、档案管理学、档案保护技术学、文件学以及电子计算机应用知识等进行系统教育，帮助他们增强档案意识，掌握档案管理学科的基本理论和档案管理的原则、方法和技术，了解电子计算机在档案部门的应用情况等，以适应电子档案管理的需要。

第四节　人员素质保障体系

一、档案信息化人才队伍基本轮廓

档案信息化人才队伍基本轮廓应该是：以适应知识经济的发展要求为方向，以实现人的全面发展为中心，以树立先进学习理念为先导，以不断提高档案信息化人才队伍的综合素质、持续创新能力为目标，以期建立与知识经济发展相适应的档案信息化人才队伍，来应对全球社会化对档案资源信息化的要求。

二、建设档案信息化人才队伍的重要性

随着信息高速公路的开通，信息量急剧增加，出现了信息"大爆炸"，对档案工作具有深远的影响。对于档案工作者来说，必须掌握信息形成、保

管、检索、开发利用等现代技术及相关操作方法，否则就无法从事未来的档案管理工作。社会变革需要信息，信息发展又推动社会变革。档案事业要发展，要与时俱进，就必须实现档案信息化。而实现档案信息化的前提，是有一支能开拓创新的人才队伍。因此，档案工作者必须加强对综合知识的学习，成为学习型的档案信息化人才。

（一）知识经济时代需要档案信息化人才队伍

知识经济是以知识及其产品的生产、流通和消费为主导的新型经济。其明显特征是，知识成为创造社会财富诸要素中的最基本的生产要素，其他生产要素都要靠知识来装备和更新。中国档案信息化人才的数量还比较少，还未形成档案信息化人才群体，档案信息化网络还没有完全形成，与时俱进的能力很弱。在这种形势下，要想确保档案工作与时俱进，就要重视档案信息化人才队伍建设。

（二）社会信息化需要档案信息化人才队伍

以信息资源有效开发和应用为标志的信息化是一场信息革命，它意味着各种相关信息都必须随之进行深刻的变革，走信息化的道路，跟上历史发展的步伐。档案信息化是将档案资源和档案各项管理过程数字化，通过对信息资源进行系统加工，利用计算机网络的相互传输，实现档案信息资源的合理配置、有效利用与社会共享。

三、如何建设档案信息化人才队伍

（一）更新观念，增强信息化档案人才的责任感

知识就是力量，人才就是战斗力。诚然，知识、人才是档案信息化建设

中最重要、最活跃的因素。"一个人才可以顶很大的事,没有人才什么事情也搞不好。"近年来,虽然广大档案工作者的科技文化素质有了明显提高,职级也得到了提升,但其知识量却未相应增加,其知识结构无法满足知识更新的要求,新知识不能及时补充进来,已有的知识却在逐渐退化。一些档案馆虽然硬件设备先进,但因缺乏技术人才,其应用水平和利用率不高,没有发挥真正的作用。如果说,档案管理水平与时代要求不相适应是档案工作的主要矛盾,那么档案人员素质不高就是这一主要矛盾的主要方面。因此,不抓紧抓好人才队伍培养工作,档案事业面临的主要矛盾非但不能解决,反而会更加突出。要确立"出人才就是出成绩"的观念,看一个档案馆的实绩,不仅要看档案管理和硬件建设怎么样,而且要看能不能形成一种好风气,有一批好人才;要确立"按档案信息化要求培训、使用人才"的观念,强化档案工作者的科技意识、创新意识、竞争意识、时间意识等;另外,每一个档案工作者都应有成才意识。

(二)明确目标,着力造就信息化档案人才群体

档案信息化建设需要一支档案学基础理论深厚、掌握现代科技知识、思想政治素质强、整体素质好的人才队伍,这支队伍应该包括以下几类人才:

1. 决策管理人才

决策管理人才指档案信息化建设的组织者和领导者,是信息化档案人才队伍的核心,起着导向作用。档案管理部门的领导应掌握所属范围内乃至国内外档案信息化建设的现状和发展趋势,应有战略眼光、全局意识和现代科技意识,做到政治坚定、思想纯洁、作风民主、业务精通、会治档、懂指挥、善管理,不断提高科学决策能力和领导艺术。

2. 技术攻关人才

技术攻关人才指档案信息化技术专家,能解决现代信息技术在档案工作中的应用问题,钻研档案数字化技术、网络技术、现代化管理技术,解决现

实工作中的疑难问题。如研究电子文件归档管理办法、电子档案科学保管方法、原始凭证作用及远程利用技术方法，开发经济适用、兼容的档案管理软件，制定统一的技术标准、统一的操作规程等。

3.研究人才

院校（系）教员应将高新科技知识与档案学基础理论有机地结合起来，对档案信息化建设的内在规律以及深层次的问题加以系统研究，积极创建电子文件学、电子档案管理学等新学科。从事档案工作的研究人员，既应研究档案内容，又应探索档案数字化的技术途径和数字档案馆的管理措施，归纳新概念和新方法，以深化档案信息服务工作。

4.监督指导人才

监督指导人才主要是指导所属范围内的档案管理业务流程、管理模式，使之正规化、科学化。他们应通过自身过硬的本领，去组织和帮助广大专兼职档案工作人员掌握新知识，提高新技能，自觉执行技术规范和标准；应以满腔的热忱、充足的理由和工作对象达成共识，使之乐于为档案信息化建设尽职尽力。

5.技术操作人才

档案信息化建设离不开计算机和网络等新技术，它要求档案管理人员懂得现代管理的基本知识，掌握计算机技术、网络信息资源管理技术和数据库管理技术等现代信息技术。

（三）拓宽渠道，在提高信息化档案人才队伍素质上下功夫

在当前和今后相当长的一段时期内，在社会无法提供较多的上述几种人才的情况下，档案管理部门要通过"自行培养"解决档案信息化人才的紧缺问题，且应开阔视野、调整思路、改进方法、拓宽渠道。

1.依托高等院校培养高层次的信息化档案人才

高等院校应发挥设施齐全、师资力量雄厚、辐射面广的优势，进一步深

化教学改革，更新教学内容，提高培训层次和起点。如研究生教育以档案信息化建设研究为主，本科生教育增加现代技术、信息管理方面的比重；选拔在职中青年档案人才入院校进修深造，使具有一定管理才能和技术专长的干部经过再培训实现信息管理能力的飞跃，以便担负起各区域、各专业系统档案信息化建设的组织指导任务。

2.开展继续教育，普及信息技术知识

继续教育能为档案人才输入新的知识营养，使其素质与时代要求相适应。可以采用专题培训班、专题讲座、线上教育等形式普及信息化管理知识，也可以让相关人员根据自己的需求，有重点、有目的、有选择地学会使用新技术、新设备、新方法。

3.合理配备人才，优化群体素质

不同的岗位对人才素质的要求不同，不同的人才适合不同的岗位。应按照学以致用的原则，根据各人的知识结构、学识水平、业务能力、工作经验及性格特点等，合理搭配人才，取长补短，恰到好处地安排每一个人的工作，形成最佳的信息化档案人才队伍结构，既利于人尽其才、才尽其用，杜绝人才浪费，又利于开展"互帮、互学、互教"活动，共同进步。

4.以理论研究促进人才队伍素质的提高

开展理论研究，能促使大家利用业余时间学习新知识，钻研新理论，积累有关数据和资料，把理论知识同实践融为一体，并逐渐转化为实际工作能力，探索档案信息化建设规律。所以，应定期或不定期地召开理论研讨会，对档案信息化建设中出现的新情况、新问题进行认真研究；在改进理论研究方法，提高理论研究水平的同时，提高信息化档案人才队伍素质。

（四）加强领导，通过竞争、激励措施造就人才

档案馆应制定具体、合理、统一、操作性强的考评细则，建立公开、公正、科学的档案人才考核评审体系。要重点考核履行岗位职责的能力和工作

实绩，对便于评判的项目，要用同一标准去衡量；坚持量化管理和日常登记统计制度，防止弄虚作假；严格标准，一视同仁，避免嫉贤妒能、迁就照顾等不良现象；给予德、能、勤、绩突出者一定的优惠政策，在送学培养、职级晋升、立功受奖等方面予以适当考虑。通过完善制度、措施，在职权范围内用足用好用活政策规定，创造一种"赛马"的环境，最大限度地激发大家的成才欲望。

档案馆还要真诚地关心爱护档案人才。人无完人，档案人才也不例外。一般说来，开拓型人才的优点越突出，缺点也往往越明显。对他们不应求全责备，应人所长，容人所短，热情帮助他们克服缺点；放手让他们去干工作，在他们工作遇到困难时多鼓励，多帮助；关心他们的生活，切实帮助他们解决实际困难和后顾之忧，使其集中精力干好工作，发挥特长多出成果。特别是当档案人才遭到错误的议论时，领导要挺身而出，坚决保护他们，这对人才的成长是至关重要的。

根据信息化建设的现状，我们应积极引进带有普遍性的关键技术，优先发展创新性强、可发挥杠杆作用的突破性技术，重点研制开发新技术。信息技术的广泛应用，对政工信息系统功能的增强具有倍增器的作用，投入少，见效快。因此，我们必须充分发挥现有信息基础设施的效能，大力研制影响档案信息化建设的关键技术及相关产品，从而全面提高档案信息系统整体效能。

领导要带头学习成才，对档案人才起到模范带动作用。这不仅仅是一种个人行为，更是一种工作导向。榜样的力量、人格的力量能产生巨大的说服力。领导只要带头学文化，钻科技，用知识，把"拿文凭"和"上水平"很好地结合起来，自觉当好学习成才的排头兵，就能以实际行动影响所管理的档案人员，形成良好的学习风气，营造良好的成才环境，从而带动群体素质的提高，培养更多的拔尖人才，使信息化档案人才队伍培养工作建立在牢固的基础之上，真正推进档案信息化建设，培养信息化档案人才。

参 考 文 献

[1] 白潇.业务驱动模式在医院人事档案管理中的应用[J].现代企业,2024（2）：37-38,47.

[2] 步同亮,陈湛.档案信息资源文化价值的开发[J].文化产业,2024（1）：166-168.

[3] 曹务端.互联网背景下人力资源和社会保障局档案管理研究[J].兰台内外,2024（5）：10-12.

[4] 陈鑫蕾.大数据时代基层档案管理的几点思考[J].陕西档案,2023（6）：56-57.

[5] 丁德胜.构建数字档案管理新体系：概念、定义与分类[J].中国档案,2024（1）：62-63.

[6] 杜海舰.大数据时代档案管理标准化、信息化与开发利用研究[J].大众标准化,2024（4）：160-162.

[7] 高晗.数字中国建设背景下档案管理的数字化转型研究[J].才智,2024（2）：185-188.

[8] 耿为民,耿君尧,李洪泉.信息技术视角下事业单位档案管理工作的实施对策[J].兰台内外,2024（2）：1-3.

[9] 孔秀涛."互联网＋"背景下工程档案信息化安全管理探究[J].兰台内外,2024（3）：39-41.

[10] 邝小丽.浅议档案管理工作中如何对档案室资料进行归纳和利用[J].兰台内外,2024（4）：46-48.

[11] 李春芬.计算机技术在档案管理现代化中的运用探讨[J].办公自动化,2024,29（1）：67-69.

[12] 李春阳,吴震.档案知识工程建设思路初探[J].兰台内外,2024(4):37-39.

[13] 李华.现代档案管理数字化建设的思与行[J].兰台内外,2023(36):42-43,46.

[14] 李进军.智能化背景下数字档案管理[J].档案记忆,2023(12):55-57.

[15] 梁薇.大数据时代数字化档案的管理开发及利用[J].现代企业,2024(1):24-26.

[16] 林雅娟.档案管理工作数字化转型的策略研究[J].参花,2024(3):155-157.

[17] 刘爱红.档案管理创新与服务模式研究[J].参花,2024(6):158-160.

[18] 刘大伟,张世卿.人工智能技术在档案管理中的创新与未来发展趋势[J].兰台内外,2024(1):4-6.

[19] 刘丽敏.数字化时代档案管理信息化建设探微[J].兰台内外,2024(4):22-24.

[20] 罗娟.基于新形势下提升企业档案管理质量的对策研究[J].陕西档案,2023(6):60-61.

[21] 马建光.大数据时代电子档案信息化管理体系建设研究[J].兰台内外,2024(3):34-36.

[22] 么支,刘焕琴,郎楠.档案信息的数字化转型研究[J].信息记录材料,2024,25(1):216-218.

[23] 宁芳.新时代档案开放管理新发展[J].文化产业,2024(5):103-105.

[24] 单振宇.大数据时代档案管理信息化建设研究[J].办公自动化,2024,29(1):61-63.

[25] 石晶.纸质档案的管理与数字化保护策略[J].造纸信息,2023(12):109-110.

[26] 苏曦.数字化档案管理在事业单位中的应用分析[J].兰台内外,2024(1):19-21.

[27] 孙焕英.大数据时代数字档案馆建设的实践与思考[J].兰台内外，2023（36）：37-38，41.

[28] 王红玉.互联网时代医院档案管理发展策略探究[J].兰台内外,2024(5)：19-21.

[29] 王晶.新媒体背景下数字档案管理的发展[J].中国信息界，2023（6）：88-91.

[30] 王瑞.现代档案管理工作面临的挑战与突破[J].兰台内外，2024（2）：52-54.

[31] 王维娜.档案安全保障管理机制的构建[J].兰台内外，2024（2）：28-30.

[32] 王文娜.大数据时代档案管理信息化研究[J].参花，2024（1）：137-139.

[33] 王哲.档案数字化管理在医院档案管理中的应用[J].兰台内外，2024(5)：4-6.

[34] 文小琼.论数字经济环境下档案管理的伦理问题[J].兰台内外,2024(5)：37-39.

[35] 谢正良.大数据环境下档案管理创新研究[J].参花，2024（7）：146-148.

[36] 邢芊.数字化转型背景下的企业档案工作[J].船舶标准化工程师，2024，57（1）：12-15.

[37] 闫晶亮.新标准指导下的档案数据管理规范与建设路径[J].大众标准化，2024（4）：4-6.

[38] 姚慧.档案信息化管理的问题及对策[J].中国信息界，2023(6)：150-151.

[39] 郁永娜.加强大数据时代人事档案管理工作的研究[J].兰台内外，2024（2）：4-6.

[40] 云志.基于智慧城市的城建档案管理与运用分析[J].兰台内外,2024(5)：55-57.

[41] 张冰玉.档案管理信息化建设思考[J].办公室业务，2024（1）：36-38.

[42] 张楠.探讨档案管理信息化的安全与保密[J].兰台内外,2024(4)：25-27.

[43] 张蕊.大数据时代档案管理方式的转变[J].兰台世界，2024（1）：99-101.

277

［44］张文雅.纸质档案与电子档案的共同管理研究［J］.中华纸业，2024，45（1）：142-144.

［45］张曦.大数据时代城建档案信息资源协同管理路径分析［J］.兰台内外，2024（3）：37-38，41.

［46］张宪.档案数字化背景下加强档案管理工作的研究［J］.参花，2024（1）：140-142.

［47］赵杰，冯艳，王爱华.现代档案管理与创新研究［M］.长春：吉林科学技术出版社，2021.

［48］赵茜.新时期单位档案编研及管理工作的创新路径［J］.四川劳动保障，2024（1）：74-75.

［49］赵新星.大数据背景下强化档案管理工作的思考［J］.兰台内外，2024（2）：13-15.

［50］赵屹.档案领域数据空间初探［J］.山西档案，2023（6）：5-13.